Ooit was ik kindsoldaat

ABU HAMDAN

OOIT WAS IK KINDSOLDAAT

Een jongen,
een ontvoering en een
vlucht van Sudan
naar Nederland

LUITINGH-SIJTHOFF

Uitgave van uitgeverij Luitingh-Sijthoff bv, Amsterdam

Opgetekend door Josephine van Bennekom
Omslagontwerp- en illustratie Josephine van Bennekom
Kaart binnenwerk Josephine van Bennekom
Opmaak binnenwerk Crius Group, Hulshout

ISBN 978 90 210 5483 4
ISBN 978 90 210 5484 1 (e-book)
ISBN 978 90 210 5740 8 (luisterboek)

www.lsuitgeverij.nl
www.boekenwereld.com

Uitgeverij Luitingh-Sijthoff vindt het belangrijk om op milieuvriendelijke en verantwoorde wijze met natuurlijke bronnen om te gaan. Bij de productie van dit boek is daarom gebruikgemaakt van papier waarvan zeker is dat de productie niet tot bosvernietiging heeft geleid.

Dit boek berust op mijn herinneringen en deze zijn zo nauwkeurig mogelijk opgeschreven. Sommige namen in dit boek zijn gefingeerd om de identiteit van de betreffende personen te beschermen.

EGYPTE
Al-Gaili
Omdurman
Khartoem
SUDAN
Kurmuk
Blauwe Nijl
Nasir
ZUID-SUDAN
ETHIOPIË
Pibor
Witte Nijl
Bor
Juba
Kakuma
(VN-vluchtelingenkamp)
UGANDA
KENIA
Nairobi

Voor ummi en abbi

En voor degenen
die de moed hebben gehad om het juiste te doen.

Arabism cannot unite us, Africanism that is opposed to Arabism cannot unite us, Islam cannot unite us, Christianity cannot unite us, but Sudan can unite us.

– John Garang

It is not our diversity which divides us; it is not our ethnicity, or religion or culture that divides us. Since we have achieved our freedom, there can only be one division amongst us: between those who cherish democracy and those who do not.

– Nelson Mandela

Proloog

Februari 2025
Eenenveertig jaar

Een lichaam ligt in een wit laken gewikkeld. Zwarte korte krullen steken erboven uit. Ik weet dat het zijn lichaam is.

Neem me mee, smeekt een stem.

Ik ken die stem, hij lijkt op die van mij, maar mijn lippen bewegen niet. Mijn gezicht is stijf als hard geworden klei. Ik voel het laken om mijn eigen lichaam heen.

Mannen in witte pakken blokkeren mijn zicht. Ze komen in hordes, verdringen elkaar, krioelen om hem heen als hongerige mieren om een witte rijstkorrel. Ze ruiken voedsel. Ik zie hem haast niet. Mijn gezicht is nat. Zijn het tranen, zweet of is het regen? Het regende die dag, dat weet ik nog.

Neem me mee! Ik ben het wel.

Er komen steeds meer mannen, de mierenkolonie groeit, alle armen en benen bewegen op hetzelfde ritme. Ik zie hem niet meer, ik probeer hem tussen de marcherende benen te vinden. Iemand pakt me bij mijn schouder. Ik kan niet meer bij hem komen.

Ze houden me bij hem weg.

Ze proberen de waarheid verborgen te houden, maar onder de oppervlakte broeit het. Het borrelt, probeert naar boven te dringen als zwarte olie in de woestijn. Nog even en het stroomt allemaal weg, dan bloedt de bodem leeg. Maar wiens bloed is het?

Neem me mee! Neem me alsjeblieft mee!

Mijn lichaam beeft. Waarom heeft hij me niet meegenomen? Heeft hij mijn leven gered door het zijne te geven?

In de verte zegt een vrouw iets. Ze is nauwelijks hoorbaar.

Ik open mijn ogen. Mijn laken plakt aan mijn lijf. Er lopen tranen over mijn gezicht.

'Je schreeuwde weer,' zegt Moha. Ik zie haar vage gestalte in onze donkere slaapkamer. Ze is geschrokken, zegt ze, en ze vraagt of het wel goed met me gaat.

Ik droom weer over hem. Over die tijd. Over onze lichamen die ze gestolen hebben. Over de lichamen die wij gestolen hebben. De nachtmerries zijn teruggekomen sinds ik dit boek schrijf. Ik moet graven naar herinneringen die ik op de duisterste plekken van mijn geheugen heb verstopt, bedolven onder een laag zand, waar zelfs ik er niet meer bij kan. Veel ervan zijn herinneringen die mijn bewustzijn voor me geheimhoudt, die ik alleen nog kan vinden in mijn slaap.

Toch zijn ze altijd bij me.

Wie de oorlog heeft meegemaakt, weet dat een oorlog alleen een begin kent. Als het eenmaal je leven raakt, zal het voor altijd bij je blijven. Het verscheurt je in stukjes en strooit de snippers over de plekken waar de oorlog ons naartoe stuurde. We zijn gedoemd voor eeuwig te blijven zoeken. Naar wie we ooit waren. Naar verloren familie en vrienden, die in de woestijn of moerassen verdwaald zijn geraakt, die verdronken zijn op open water, getroffen zijn door een bom of begraven zijn in een van de vele massagraven.

Na een oorlog is niemand meer vrij. Dat is de enige zekerheid van een oorlog.

Een van mijn broers raadde me aan dit boek niet te schrijven. Het is niet veilig, zei hij aan de telefoon. De aanhangers van het Sudanese regime zitten nog steeds overal, zelfs in Nederland. Hij bracht me aan het twijfelen. Maar ik wil niet meer bang zijn. Elke dag op mijn werk in het asielzoekerscentrum zie ik hun gezichten en hoor ik hun verhalen. Verhalen van mensen die de meest vreselijke dingen hebben overwonnen. Mensen die herinneringen bij zich dragen waar ze niet zelf voor hebben gekozen.

Maar nu zijn ze asielzoekers. Een plat en nietszeggend etiket, waar meer dan tweehonderdduizend onzichtbare levens in Nederland achter geplakt zitten.

Toen mijn dochter een jaar of zes was, speelde ze bij ons thuis met een jongen uit de buurt. Zijn ouders waren uit Zuid-Sudan naar Nederland gevlucht. Hij vertelde haar dat hij aan zijn vader had gevraagd waarom wij een lichtere huid hadden en zij donker waren, terwijl we uit hetzelfde land kwamen. Zijn vader had hem gezegd: die mensen komen uit het noorden van Sudan.

En mensen zoals zij moorden onze families uit.

1

Omdurman, 1998
Vijftien jaar

Vader zet nooit de verboden radiozender op als oom Hassan er is. Elke vrijdag na het vrijdaggebed komt hij langs. Dat is de enige dag dat vaders radio om drie uur 's middags stil is. Ik denk dat het komt omdat oom Hassan voor de overheid werkt en anders over de partij denkt dan vader. Eigenlijk zet vader de verboden zender sowieso niet op als er bezoek is. De zender wordt ook vaak door de regering gekraakt, dan kan vader het nieuws ook niet luisteren.

Mijn vader, mijn *abbi*, en oom Hassan zitten in onze tuin, allebei op een van de stalen, geweven bedden. Ze hebben de bedden tegen het huis geschoven, zodat ze in de schaduw kunnen zitten en het niet zo warm is. Ze praten over het huwelijk van een verre neef en nicht. Oom Hassan draagt een grote witte tulband waar de bovenkanten van zijn oren overheen geklapt zijn. Abbi heeft een *taqiyah* op.

Onder het bedframe waar abbi op zit staat de radio op de grond. Abbi heeft die radio altijd bij zich. 's Ochtends voor de zon op is schuifelt hij ermee door de gangen van het huis en dan word ik wakker van de koranlezing van Abdul Basit Abdul Samad.

Mijn moeder, mijn *ummi*, zit met tantes of vriendinnen in de bijkeuken waar ze thee drinken. Ik hoor een pan sissen en ruik hoe het deeg van *lokimat* gaart. Ik zie niet goed wie er bij haar zijn, een van mijn tantes zit met haar rug naar de deuropening, dus ik zie alleen het roze bloempatroon van haar *toob*.

Ik loop naar vader en oom Hassan toe, pak de hand van oom Hassan vast en geef hem een kus op zijn handpalm. Dat is beleefd, maar oom Hassan vindt dat nooit fijn. Hij trekt altijd zijn hand weg, en zegt dan dat ik niet zo gek moet doen, en geeft me vervolgens een knuffel. Ik vind het leuk als hij dat doet. 'Het oog gaat nooit boven de wenkbrauwen,' zegt ummi altijd. Daarmee bedoelt ze dat je altijd respectvol moet zijn naar mensen die ouder zijn dan jij.

'Hoe gaat het met uw kinderen?' vraag ik. Dat vraag ik oom Hassan altijd, want dat is ook beleefd, maar je mag nooit te veel naar vrouwelijke familieleden informeren.

'Het gaat goed met ze, dank je,' zegt oom Hassan met een glimlach. Net als abbi heeft hij een grote grijze snor. 'Hoe gaat het op school? Ik hoorde dat je een erg hoog cijfer voor je eindtoneelstuk hebt gekregen.'

Ik zit in het tweede jaar van de theaterschool in het Paleis van Jeugd en Kinderen, en ik heb één grote droom: regisseur worden. Ik weet alleen nog niet zeker of ik liever voor de televisie of voor het theater wil werken.

'Ik heb een acht gekregen,' zeg ik trots. Abbi is ook trots. Hij vindt het belangrijk dat we goed ons best doen op school. Anders word je een ezel zoals ik, zegt hij. Ik vind hem geen ezel omdat hij zijn school niet heeft afgemaakt. Hij is koeien-, geiten- en kamelenhandelaar, waardoor hij veel verre reizen door het land maakt. Soms blijft hij wel meer dan een maand weg.

'En waar ben je nu mee bezig?' vraagt oom Hassan.

'Een imitatieopdracht, ik ben kinderen aan het observeren,' zeg ik.

Oom Hassan knikt. 'Doe maar goed je best.' Dat is het teken dat hij het gesprek wil afronden, en dat het beleefd is als ik nu ga, want het is onbeleefd als je te lang blijft hangen als volwassenen het over familiezaken hebben. Dan noemen ze me *shaleeg*, als ik bijvoorbeeld te veel vragen stel, en ik hou er niet van als ze me zo noemen.

Ik loop nog even naar de bijkeuken, naar ummi en mijn tantes.

'Geef iedereen eens een hand,' zegt ummi. Ik geef alle vrouwen een hand. Ze geeft me thee en wat lokimat.

Oom Hassan geeft me nog snel een aai over mijn korte krullen als ik langsloop. Tot vorig jaar had ik nog lange krullen en de zijkanten opgeschoren, maar toen ik op een verjaardagsfeest in het park was, en we met groene en blauwe flessendopjes *siga* in het zand speelden, was de gedragspolitie vanuit het niets met een schaar in de hand verschenen. De ene pakte mijn hoofd vast en de andere knipte mijn krullen af. 'Je weet dat dat niet mag, dat leer je van die westerlingen,' zeiden ze.

Oom Hassan is voor mijn ouders een held. Dat komt omdat hij na het overlijden van grootvader – ummi's vader – mijn ouders meer grond heeft gegeven dan volgens de sharia bepaald was. Mijn grootvader had verschillende stukken grond in onze buurt. Hij was slager en hij bouwde hoge muren om de grond heen waar hij de koeien en de geiten hield tot ze geslacht zouden worden. Mannen erven twee keer zoveel als vrouwen, en dat zou betekenen dat onze tuin deels van mijn moeders broers zou zijn. Maar dankzij oom Hassan is onze tuin helemaal van onszelf. Als vader een beslissing moet nemen, bijvoorbeeld over familiezaken waar ik niet naar mag luisteren, dan wint hij altijd advies in van oom Hassan. Toen mijn zus Hadia met neef Mohammed ging trouwen bijvoorbeeld.

Onze tuin heeft ook van die hoge muren. Die zijn er om dieven te weren. Ik ben bang voor dieven, net als dat ik voor veel dingen bang ben. Ik ben bang voor de gedragspolitie die met scherpe scharen mijn haren komt afknippen. Ik ben bang voor slangen die in de hooibalen zitten, die we voor onze geiten halen. Ik ben bang voor de *haboob*, als ik de enorme vuuroranje zandwolk over de gebouwen naar ons toe zie trekken en hij alles opslokt tot de hele wereld oranje ziet. Ik ben bang voor de geheime dienst, die twee keer mijn broer Ahmed gearresteerd heeft. Ik ben bang voor de president, die altijd hard schreeuwt op televisie en met zijn wandelstok zwaait. En ik ben bang voor de dingen die ze op de verboden radiozender vertellen die Arabische Sudanezen doen. Want dat zijn wij, Arabische Sudanezen. Ze vertellen over vredeskampen waar mensen gedood worden en over geheime martelkamers. Op televisie hoor je daar niets over.

Eén keer kwam ik thuis en zag ik mijn broer Yasser stil op een stoel in de tuin zitten. Hij was toen begin twintig. De radio stond een paar centimeter voor zijn voeten. Ik voelde meteen dat er wat was.

'Wat is er?' vroeg ik.

'Niets,' zei hij.

'Echt wel,' zei ik.

'Nee, echt niet.'

'Ik zie toch dat er iets is.'

Hij twijfelde, en eigenlijk had ik spijt dat ik zo had zitten doordrammen, want meestal als Yasser iets niet wilde zeggen, was dat omdat hij geen leuke dingen te vertellen had.

'Wil je het echt weten?'

'Ja,' zei ik, want nu kon ik niet meer opgeven.

Yasser zuchtte en vertelde dat er een arts uit Khartoem was ontvoerd omdat hij tegen de partij was. Zijn familie was hem lang aan het zoeken, tot ze gebeld werden door de geheime dienst. Ze konden zijn lijk ophalen. Toen ze hem haalden, zagen ze dat zijn schedel met een spijker was ingeslagen. Ik huiverde toen Yasser het verhaal vertelde en moest huilen.

'Ik had het niet moeten vertellen, je bent te jong voor zulke dingen,' zei hij.

Ik vind het vervelend als iemand zoiets zegt, ook al weet ik zelf ook wel dat ik gevoelig ben. Yasser en Ahmed zijn stukken ouder dan ik. Ahmed is al vierendertig en Yasser is drieëntwintig. Ze zijn allebei uit Sudan vertrokken, omdat ze bezig waren met politiek. Yasser werkt als timmerman in de Verenigde Arabische Emiraten. Nadat Ahmed weer thuis was na zijn arrestatie had hij zo gauw als hij kon zijn studie afgemaakt, en op een dag waren hij en zijn spullen weg. Nu weten we niet waar hij is. We hebben hem al zes jaar niet gesproken.

2

In mijn slaapkamer staat een enorme houten spiegelkast met gouden lijsten en krullerige ornamenten. Sudanezen houden van goud, zegt abbi altijd. Als er iets te vieren valt, of als hij in een romantische bui is, geeft hij ummi een gouden armband, ring of ketting. Een ketting met allemaal rinkelende muntjes eraan, een ketting met een hanger van een halvemaan, een armband met een enorme glimmende bol, een ring met een bloem, ummi heeft al een hele verzameling die ze graag aan mensen laat zien op belangrijke feesten zoals trouwerijen.

Toen Yasser nog thuis woonde, zag ik hem vaak voor de spiegelkast in onze slaapkamer oefenen met imiteren. We deelden deze slaapkamer als we niet buiten hoefden te slapen. Yasser is de acteur van onze familie. Hij heeft ooit een wedstrijd op school gewonnen, en toen vroeg een regisseur hem of hij wilde acteren in zijn programma *Het Paradijs van Kinderen*. In het programma leerde een man, Juha, kinderen elke aflevering wijze lessen. Ik mocht tijdens de opnames in het publiek zitten en keek hoe Yasser voor de camera acteerde.

Hij nam me ook regelmatig mee naar toneelstukken, zoals *Het verloven van Suher*, wat echt mijn favoriet was. Door hem ben ik vastberaden dat ik regisseur wil worden.

Mijn leraar Acteertechnieken heeft de opdracht gegeven om mensen te schaduwen en te imiteren tijdens een korte opvoering in de klas. Samen met een klasgenoot hebben we gekozen voor de zwerfkinderen die we altijd bij de markt van Umm Defso zien. We zijn al een paar keer na school gaan kijken, en elke keer let ik met name op één kind in het bijzonder. Ik wil hem imiteren voor onze opvoering.

Het kind houdt altijd de rand van zijn broek zo stevig vastgeklemd, dat de knokkels van zijn pikzwarte handen wit kleuren. Hij is heel jong, een jaar of negen, denk ik. Zijn kleren hebben gaten en rafelige randen en zijn magere ledematen zitten onder het wit zandstof, alsof hij zich nooit wast. Er zitten mensen tussen die iets ouder zijn, maar niemand is zo oud als mijn ouders. Soms zie ik ze benzinedampen inhaleren, lijm snuiven of alcohol drinken, ook al is dat streng verboden en kunnen ze worden opgepakt door de politie. En soms zie ik ze koekjes of dadels van de tafels van marktkoopmannen grissen, waarna die hun vuisten opheffen en dan roepen ze: 'Verdomde *eabd*, slaaf!' De zwerfkinderen gebruiken een soort geheimtaal, dan gooien ze klinkers door elkaar heen, maar ik heb ze al zo vaak geobserveerd dat ik af en toe iets kan verstaan.

Geen enkel moment laat het kind zijn broek los. Als hij een van zijn handen uitsteekt om te bedelen, om het snot van zijn neus af te vegen, of snel iets te eten in zijn mond te proppen, dan blijft zijn hand om zijn broeksrand geklemd. Ik weet dat ze niet uit Khartoem of Omdurman komen, de twee grote steden die aan elkaar grenzen en waar ik vandaan kom. Het kind is overduidelijk geen Arabische Sudanees, zoals wij dat zijn. Daarvoor is zijn huid te zwart, zijn zijn tanden te wit, en is zijn haar te kroesachtig. Hij ziet eruit als een Zuid-Sudanees. Maar wat doen die zwerfkinderen uit Zuid-Sudan hier?

Waar zijn hun ouders? En waarom zijn er zoveel van hen?

Na een keer of vier had hij door dat ik hem in de gaten hield. Hij trok een ander kind aan zijn mouw en kwam naar ons toe om geld te vragen. Mijn klasgenoot en ik zaten op Coca Cola-koelboxen en hadden net een plastic bak *foul* met brood gehaald bij een verkoper. We bestelden nog een portie en gaven die aan de kinderen.

De markt van Umm Defso is een kleine, maar drukke markt. Bezwete mannen duwen groene kruiwagens met grote zakken vol uien voort, mannen in witte *jalabiya's* verkopen levensmiddelen op geïmproviseerde tafels die op kratten steunen, vrouwen in zwierige toobs sjouwen emmers met gestoofd vlees, en anderen drinken koffie en thee op rode plastic stoelen. Op de grond liggen overal platgetrapte dozen en plastic.

'Wonen jullie hier?' vroeg ik aan de jongens die voor ons op de grond waren gaan zitten.

'Soms,' zei het kind, terwijl hij een groot stuk brood in zijn mond stopte.

'En jullie ouders?'

De kinderen zeiden niets. Een man fietste langs en drukte zijn handremmen in. De remmen maakten een enorm schel, piepend geluid. De kinderen krompen ineen van schrik.

'Zijn jullie ouders hier?' vroeg ik nu iets langzamer.

'Nee, anders,' zei het kind in gebrekkig Arabisch.

'Hoe bedoel je anders?'

Het kind veegde zijn ene hand af aan zijn broekspijp. De andere zat nog om de rand. Het leek alsof hij bang was dat iemand zijn broek met een agressieve ruk uit zou trekken.

Zijn ogen schoten nerveus heen en weer. '*Mayt*, dood,' mompelde hij.

Ik kon hem haast niet verstaan. 'Dood?'

'Dood.'

De jongen haalde zijn schouders op, haast onverschillig, maar ik geloof niet dat hij dat was. Niemand is onverschillig over de dood van zijn ouders.

'Wat is er gebeurd?' vroeg ik nog eens. Het kind had een baan van opgedroogd snot onder zijn neusgat lopen. Hij trok zijn hand nog steviger om zijn broek. Zijn knokkels werden weer wit. Hij zei niets.

'Waarom leven jullie op straat? Hebben jullie geen familie?'

Ik kan me niet voorstellen dat ik op straat zou belanden en niemand me ooit zou redden. Ik heb tien broers en zussen, en mijn ouders zouden ons altijd helpen. Bovendien heb ik zoveel ooms, tantes, neven en nichten, dat ze onmogelijk op alle stoelen, bedden en krukken pasten die we thuis hadden.

De jongen haalde zijn neus op en veegde met de muis van zijn hand om het snot weg te vegen. Daarna wees hij in de verte. 'Thuis veel problemen, ouders zijn dood, hierheen met oom en tante. Maar tante...' Hij maakte een paar stompende bewegingen in de lucht.

Er klonk een hoge fluit in de verte, zo een die mensen gebruiken om hun hond of vee bij zich te roepen. Het andere kind, dat de hele tijd stil was geweest, fluisterde iets tegen hem, en daarna stonden ze op en renden ze de drukte in.

Shamasa worden ze op straat genoemd, de mensen van de zon, omdat dat het enige is wat ze hebben.

Thuis bekijk ik mezelf in de reflectie van de spiegelkast en probeer in de huid van het kind te kruipen. Mijn hand zit stevig om mijn broek geklemd, maar mijn knokkels beginnen pijn te doen en dus laat ik los. Ik beweeg mijn mondhoeken omlaag en laat mijn wangen een beetje hangen. Mijn ogen maak ik groot, waardoor ik sip kijk.

Het ziet er nep uit. Het lukt me niet om hem geloofwaardig na te doen.

Kom op, nog een keer, denk ik bij mezelf. Ik knijp weer mijn broeksrand vast en mijn andere hand steek ik uit als een bedelaar. Ik krom mijn nek.

'Thuis veel problemen,' mompel ik tegen mijn spiegelbeeld. Maar ik zie zijn pijn, die snijdende pijn, die hem als open wonden irriteert, niet.

Ik blijf mezelf. Een gewone jongen met korte zwarte krullen, een lichtbruine huid en met een schoongewassen T-shirt van Son Goku aan. Een verwend kind dat niets tekortkomt. Alleen wat klein voor zijn leeftijd misschien. Ik ga op het bed van Yasser zitten en wrijf met mijn handen in mijn gezicht. Ik kijk naar de spiegelkast, die voor de helft leeg is nu Yassers kleren weg zijn. Hoe kan het dat Yasser zo goed in imiteren is? Hij is ontzettend slim, en kan mensen lezen zoals ze werkelijk zijn.

Ik ben daar niet zo goed in. Ik heb het nooit door als iemand tegen me liegt.

3

Ze zijn er weer. Twee keer per week komen er mensen naar school toe om over de partij te vertellen. Ze onderbreken altijd de les. Onze leraar vindt het volgens mij vervelend. Hij maakt nooit een praatje met ze en zorgt dat ze zo snel mogelijk weer weggaan, zodat hij weer kan doorgaan met de les.

Op onze tafels liggen houten en stoffen marionetten en handpoppen van konijnen, apen en mensen met gekke kostuums. We zouden net in groepjes een verhaal gaan verzinnen met onze poppen.

De leraar perst er een glimlach uit als de mensen van de partij het lokaal binnenlopen. Hij loopt naar de zijkant van het lokaal om ze de ruimte te geven. Hij kijkt terwijl ze praten naar de grond waardoor zijn gladde haar over zijn bril valt. Achter in ons lokaal liggen allemaal houten handpoppen uitgestald die hij met de hand heeft gemaakt. Daar mogen we niet mee oefenen, die zijn alleen om naar te kijken.

Het langskomen op school doen ze sinds de dag dat de televisie zwart bleef, toen ik zes was. Ze komen altijd met zijn drieën of vieren en dragen nette gestreken overhemden, chique pantalons en leren aktetassen vol flyers over de partij. Ze willen dat we ons aanmelden voor de Talaya al-jihad, de jongerenpartij van het regime. Vroeger waren er meerdere jongerenpartijen, maar die zijn allemaal verdwenen.

De Talaya al-jihad organiseert culturele programma's voor theater en muziek, en ze vertellen ons over plannen die de president heeft om wegen en bruggen te bouwen die al onze levens zullen verbeteren. De mensen met de nette kleren spreken het niet uit, maar ik weet dat kinderen die bij de Talaya horen, voorgetrokken worden. Vorig jaar was er een kinderfestival in Irak, en alle kinderen van school wilden er heel graag heen, maar toevallig gingen alleen kinderen die lid waren van de partij.

De dag dat de televisie zwart en de radio stil bleef, was de dag dat de president een coup pleegde. Dat was op 30 juni 1989. Onze televisie staat in de tuin en ik weet nog dat het lampje wel aansprong maar dat er verder niets gebeurde. Ahmed drukte op verschillende knoppen, maar er verscheen geen beeld. Zonder iets te zeggen liep hij naar binnen en de trap op naar zijn slaapkamer. Yasser volgde hem en ik hoorde het geritsel van vellen papier, het doffe geluid van boeken die gestapeld werden en angstig gefluister. Een paar minuten later kwamen ze weer naar beneden en droegen ze allebei een rugzak op hun rug waarvan de ritsen op springen stonden. Ik vroeg niks, want ik dacht dat dit ook onder de noemer 'familiezaken' en de ogen-onder-de-wenkbrauwregel zou vallen. En voor ik het wist waren ze uit onze poort verdwenen. Toen ze terugkwamen hadden ze geen papieren en boeken meer bij zich. Die spullen hebben we nooit meer gezien.

Ik weet niet meer hoelang het duurde, maar ineens nam een zware, schorre stem het woord op de radio.

'*Wij zullen vanaf nu over Sudan regeren met het Revolutionaire Council. Ik, brigadier Omar Hassan Ahmad al-Bashir, zal het nieuwe hoofd van de staat worden, premier, minister van Defensie en opperbevelhebber van de gewapende troepen. Het parlement wordt ontbonden, en dit is een afkondiging voor een noodtoestand. Vanaf dit moment geldt er een avondklok vanaf 18:00 uur. Uw strijdkrachten voeren een enorme revolutie uit, om een einde te brengen aan het lijden en de teloorgang, dat zo ver ging dat uw leven verlamd is geraakt.*'

Abbi schudde met zijn hoofd, wat hij vaker deed als hij het ergens niet mee eens was, maar zei verder niets.

Een aantal dagen later, toen ik buiten met Yasser op de stalen bedden lag, zei hij dat het heel erg was dat deze man aan de macht was gekomen.

'Waarom dan?' vroeg ik.

'Hij is een heel, heel slechte man. Hij zal alle andere politieke partijen verbieden.'

'Ook die van jou en Ahmed?'

Yasser knikte. 'Vrienden van mij hebben hem op een rally gezien. Hij droeg een kalasjnikov in zijn ene hand en een koran in zijn andere. Hij zei dat hij beloofde het volk van de vijanden te zuiveren. Vanaf nu moet je opletten wat je zegt. Dat meen ik echt.' Hij keek me heel serieus aan. 'Ze zijn heel strenge wetten aan het doorvoeren, de sharia.'

Van de sharia had ik al weleens gehoord, maar ik snapte niet zo goed wat het was. Ik wist alleen dat het met regels over ons geloof te maken had. 'We hadden de sharia toch al?' vroeg ik daarom. De sharia was vlak voor mijn geboorte ingevoerd, in september 1983.

'Klopt, maar hij zal nu vele malen strenger worden. Alsof we terug in de tijd gaan. Je kent mijn vrienden toch, die Zuid-Sudanezen?'

'Ja,' zei ik. Ik dacht aan de zwarte jongens waar Yasser en Ahmed vaak mee rondhingen, die altijd blinkende gouden kruizen over hun kleding hadden hangen.

'Die ja, die verliezen alles. Ze mogen niet meer studeren, niet meer werken... Ze willen dat iedereen moslim wordt en Arabisch spreekt. Er zijn al heel veel mensen ontslagen.'

'Echt?'

'Ik heb al gehoord dat de veiligheidsdiensten bij vrienden van me langs zijn gegaan.'

Ik had toen geen idee wat dit allemaal betekende, ik was pas zes.

'Later als je groot bent, zul je ook beter begrijpen hoezeer deze slechte mensen ook jouw leven beïnvloeden,' zei Yasser.

Een tijdje later zag ik voor het eerst zelf hoe het regime de teugels strak had aangetrokken. Vlak bij school was een flinke groep mensen in een kring samengekomen. Er klonk nerveus geroezemoes en een hoog, snerpend geluid dat eindigde met een natte klank. Het leek op het geluid van de stenen die we in de Nijl gooiden. Mijn klasgenoten en ik waren nieuwsgierig geworden waar alle heisa vandaan kwam, en wurmden ons door de zee van toobs en spijkerbroeken. Er stonden twee politieagenten, een persoon die eruitzag als een rechter (met een zwart gewaad, een witte bef en een stapel papieren) en een man in een shirt en spijkerbroek. De ene politieagent hield de man vast en de andere sloeg hem met een zweep. Er zat een lichtrode bloedvlek op de rug van de man, die zich als een inktvlek over de stof uitspreidde. De stof zoog zich vast aan de bloedende huid. Ik keek er met open mond naar, tot een hand me bij mijn schouder greep.

'Hé, ga eens weg jij,' zei een stem. 'Dit is niet voor kinderen.'

Verschillende gespannen handen duwden ons de menigte uit.

'*Arah*, wegwezen hier!' riepen ze ons na.

De mensen van de partij zijn klaar met hun praatje. Ik

luister nooit naar hun verhaal. Ze lopen langs onze tafels met formulieren die je kunt invullen om lid te worden van de jongerenpartij. Ik zeg dat ik geen formulier hoef.

De leraar kijkt voor het eerst weer omhoog als de mensen ons lokaal verlaten. Hij pakt een handpop van tafel en gaat op zijn knieën achter de poppenkast zitten.

4

Na school zoek ik mijn vriend op. We noemen hem De Grote Regisseur, oftewel Almudir Alkabeer, maar hij heet, net als mijn broer, Ahmed. Hij zit in kleermakerszit op de grond van het schoolplein, met mijn schrift op zijn knieën. Met een pen tikt hij tegen zijn wang. Alle kinderen zijn ervan overtuigd dat hij beroemd gaat worden. Ahmed zit een jaar hoger dan ik en is een jaar ouder, hij is zestien. De eerste keer dat ik hem zag was tijdens een opvoering van zijn klas. Hij kan ontzettend goed acteren, maar toch wil hij liever regisseur worden. Hij kan trouwens ook goed gitaarspelen, zingen en dansen.

In mijn schrift, dat Ahmed tot mijn ergernis zo stevig vasthoudt dat hij de hoeken vouwt, staan aantekeningen van mijn observaties van het zwerfkind. Ahmed leest ze aandachtig en onderstreept met een ferme streek woorden als 'angstig', 'pijn' en 'hongerig'. Ik buig me over zijn schouder en kijk gespannen toe alsof mijn huiswerk beoordeeld wordt.

'*Fardati*, mijn vriend, je moet even vergeten dat je Bakri bent,' zegt Ahmed. Zo noemt iedereen me, Bakri, vanwege mijn tweede naam Baker. 'Je moet er echt zelf in geloven dat je dat kind bent, en niet die jongen die elke dag te eten krijgt van zijn moeder.'

'Ja, ja, dat snap ik,' zeg ik.

'Ja, ja, dat snapt iedereen, maar het is echt zo.' Ahmed gaat met zijn vinger over de geschreven regels in mijn schrift. Ik voel me ineens heel erg bekeken en ik begin te blozen. 'Hoe zat hij toen hij aan het eten was?'

'Krom,' zeg ik.

'Neem zijn postuur eens aan.'

Ik ga op de grond zitten, trek mijn knieën in, pak de rand van mijn broek vast en krom mijn rug.

Ahmed kijkt kritisch naar me terwijl hij met mijn pen tegen zijn wang blijft tikken. Er zitten wat kleine inktstipjes en -streepjes op zijn mondhoek, wang en handen.

'En hoe rook hij?' vraagt hij dan.

'Hoe róók hij? Ik kan toch geen geur uitbeelden.' Ik hef mijn armen gefrustreerd op.

'Als je lang niet hebt gegeten, dan ga je het zelfs proeven. Dan komt er een geur uit je mond die door merg en been gaat.'

'*Aaaya*,' zeg ik. Ik herinner me inderdaad dat er een vreemde geur om de kinderen heen hing.

'Die moet je terughalen, alsof je hem zelf proeft.'

Ik probeer me de bittere smaak van honger voor te stellen. Omdat ik me zo aan het concentreren ben, knijp ik mijn ogen samen tot spleetjes. Ahmed moet erom lachen, waardoor zijn zwarte krullen op en neer deinen. Ik vind dat hij eruitziet als een artiest. Bijna elke dag draagt hij een wijd linnen shirt met een V-hals en een boord met een kleurrijke print. Hij heeft een leren rugzak, die hij heel nonchalant over één schouder hangt. De tas zit altijd vol met boeken en schriften. Zijn gezicht is smal, haast langwerpig, en hij is een stuk langer dan ik.

Een paar weken terug had ik mijn eindopdracht van het eerste jaar. Ik moest een toneelstuk regisseren en ik had een pantomime-verhaal bedacht over een restaurant waar een oude man langskomt met een krant onder zijn arm. De oude man bestelt koffie en leest zijn krant. Er komt een kind binnen, een schoenenpoetser, en het personeel probeert hem weg te jagen. De oude man zegt dat het geen probleem is en laat het kind zijn schoenen poetsen. Dan komen er boeven binnen, die met elkaar aan tafel gaan zitten en ruzie beginnen te maken. Ze zwaaien met hun armen en schieten met wapens. Het kind pakt dan een mondharmonica en begint de mooiste muziek te spelen. De boeven stoppen direct met ruziën en beginnen voor het kind te knielen. De oude man geeft als dank een bloemetje aan het kind.

Ik had een versie van het verhaal aan Ahmed laten lezen en bleef stil terwijl ik zijn ogen over de regels in mijn schrift zag gaan. Hij sloeg gehaast bladzijdes om, alsof hij geen tijd te verliezen had, en tekende op een lege bladzijde een podium.

'Je moet hem zo laten opkomen, en hier...' Hij tekende een grote cirkel op het podium en tikte met zijn pen in de cirkel. 'Hier moet je de oude man laten zitten. Dan zet je de boeven overal om hem heen, waardoor zij omringd worden door de chaos van die boeven. Het kind gaat rustig schoenen poetsen terwijl het superdruk om hen heen is.'

Zo gaat het altijd sinds ik Ahmed ken.

Voor elke opdracht vraag ik hem om hulp. Hij is altijd bezig met school, en meestal vind ik hem ergens op het schoolplein, in gedachten verzonken, terwijl hij passages in boeken aan het onderstrepen is of zijn eigen aantekeningen doorkrast. Ahmed moet altijd honderden keren beginnen, dingen uitproberen, papieren verscheuren, opnieuw beginnen, alsof hij alle mogelijkheden afgewogen wil hebben voor hij tot iets goeds kan komen. Overal zweven ideeën en inspiratie om hem heen, alsof hij een andere wereld ziet dan ik. Ze zitten in zijn schriften, zijn boeken, in het driftige getoeter op straat, in de krakende kar die door een ezel wordt voortgetrokken, in de roddelende vrouwen op de markt. Ik heb er het geduld niet voor. Niet voor het eindeloos lezen van boeken, het bestuderen van teksten, voor het verzinnen van verhalen om ze vervolgens in de prullenbak te gooien. Misschien omdat ik niet zo hoog hoef te mikken als hij. Ik hoef nergens heen, ik ben precies waar ik wil zijn.

'Later ga ik naar Hollywood,' zegt hij altijd. Maar ik weet niet precies wat dat is. Ik stel het me voor als een plek, heel ver weg in het westen, waar rijke *khawaja*, buitenlanders, wonen die films en muziek maken. Aan hoe Ahmed het uitspreekt, voel ik dat het iets groots is.

Op televisie vertellen mannen met grote snorren altijd dat het westen slecht is, dat ze oorlog met ons willen en onze huizen en vrouwen willen innemen, maar abbi zegt dat ik dat niet moet geloven. Bij Ahmed thuis luisteren we weleens op zijn cassettespeler naar westerse muziek van Celine Dion en Mariah Carey. Ik weet niet of ze echt slecht zijn in het westen, maar ze maken wel leuke muziek. Abbi reist veel naar verre streken met mooie namen als Darfur en Bahar al-Ghazal, en hij zegt dat hij verschillende soorten mensen heeft gezien en dat we allemaal hetzelfde zijn. Daarom is John Garang zo'n goede man, zegt hij. Over hem hebben ze het vaak op abbi's verboden radiozender.

Ahmed neemt me mee naar de boekenmarkt van Omdurman. De boekenmarkt is onderdeel van de grootste *souq* van ons land. Op deze markt kun je alles vinden wat je maar kunt verzinnen: kruiden, groenten, dadels, dieren (zelfs apen), stoffen, oude klokken, auto-onderdelen, enzovoort. Er zijn ontelbaar veel smalle galerijtjes waar kleurrijke zeilen over gespannen zijn om de zon te weren. Maar ze zorgen er juist voor dat er geen wind doorheen komt, waardoor het er snikheet onder is. De meeste zeilen zijn ook zo oud dat er scheuren in zitten, die als messteken scherpe banen zonlicht doorlaten.

We dwalen een tijdlang rond, en ik weet allang niet meer waar we zijn, als we ineens bij de boekenstraat aankomen. De straat ligt in een kleine zijstraat waar boekverkopers hun boeken op karton uitstallen. De meesten dragen witte jalabiya's en een witte tulband. De straat is een stuk rustiger dan de rest van de markt. Een verkoper ligt zelfs in de schaduw van een boom te slapen. Er liggen ook magere honden in de schaduw te rusten. Ik ben bang dat ze wild zijn. Sinds de mensen armer zijn geworden, zijn de honden steeds wilder geworden. Abbi moet soms honden doden, als ze mensen in de buurt aanvallen, want hij is de enige in de buurt met een geweer. Iedereen is bang besmet te raken met het virus dat ze bij zich dragen, zoals de jongen uit mijn klas die ooit gebeten werd en begon te stuipen en kwijlen.

Ahmed loopt een paar keer heen en weer. Hij stopt plotseling bij een van de verkopers. Hij zakt door zijn knieën en pakt verschillende boeken op. De meeste hebben gevouwen hoeken en verbleekte kleuren. Ik herken een paar namen van Egyptische schrijvers als Taha Hussein, Naguib Mahfouz en Sayyid Qutb en de Sudanees Tayeb Salih. Iedereen die ik ken, kent Tayeb Salih. Ik zie ook buitenlandse namen waar ik nog nooit van heb gehoord. De boekverkoper steekt verschillende boeken naar Ahmed uit. Die en die zijn ook goed, zegt hij steeds.

'Heb je al veel van deze boeken gelezen?' vraag ik aan Ahmed.

'Een paar, niet allemaal, hoor.'

'De Egyptenaren schrijven boeken, de Libanezen drukken ze, en wij Sudanezen lezen ze,' zegt de verkoper, terwijl hij lacht. Hij mist wat tanden, maar ik vind zijn gezicht vriendelijk. 'Lezen is goed, je moet altijd je geest blijven ontwikkelen.'

Ahmed knikt. Ik neem me voor om minder tekenfilms te kijken en meer te lezen.

Ahmed pakt een boek van de grond en bekijkt het omslag. Er zit een scheur in de kaft en ik vraag me af hoeveel mensen dit boek al gelezen hebben. Eigenlijk best bijzonder, zo'n boek dat met allemaal verschillende levens mee reist, denk ik ineens.

Ik steek mijn hoofd uit en probeer zijn naam te lezen. 'John Paul Sart...' probeer ik met een Engels accent. Mijn Engels is minder goed dan dat van Ahmed, hij spreekt het heel goed. Bijna net zo goed als abbi, die heeft het vroeger geleerd toen de Engelsen hier nog woonden en het land bestuurden. Ze zijn allang vertrokken, maar we krijgen nog wel Engelse les op school.

'Jean-Paul Sartre,' corrigeert Ahmed. 'Hij kwam uit Frankrijk en hij was een heel beroemde filosoof en scenarioschrijver voor theater.'

'Ik ken hem niet.'

'Je moet eens iets van hem lezen. Ik weet zeker dat je zijn stukken goed vindt.'

'Waar filosofeerde hij dan over?'

'Over van alles. Het leven. Dat iedereen uniek is en verantwoordelijk is voor zijn eigen daden. Dat je zelf moet bedenken wat goed en slecht is. Dit kwam ook altijd in zijn toneelstukken terug.'

Ik moet denken aan God. Ik heb altijd geleerd dat Hij oordeelt wat goed en slecht is.

'En God dan?' vraag ik.

'Die bepaalt alles, natuurlijk, uiteindelijk, maar het kan geen kwaad om zelf goed na te denken wat het juiste is.'

'Daar hebben sommige mensen nogal moeite mee, wat goed en slecht is,' zegt de boekverkoper ineens. Ik schrik van zijn directheid en kijk gauw naar de grond. Ahmed zegt niets. Ik heb geen idee hoe Ahmed over politiek denkt, daar praten we nooit over. Abbi zegt altijd dat je niet met anderen over politiek moet praten, want je weet nooit wie er een aanhanger van de partij is. *Kizan* worden de aanhangers van de partij genoemd. Mensen zoals onze buurman die ineens een nieuw huis kon bouwen en een nieuwe auto had, terwijl hij eigenlijk heel arm was. De kizan verklikken soms andere mensen, zoals ze de Zuid-Sudanese vrouw uit onze straat verklikten die stiekem *aragi* stookte en verkocht in haar achtertuin. Daarna werd ze gearresteerd.

Soms zie je jongens uit de buurt ineens een tijd niet meer. Abbi zegt dan dat ze zich hebben aangemeld voor het leger, zodat ze meer geld krijgen en ze hun vader of moeder naar het ziekenhuis kunnen laten gaan als ze zorg nodig hebben. Als we ze tegenkomen in hun legeruniformen moet je oppassen met wat je tegen ze zegt. Over voetbal kun je altijd praten, en je mag mensen altijd de groeten doen, zegt abbi, maar praat nooit over politiek.

'Deze twee, alstublieft,' zegt Ahmed, terwijl hij geld uit zijn rugzak pakt.

'Vierhonderd pond,' zegt de verkoper.

Ahmed geeft hem het geld en neemt de twee boeken aan, die hij in zijn rugzak stopt. We lopen vlug weg van de markt, tot de straat en de verkoper ver uit ons zicht verdwenen zijn.

5

Wanneer abbi, oom Hassan en mijn broertjes Ali, Osman en ik door de piepende poort de tuin binnenkomen, stuift ummi de keuken uit. We zijn net bij het vrijdaggebed geweest en dragen onze witte jalabiya's. Op het tafeltje dat voor de stalen bedden staat, ligt een cassettebandje. Mijn tantes, zussen en nichten zitten op de bedden en krukken en praten driftig door elkaar heen waardoor hun kleurrijke toobs heen en weer fladderen. Ik ruik dat moeder uien met koriander aan het smoren is, maar het cassettebandje is blijkbaar dusdanig belangrijk, dat ze er de keuken voor verliet.

'*Salaam aleikum,*' zegt abbi tegen niemand in het bijzonder. De vrouwen steken kort hun hand op, maar gaan direct verder met het gesprek.

Er drupt water van ummi's handen en er zitten kleine snippers koriander op. Onze hulp Fatima is in de post van de keuken komen staan, en houdt één oog op de pannen en één op de tuin. Waar de meeste mensen één schaduw hebben, heeft ummi er twee. Fatima volgt haar altijd.

'Het is van hem,' zegt ummi met grote ogen. Haar haar zit in een dikke zwarte vlecht. Ze draagt haar hoofddoek niet. Dat hoeft nu niet, omdat oom Hassan haar broer is en er verder geen andere mannen bij zijn.

'Van Yasser?' vraagt abbi. Zijn mondhoeken krullen heel voorzichtig, bijna onmerkbaar, omhoog. Ik ben ook blij want soms ben ik bang dat Yasser ons vergeet.

Ummi knikt vlug. 'Ja, van Yasser,' zegt ze, terwijl ze de koriander aan haar toob afveegt. 'Een kennis van hem uit de Emiraten heeft het bandje langsgebracht. Helemaal van de Emiraten naar Sudan! Moge God hem beschermen.'

Ummi ziet er altijd een beetje verdrietig uit. Dat komt denk ik door de littekens van de *shulukh* die ze in haar gezicht heeft. De donkere door messen ingekerfde lijnen lopen over haar wangen als tranen. Eens hoorde ik dat een cheeta ooit zo moest huilen om het verlies van haar kinderen, dat er permanente zwarte lijnen op haar kop achterbleven. Voor ummi is dat denk ik ook zo, alhoewel ze zelf zegt dat het een schoonheidsding van haar stam is.

Nu lacht ze met haar grijs getatoeëerde lippen, ook zo'n grappig schoonheidsding van haar stam. Ik lach ook. We hebben geen telefoon thuis, dus de enige manier hoe we iets van Yasser kunnen horen is als iemand vanuit de Emiraten de post persoonlijk komt afleveren. Dat is ontzettend ver, wel meer dan vierduizend kilometer. De enige die ik ken met een telefoon is oom Hassan, maar die telefoon is van zijn kantoor en die doet het vaak niet.

Oom Hassan en mijn grote broers Yasser en Ahmed waren het vaak niet met elkaar eens, ook al zei abbi steeds dat ze niet met iemand in discussie mogen gaan die ouder was dan hen omdat dat niet beleefd is. Maar mijn broer Ahmed vond dat oom Hassan met zijn werk een crimineel steunde, en oom Hassan zei weer dat je soms beter kunt meebewegen en zo een rustig leven kunt leiden en voor je kinderen kunt zorgen. Ik geloof dat Ahmed soms de ogen-en-wenkbrauwregel van ummi vergat.

Ik vond het vreselijk toen Yasser een werkvisum in de Emiraten had gekregen. Toen Ahmed wegging, vond ik dat ook heel erg natuurlijk, maar hij was stukken ouder dan ik en ik zag hem eigenlijk nooit. Hij was altijd op pad met zijn vrienden en daar deed hij ontzettend geheimzinnig over. Vaak bleef hij wel een paar dagen achter elkaar weg, en toen hij gearresteerd werd door de veiligheidsdienst had ik dat de eerste dagen niet eens door. Yasser vertelde een paar dagen later dat ze Ahmed hadden opgepakt omdat hij tijdens een debatwedstrijd bij de universiteit aanhangers van de partij helemaal had ingemaakt.

'Nu ben jij de man des huizes als abbi er niet is,' zei Yasser toen hij afscheid van ons gezin nam. Ik moest huilen toen hij het zei. Ik wil niet de man des huizes zijn, dat kán ik niet eens zijn! Maar hij sprak wel de waarheid: ik ben nu de oudste zoon thuis. In de zomers sliepen Yasser en ik 's nachts buiten om het huis te beschermen tegen dieven. We moesten stenen en stokken onder onze matrassen stoppen. Ik was altijd opgelucht dat Yasser er was, want ik zou echt niet weten wat ik zelf tegen die dieven zou moeten beginnen. Ik wilde geen stenen hoeven gooien tegen enge, vreemde mannen. Onze hond Reagan (zo had Yasser hem genoemd, want hij zou ons net zo verdedigen als de Amerikaanse president zijn land verdedigde) was al eens vergiftigd door dieven en dat vonden we zo zielig dat we geen hond meer wilden.

Ummi loopt naar de kleine tafel en pakt het cassettebandje vast. Ik hoop dat we hem eindelijk eens gaan luisteren.

'Hij heeft ook kleren meegegeven. En geld,' zegt ze. Ze lacht, daardoor zie ik het spleetje tussen haar tanden.

'Wat fijn,' zegt abbi.

'We hebben het echt nodig, nu alles zo duur geworden is. Weet je wat suiker nu kost? Of boter? Toen Numeiri er nog was...' Ummi meet altijd de geschiktheid van een politicus aan hoe duur de boodschappen zijn, verder praat ze niet over politiek.

Ze loopt met het bandje naar de keuken. Daar hebben we een grote stereospeler staan waar cassettebandjes in kunnen. Ik plof neer naast mijn zus Hadia. Het bandje kraakt en we horen Yasser, maar hij klinkt heel ver weg.

'Harder, harder!' roepen mijn tantes, terwijl ze in hun handen klappen. Ummi draait de volumeknop luider.

'... met jullie?' klinkt Yassers stem. Iedereen is direct stil.

Ik zie dat ummi's schouders een beetje schokken en dat ze met haar handen over haar wangen veegt.

'Met mij gaat alles goed. Ik ben druk aan het werk en leer veel.'

Ik houd mijn adem in. Soms lijkt het net alsof hij in de microfoon spuugt, maar dat komt omdat hij dan te dicht met zijn mond bij de microfoon zit. Soms is hij weer verder weg. Ik moet er in mezelf om lachen. Yasser kan nooit stil blijven zitten.

'En, Bakri, hoe is het met jou?'

Ik word verlegen van de aandacht en voel dat mijn wangen beginnen te gloeien.

'Luister je wel naar je vader en je moeder? Je moet goed naar ze luisteren, dat weet je, hè. En hoe gaat het met je studie?'

'Ja, goed!' roep ik, ook al weet ik dat hij me niet kan horen. Wanneer wij ons bandje zullen opnemen, ga ik hem vertellen over hoe goed ik geslaagd ben voor mijn eerste jaar en dat ik de specialisatie tot regisseur gekozen heb. Ik wil hem ook vertellen over mijn nieuwe vriend Ahmed.

De haan van de buurvrouw kraait.

Yasser had een hekel aan die haan, omdat hij hem altijd

’s ochtends vroeg wakker maakte. Omdat Yasser vaak pas ’s avonds laat thuiskwam (want hij deed net als onze broer Ahmed ook geheimzinnige dingen waar hij niet veel over wilde vertellen), sliep hij maar kort door die haan. ‘Ooit ga ik dat beest slachten,’ zei hij dan ’s ochtends.

6

Abbi loopt met de radio door de gang van ons huis. Ik lig nog in bed, wrijf in mijn ogen en sla mijn paarse laken van me af. Ik hoor Umm Kulthum zingen, wat betekent dat de koranlezing al voorbij is en dat ik moet opschieten. Abbi speelt zijn favoriete lied 'Aghda Al'al': 'Zal ik je morgen ontmoeten?'. Abbi heeft elke ochtend een vast ritueel. Eerst luistert hij de lezing van Abdul Basit Abdul Samad, daarna Umm Kulthum en vervolgens Radio Omdurman.

De haan van de buurvrouw kraait weer, ik denk dat hij in onze tuin gesprongen is. Dat doet hij wel vaker en dan moeten we in onze handen klappen zodat hij terug naar zijn eigen tuin gaat. Het geluid van de radio zwakt af, ik hoor abbi van de trap af lopen. De geiten in de tuin mekkeren even, en dan hoor ik het piepende hekje opengaan. Ik was mezelf en trek mijn lievelingsshirt met Fido Dido erop en een spijkerbroek aan.

Mijn broertjes Osman en Ali en mijn zus Shaza zitten al buiten op de bedden. Abbi is in de keuken de *zalabiya* aan het frituren. Ik krijg honger van de zoete, broodachtige geur en ga naast Osman zitten. Abbi komt naar buiten met een grote schaal met de olieballen, ummi volgt hem met glaasjes geitenmelk. Ze zetten het eten en drinken op het kleine tafeltje voor de stalen bedden. Ummi en Shaza praten over een huwelijk van iemand in de buurt dat gaat plaatsvinden.

'Ze is veel te mager, dus ze moet veel *kisra*-sap drinken,' zegt ummi.

Shaza knikt.

'Wie gaat er nu weer trouwen?' vraagt Ali.

Ummi zucht, zogenaamd geërgerd, en glimlacht. Ze noemt een naam van iemand die ik niet ken. 'We zijn al weken bezig, maar ze wil maar niet aankomen.'

Tik. Tik. Tik.

De melkverkoper staat met zijn ezel voor onze poort. Hij tikt met een stok tegen de aluminium melkkan die de ezel in een draagzak draagt. Abbi loopt naar de keuken en haalt een lege kan waar hij melk in kan tappen. Ik hoor dat ze praten achter de muur, maar versta niet waarover. Even later komt hij terug met een gevulde kan en maakt hij thee met melk.

Op Radio Omdurman zingt abbi's andere favoriete artiest, Hassan Attia.

'Begrijpt u ooit iets van wat hij zegt?' vraag ik aan abbi. 'Hij zingt zo door zijn neus.'

'Dat maakt niet uit, zijn muziek raakt mijn hart,' zegt abbi. Hij legt zijn hand op zijn borst. Abbi praat altijd zacht en slikt veel letters in. Mensen die hem niet kennen, kunnen hem vaak niet verstaan, net als met het gezang van Hassan Attia.

Ik neem een slok thee en kijk naar boven. De zon staat al hoog aan de hemel, hij werpt korte schaduwen van de boom en de bijkeuken in de binnentuin. Ze worden elke dag een beetje korter, want de zomer komt er weer aan.

Ik moet opschieten, anders kom ik te laat op school.

Ummi loopt weer naar de keuken en komt terug met broodjes die ze in krantenpapier heeft gewikkeld. Elke dag krijgen we een broodje *tamiya* en een met jam mee naar school, maar ik eet ze vaak niet op omdat ik met vrienden ergens foul ga eten.

'Eet je vandaag wel een keer je broodjes op? Ik doe altijd moeite en je eet ze nooit.'

Ik stop de broodjes in mijn canvas tas. 'Ja, sorry, ummi,' zeg ik. Ik sta op en geef haar een kus op haar voorhoofd. Het nieuws begint. Ze praten over de gestegen prijzen van benzine, mensen die bij een of ander ministerie zijn ontslagen en over soldaten die gesneuveld zijn in Zuid-Sudan.

'*We zijn trots op de martelaren die hebben gestreden voor de jihad, de mensen die ons land beschermen en voor onze toekomst zorgen.*'

'Doe je je best op school?' vraagt abbi.

'Altijd,' zeg ik, terwijl ik mijn hand opsteek. Hij glimlacht. Onze geit Hor mekkert.

'*Hun moed en kracht zal in het paradijs beloond worden, hun families mogen trots op hen zijn en Allah zal hen beschermen. Onze religie zal alles overwinnen.*'

Ik loop naar onze poort, twee stalen deuren die zwart, blauw en wit geverfd zijn. Hij piept als ik hem openduw. Ik draai me om, en voor de laatste keer steek ik mijn hand op en zwaai ik naar mijn familie.

7

Op straat kom ik wat jongens uit de buurt tegen die dezelfde kant op moeten. We lopen naar de bushalte, en als de bus komt, verdelen we ons over de lege stoelen. Ik kies de plek op de derde rij, aan het gangpad naast een wat oudere vrouw. Het is drukkend warm vandaag. De bus vertrekt en werpt een zandwolk op. Aan de hemel zie ik blauwgrijze wolken, net als de oceaan. Misschien gaat het onweren. De ramen van de bus staan open en zuigen warme lucht naar binnen.

Ahmed staat al te wachten bij de halte, hij leest een klein boekje. De bus stopt bij een zandterrein dat dienstdoet als parkeerplaats. Ik stap uit de bus. De weg is druk, een van de drukste uit de buurt, en bussen, auto's, taxi's, riksja's en karren zoeven voorbij. Buschauffeurs in lichtblauwe overhemden roepen hun bestemmingen om, en mensen in werkkleding met nette leren schoenen en leren tassen verspreiden zich over de verschillende bussen. Ik loop richting Ahmed die me nog steeds niet heeft opgemerkt.

'Salaam aleikum, Ahmed,' zeg ik. Hij hoort me niet, maar het verkeer maakt ook veel lawaai. Een zware motor en een piepende kar die getrokken wordt door een ezel nemen al het geluid over.

'Ahmed,' zeg ik nog eens, nu wat luider. Ik sta nu bijna voor zijn neus. 'Ahmed!'

Nu kijkt hij op. Hij drukt zijn vinger op de regel waar hij was gebleven met lezen.

'Goedemorgen,' zegt hij, terwijl hij een papiertje tussen de bladzijden legt en het boek dichtslaat.

'Je was flink in gedachten verzonken,' zeg ik.

'Ik las *Hamlet*. Dat stuk moet ik voor een klasopdracht regisseren, maar ik kom er niet uit wie ik wil vragen voor de hoofdrol.' Hij staat op en we lopen in de richting van school.

De jongens met wie ik in de bus zat, en nog een paar anderen die ik niet goed ken, lopen een stukje achter ons. Ik geloof dat een paar van hen de opleiding tot automonteur volgen in hetzelfde gebouw.

'Zit er niemand in je klas die het kan doen?' vraag ik.

'Misschien...'

'Ik vond Zuhir heel goed in jouw eindvoorstelling,' zeg ik snel. Ik wil Ahmed graag advies geven, omdat hij mij ook altijd helpt.

Hij knijpt zijn ogen samen en steekt zijn wijsvinger daadkrachtig op. 'Hashim zou wel geschikt zijn voor Hamlets vader.'

Ineens hoor ik een luide motor onze kant op komen. Ik schrik en draai me om, en zie dat het een grote legerwagen is, zo een die lijkt op een vrachtwagen maar dan is hij kakigroen en zit er een groot zeil over de achterbak gespannen. De wagen maakt een enorm kabaal, haalt ons in, en remt dan voor onze voeten af. Hij remt zo resoluut, dat er steentjes tegen onze schenen kaatsen. Er komt zwarte lucht uit de uitlaat en ik sla mijn hand voor mijn mond en neus.

'Wegwezen!' hoor ik iemand achter me roepen. Voetstappen schuiven over het zandgrind. De jongens met wie we liepen, rennen weg. Ook anderen, mensen in werkkleding, rennen weg en roepen: '*Kasha! Kasha!*'

Ahmed en ik blijven van schrik staan. Het zeil van de truck wordt opengeslagen en er springen soldaten uit de laadbak. Hun legerkisten kraken op het zand.

'Stoppen!' roepen ze, ze klinken boos, net als de gedragspolitie, en ik snap niet waarom. De soldaten pakken mannen die niet op tijd weg kunnen komen bij hun schouder, arm of kraag en trekken ze de bus in. Ze proberen zich los te worstelen, maar de soldaten zijn sterker en zijn met meer. Ze grijpen ons ook vast.

'Iedereen gaat met ons mee, verplichte dienstplicht,' zegt een soldaat. Zijn ogen zijn fel, zoals de blik van de wilde honden uit onze buurt, als ze te lang geen water hebben gehad.

Ahmed haalt zijn studentenpas uit zijn rugzak en ik doe hetzelfde. 'Wij zijn studenten,' zegt hij. Ik zie dat hij zelfverzekerd probeert te zijn, maar zijn grote ogen verraden zijn angst. Ahmed en ik houden onze passen in de lucht, maar niemand kijkt ernaar.

'We zijn ook nog veel te jong,' zeg ik.

Een van de soldaten maakt een wegwerpgebaar, alsof hij mijn woorden van zich af probeert te kaatsen.

Ahmed steekt hem zijn pas toe. 'Kijk maar naar de leeftijd,' zegt hij, maar de soldaat kijkt niet naar de leeftijd. Hij kijkt ons niet eens aan, want ik weet zeker dat als hij onze gezichten zou zien, hij zou weten dat we te jong zijn.

'We zijn echt te jong,' probeer ik nog eens. Ik kijk naar Ahmed, die zijn studentenpas verloren in zijn hand naast zijn lijf heeft hangen.

'Iedereen de truck in,' zegt de soldaat. Zijn collega's duwen anderen de wagen in. Mijn hart begint snel te bonzen. Een hand duwt me in mijn rug richting de wagen.

'Wij toch niet?' zeg ik angstig. Mijn benen zijn wankel. Ik wens dat abbi toevallig langskomt rijden en ons komt redden.

'Jullie ook, we nemen jullie mee naar kantoor en dan gaan we het erover hebben,' zegt de soldaat.

'Waar?' vraag ik.

'Khartoem. Nu instappen.'

Ik stap op het ijzeren opstapje en klim de wagen in. De wagen zit bomvol met andere mannen die ons angstig aankijken. Ze zitten op de banken die in de lengte tegenover elkaar staan en ze zitten op de grond tegen elkaar gedrukt. Ahmed en ik moeten op de grond zitten, want er is verder geen plek. Overal voel ik ledematen van vreemden. Ik steun met mijn kin op mijn knieën en druk ze tegen mijn buik aan. De soldaten sluiten het achterzeil en al het licht verdwijnt. Ik zie niets meer. Iedereen wordt opgezogen door het donker. Ik hoor nerveus gehijg en het zware kabaal van de motor die optrekt en ruik de verbrande diesel uit de uitlaat.

Een man vraagt: 'Waar brengen jullie ons heen?' Zijn stem is hoog, hoog van angst, alsof zijn keel dichtgeknepen wordt.

De soldaten reageren niet.

'Waar brengen jullie ons heen?' vraagt de stem nog eens.

'Wees eens stil!' sist een boze stem.

De wagen remt abrupt, waardoor we naar voren gedrukt worden en ik mijn evenwicht verlies. Ik kantel tegen scheenbenen en armen aan.

Ik probeer de afslagen en de richting die we op rijden te onthouden. Rechts, lange tijd rechtdoor, remmen, zwakke bocht naar rechts, rechtdoor, zwakke bocht naar links, rechtdoor, rechtsaf. We zijn bijna bij de boekenmarkt, schat ik in. Als we zo meteen naar rechts afslaan, dan is de kans nog aanwezig dat we inderdaad Khartoem in rijden en dat ze ons naar het kantoor brengen, zoals de soldaat zei.

'Wat gaan jullie met ons doen?' vraagt de bange stem weer.

'Stil!'

Ik wil ook dat hij stil is, want hij leidt me af van de wegen en ik ben bang dat ik de draad kwijtraak en niet meer weet waar we zijn. We slaan rechts af. Misschien komt het toch goed.

'Laat ons alsjeblieft gaan,' smeekt de bange stem.

'Als je nu je mond niet houdt, dan krijg je een klap.' Het geluid komt uit zijn tenen, de soldaat is nu echt woest, en ik hoop dat de man eindelijk eens zijn mond houdt.

Het is vreselijk warm in de truck en we zitten zo erg tegen elkaar gedrukt dat ons zweet zich met elkaar vermengt. Mijn eigen shirt plakt tegen mijn huid aan, maar ook benen en armen van anderen.

We rijden een tijd rechtdoor en ineens weet ik waar we zijn. Ik herken het getril van de stalen constructie. Dat geluid hoorden we altijd als we met oom Hassan in zijn witte Peugeot groenten gingen halen. Dat is het geluid van de brug die over de Nijl gebouwd is. De brug die Omdurman met Khartoem verbindt!

'We gaan echt naar Khartoem,' fluister ik opgelucht tegen Ahmed.

Ahmed reageert niet.

Maar dan slaat de wagen ineens links af. De weg naar links gaat de stad uit. Rijden we de stad uit?

We rijden een tijdlang rechtdoor.

Ik probeer de minuten te tellen, maar hoe meer tijd er voorbijvliegt, hoe hopelozer de situatie voelt. Ik raak van de stress de tel kwijt. Dat kan niet kloppen. We kunnen nu niet meer in Khartoem zijn, we zijn veel te lang onderweg.

Ik dacht echt dat we alleen een stukje gingen rijden, maar toen alles zwart bleef en ik geen idee meer had waar we moesten zijn, wist ik dat ze tegen ons gelogen hadden.

'Ik denk dat we echt ver weg zijn,' zeg ik tegen Ahmed. Ik moet huilen en veeg snel de tranen uit mijn ogen.

'Blijf positief,' fluistert Ahmed.

'Ik heb er echt geen goed gevoel over.'

'Ik weet het, ik ben bang dat het even gaat duren.' Ik hoor dat Ahmed zijn rugzak openritst en iets uit zijn tas haalt. Ik kan niet zien wat het is en durf het ook niet te vragen.

Ahmed houdt mijn schouder vast. Ergens ben ik blij dat ik zijn gezicht niet kan zien, dat ik niet kan zien of hij net zo bang is als ik.

Na een tijd stopt de auto. De soldaten smoezen iets onverstaanbaars naar elkaar. Een van hen springt uit de wagen, tilt het zeil omhoog en gooit het over de wagen heen. Een enorme baan licht komt de wagen binnen. Ik knijp mijn ogen tot spleetjes, want het licht doet pijn aan mijn ogen. Een soldaat zegt dat we er allemaal uit moeten.

Ik zie niets, alleen een wit, stralend licht, en een voor een springen we het licht tegemoet.

8

We zijn niet de enigen die op deze plek zijn aangekomen. Er staan meerdere legertrucks geparkeerd op een zanderig terrein. Nadat mijn ogen aan het daglicht gewend zijn geraakt, zie ik verschillende witte betonnen gebouwtjes, hoge witte muren en een stalen toegangspoort die wordt bewaakt door mannen met grote geweren. Op een van de muren lees ik: WELKOM IN AL-GAILI TRAININGSKAMP.

De soldaten met geweren lopen heen en weer, met een hand op hun wapen dat over hun schouder hangt. Om ons heen zijn anderen, mensen die hier al eerder zijn aangekomen, die in witte pakken heen en weer rennen, over de grond tijgeren en springen, terwijl mannen in legeruniformen tegen ze schreeuwen.

We staan in rijen, en ik word door iemand ergens naartoe geduwd, waardoor ik Ahmed niet meer kan vinden. Voor ons ligt een enorme stapel met plastic verpakkingen.

Ik zoek Ahmed, links, rechts, voor en achter me, maar ik vind hem niet. Iedereen ziet er ouder uit dan wij, het zijn allemaal volwassenen. Ik schat dat er misschien wel honderd mensen staan, en dan heb ik de mensen die aan het trainen zijn niet eens meegerekend. Een soldaat staat nu bij de grote stapel en gooit de pakketjes naar ons toe.

'Aantrekken en je oude kleren en spullen in de zak doen!' roept hij, terwijl hij zonder omhoog te kijken door blijft gooien. Ik grijp mis en het pakket valt op mijn schoenen. Een wit T-shirt en een witte broek. Ik scheur het plastic open, haal de kleding eruit, trap mijn canvas gympen uit, doe mijn shirt uit en trek gauw het nieuwe shirt aan. Het is te groot voor me. Mannen staan in hun onderbroek en trekken gehaast de witte broek aan. Ik trek zo gauw als ik kan mijn eigen broek uit en de witte broek aan. Er zit een koortje in, dat ik strak aantrek zodat hij niet afzakt.

'Inleveren!' schreeuwt een soldatenstem.

Ik kijk op en ineens vind ik Ahmed. Voor hem staat een soldaat met een uitgestoken hand. Ahmed heeft zijn schouders gebogen en kijkt naar de grond.

'Ik zag dat je wat in je broek deed!'

Ahmed buigt zijn schouders nog dieper.

'Kom op, laat zien. Of moet ik het zelf pakken?'

De soldaat stapt op Ahmed af. Ahmed stapt in een reflex achteruit en steekt zijn arm uit. Hij steekt zijn andere hand in zijn witte broek en haalt er een boek uit. Ik herken het omslag, het is het boek van Tayeb Salih dat hij laatst op de markt gekocht had.

Ze sturen ons naar een van de witte gebouwen, waar we ons moeten aanmelden. Een tijd wachten we voor een gesloten deur, die af en toe opengaat om de eerste in de rij binnen te laten. Ik weet niet hoelang ik wacht, ik ben volledig in de war. Vanmorgen zou ik nog naar school gaan, zou ik aan de slag gaan met mijn opvoering over het shamasa-kind, en nu ben ik ineens hier. Het ging allemaal zo snel, net alsof we in rook zijn opgegaan. Deze dag had er heel anders uitgezien als ik niet de bus zou hebben genomen, denk ik bij mezelf.

Als ik de fiets had gepakt of naar school was gelopen, nam ik altijd een andere weg. En hierdoor mis ik een dag op school, en ik wil geen schooldagen missen. Als je te veel dagen mist, kun je geen voldoendes halen en dan ga je niet door naar het volgende jaar.

Ik hoop dat ik het misverstand kan oplossen en vanavond weer in mijn eigen bed lig en morgen weer naar school kan.

De deur gaat open en er komt iemand in een wit pak uit, het is mijn beurt. Ik haal diep adem en loop de ruimte in. De kamer is een soort kantoor met een groot houten bureau en hoge kasten met archiefmappen erin. Waarom hebben ze zoveel archiefmappen nodig? Wat staat daarin? Achter het bureau zit een stevige man in een gesteven uniform. Hij draagt een baret en op zijn schouders zijn drie rode sterren geborduurd. Hij kijkt niet op als ik binnenkom. Voor zijn neus liggen vellen papier, een doos met tissues en een stapeltje boeken. Hij tikt met de pen tegen het tafelblad.

'Naam,' zegt hij, terwijl hij met zijn pen blijft tikken.

Ik kan niets uitbrengen.

'Naam,' zegt hij nog eens, nu klinkt hij geërgerd.

Tik, tik, tik.

De man kijkt op. 'Je werkt me op mijn zenuwen. Nog één keer: naam.'

'Ik hoor hier niet, ik ben nog te jong,' zeg ik in plaats van mijn naam. Een tijdje hangen mijn woorden onheilspellend in de kamer, zonder dat een van ons iets zegt.

De man gaat rechtop zitten, vouwt zijn handen ineen, en zegt uiteindelijk heel rustig: 'Dat bepaal jij niet.'

'Jawel, ik ben pas vijftien. Echt. Ik hoef hier niet te zijn.' Mijn stem is hoog, hij piept als een jong vogeltje. Ik klop op de zak van mijn witte broek, in de hoop mijn studentenpas erin te vinden, ook al weet ik dat die niet in deze broek zit.

'Dat bepaal jij niet,' zegt de man nog eens.

'Ik zit nog op school, mijn studentenpas zit in mijn schooltas. Ik moet nu op school zijn.'

'Luister, het land is in oorlog en we hebben mensen nodig. We kijken niet meer naar leeftijd.'

We kijken niet meer naar leeftijd. De woorden komen binnen als een bom die mijn maag in duizend stukjes versplintert. Een vlaag paniek trekt door mijn onderbuik. Wat betekent dit? Hoelang zit ik hier vast? Wat zullen mijn ouders denken als ik vanmiddag niet thuiskom?

'Hoelang gaat dit duren? En gaan jullie mijn ouders inlichten?'

De man lacht, maar niet op een leuke manier. Ik denk dat hij me uitlacht. 'Ik stel hier de vragen. Dus voor de laatste keer: naam.'

Ik geef het op, en beantwoord zijn vragen zo goed mogelijk. Ik geef hem mijn volledige naam, Abu Baker Hamdan Mohammed, woonplaats, Omdurman in de wijk Abu Seid, blok 2 en mijn geboortedatum, 23 oktober 1983.

De man met de sterren stuurt me weg en ik moet naar een volgende ruimte gaan waar een soldaat opnieuw mijn naam, geboortedatum en woonplaats noteert en een foto van mijn gezicht maakt. Ik hoor op het terrein achter me continu een schel gefluit en geschreeuw. *Mustajideen*, nieuwelingen, roepen ze vrijwel onophoudelijk.

9

Aan de zijkant van een klein gebouw is een reeks kranen en een lange wasbak waar scheermessen in liggen. Het doet me denken aan de wasruimte van onze moskee, en ik zie binnen geweven beige gebedskleden liggen. Dezelfde als in onze moskee. Twee soldaten lopen traag langs de wasbakken en lachen ergens om, terwijl er niets te lachen valt.

Op de grond liggen kleine plassen water met zeepsop. Maar wat mijn aandacht het meeste trekt, zijn de grote hoeveelheden plukken zwart haar die overal aan kleven. De plukken drijven in het water, kleuren het sop zwart, plakken in de lichtbruine modder op de grond, zitten tegen de bodem en zijkanten van de wasbak geplakt, ze zitten om de neuzen van mijn schoenen gewikkeld en om de scheermessen.

Een soldaat zwelt zijn borst op, alsof hij alle lucht in de omgeving nodig heeft om te spreken, en zegt: 'Mustajideen, pak een stuk zeep en een scheermes en scheer elkaars hoofd.'

'We willen hier geen luizen,' zegt de ander. Ze lachen weer.

Naast me staat een man. Ik schat hem ergens in de dertig. Hij pakt een harig stuk zeep en een scheermes, zijn handen beven. Haren van anderen kleven aan zijn handen.

'Sorry,' fluistert hij met een trillende stem. 'Ik wil dit ook niet.'

'Ik denk dat niemand dit wil,' zeg ik, zo zacht als ik kan.

'Dat weet ik niet.' De man heeft net als ik korte zwarte krullen. Hij draait met een hand de kraan open terwijl hij het stuk zeep in dezelfde hand houdt. Er komt alleen een slappe straal water uit. Hij spoelt het stuk zeep af, maar de haren zitten erin vast als in natte klei. De man geeft het op en wrijft mijn hoofd ermee in. Ik huiver en denk aan onze schone badkamer thuis, en hoeveel zin ik heb een douche te nemen en met een schone pyjama onder het paarse bloemenlaken in bed te gaan liggen. De man schraapt met het scheermes over mijn nek omhoog. Er vallen natte krullen in mijn witte shirt. Het kriebelt. Zijn vingers drukken op mijn slaap en kin. Ik vind het niet fijn dat er vreemde handen aan mijn gezicht zitten. De man schraapt nog eens, en nog eens, en ik voel hoe mijn haren mijn hoofdhuid loslaten. Er loopt sop langs mijn wenkbrauwen, het volgt de vorm van mijn oogkassen en loopt mijn ogen in. Ik knijp mijn ogen dicht.

'Sorry,' zegt de man. Hij veegt zijn hand af aan zijn witte pak en veegt het sop uit mijn ogen.

Ik zeg niets, ik ben bang voor de soldaten achter ons.

Er klotst water achter me. Grote, stromende hoeveelheden, als emmers die worden leeggegooid. Ik durf me niet om te draaien, mijn ogen houd ik gesloten.

'Ik moet hier weg,' mompelt de man. Voorzichtig haalt hij het mes over de achterkant van mijn hoofd.

'Dat kan toch niet?' fluister ik.

'Mijn kinderen... ze zijn thuis,' zegt de man. 'En jij hoort hier toch ook niet. Hoe oud ben jij überhaupt?'

De man haalt het scheermes over de bovenkant van mijn hoofd. Ik voel de warme lucht uit zijn neusgaten tegen mijn wangen blazen. Hij ademt snel in en uit. Met zijn bibberende hand veegt hij een haarpluk af die aan mijn voorhoofd plakt.

Er vallen plukken haar over mijn gezicht heen, even zie ik niks door het gordijn van mijn haren, en dan stopt de man. Ik haal mijn hand over mijn hoofd. Er zitten nog een paar plukken haar. Het prikt een beetje. Ik durf mijn ogen nog steeds niet te openen.

Opnieuw hoor ik water klotsen. Er stroomt water over de grond. Mijn schoenen worden nat, alsof ik met mijn voeten aan de oever van de Nijl sta.

Niet te diep gaan, zegt abbi.

Een schaduw, ik zie hem, ik voel hem zelfs met gesloten ogen. Grote, opgeheven armen. Een enorme lading water stroomt over me heen. Mijn laatste haren stromen over mijn wangen. Voor het eerst open ik mijn ogen weer. Mijn witte pak is doorweekt en plakt aan mijn huid. De stof schijnt door. Ik voel me naakt.

De soldaten vullen hun emmers opnieuw en gooien ze over anderen heen. De man naast me deinst achteruit. Hij weet dat hij zo aan de beurt is.

Hoe kunnen deze mannen die ik niet ken, die ik tot vandaag nog nooit gezien heb, dit zo eenvoudig doen? Ik neem het stuk zeep van de man over en sop zijn hoofd in. Mijn handen raken verstrikt in de zwervende haren. Ik veeg mijn hand aan mijn broek af, maar het maakt geen verschil. Ik zet het mes op zijn schedel en probeer me te herinneren wat ik abbi voor de spiegel heb zien doen. *Van onder naar boven.*

Plots zie ik achter de man een bekend gezicht. Het is Ahmed.

Hij kijkt me met grote ogen aan, en ik lees zo'n afschuw in zijn gezicht, alsof hij nog nooit zoiets afzichtelijks heeft gezien. Alsof hij niets meer herkent van de jongen die hij ooit gekend heeft.

10

'Mustajideen van groep drie, hier verzamelen,' roept een man met twee sterren op zijn schouders. Hij rekt het woord zo lang als hij kan uit, tot de laatste lettergreep als schrale lucht in zijn keel blijft hangen. Ik wil niet zo genoemd worden. Ik wil niet hun nieuweling zijn, alsof ik een onbeschreven blad ben, dat zij naar believen kunnen inkleuren.

Ik werd na het scheren ingedeeld in groep 3, en dus loop ik richting de man en zie allemaal kale hoofden en witte pakken. Ik probeer Ahmed te vinden, maar ik ben bang dat hij in een andere groep zit. De man die ik moest scheren zie ik ook niet meer.

We zitten met ingetrokken knieën op het zand. Een zee van schedels in witte wijde kleding. Iedereen lijkt op elkaar. Ik lijk op iedereen. Het hete zand onder me voelt als miljoenen gloeiende kooltjes.

We hebben een pasje gekregen, op het mijne staat nummer 63571. Dat nummer moet ik onthouden, hebben ze gezegd. Het is een kartonnen velletje waaraan een foto van mijn hoofd is vastgeniet. Het nietje loopt dwars door mijn voorhoofd. De informatie is haast onleesbaar neergekrabbeld en de pen heeft gevlekt. Het pasje moeten we altijd in onze zak houden, áltijd. Als we trainen, slapen, bidden, maakt niet uit wanneer. Dat pasje is onze identiteit.

De man met de twee sterren staat in het midden voor onze groep. Hij staart naar ons. Iedereen wacht in stilte tot hij begint met praten.

'Dit is het trainingskamp van Al-Gaili en hier zullen jullie de komende drie maanden verblijven als onderdeel van de verplichte dienstplicht. Daarna volgen nog drie maanden maatschappelijke diensttijd waarin jullie het leger gaan ondersteunen in bijvoorbeeld een militair ziekenhuis of op het vliegveld. We gaan hier echte mannen van jullie maken, mannen waar ons land trots op kan zijn,' zegt hij. Zijn gezicht is als een leren masker. Ik kan zijn emoties niet lezen.

Ik weet dat Al-Gaili een stad is ten noorden van Khartoem en Omdurman, die ook aan de Nijl ligt. In de verte zie ik de daken van hoge gebouwen en schoorstenen die rook uitblazen. Zouden de mensen daar weten wat hier gebeurt?

'Ik ben commandant Abdul Karim, en ik ben jullie groepsleider tijdens dit kamp. Bij vragen en problemen moet je naar mij toe komen.' Hij heeft enge ogen, ze zijn diepzwart en staan ver uit elkaar, net als de ogen van gieren.

Mijn maag rammelt. Ik schrik van het geluid, dat voor mijn gevoel zo hard was dat iedereen het gehoord moet hebben, en kijk om me heen.

Niemand kijkt naar me. Iedereen let alleen op Abdul Karim. Ik leg mijn handen op mijn buik, in de hoop het geluid daarmee tegen te houden.

Abdul Karim vertelt ons dat de training uit drie delen zal bestaan. De eerste maand bestaat voornamelijk uit fysieke training, de tweede gaan we leren vechten en de derde gaan we leren schieten. Het klinkt allemaal zo absurd, ik ben opgetild uit de ene wereld en in een andere neergezet. Mijn maag rammelt opnieuw. Ik vervloek hem in stilte en druk mijn handen nog steviger in mijn buik. De stof is nog vochtig van de emmer water.

Een broodje tamiya en een broodje jam. Ze zitten nog in mijn tas.

'Jullie gaan hard worden, hard als echte mannen. Jullie gaan jezelf leren verdedigen, krijgen zelfvertrouwen. Daar hebben jullie de rest van je leven wat aan. De tijd dat je lekker veilig bij je familie thuis zit is nu afgelopen. Hier begint jullie nieuwe leven!' Abdul Karim heft zijn armen op, en sommige mannen applaudisseren, andere juichen zelfs, maar zijn eigen gezicht blijft emotieloos.

Ik wil helemaal geen nieuw leven. Ik wil gewoon doorgaan met school, en daarna gaan studeren en in de toekomst televisieproducties maken zoals het programma waar Yasser in zat.

De twee broodjes verschijnen weer in mijn gedachten. Ik stel me voor dat ik op het verse brood kauw, en de frisse smaak van dille en de pit van de rode peper in de melige tamiya proef.

Hoe laat zou het zijn? Zouden ummi en abbi zich al zorgen maken? Zouden ze gehoord hebben dat er kasha was? Ik hoop dat ze het al doorhebben, zodat ze Ahmed en mij hier weg kunnen halen en een einde kunnen maken aan deze waanzin. Ik kijk om me heen. Waar is hij toch? Ik zoek tussen de andere jongens die ergens anders zitten op de vlakte, die van hun groepsleider hetzelfde praatje horen, maar ik zie hem niet. Ik zie alleen maar identieke kale klonen in witte pakken.

Abdul Karim rondt zijn verhaal af.

Ik proef de tamiya weer. Ummi's heerlijke tamiya.

Twee soldaten lopen langs, en voor ik doorheb wat ik doe sta ik op. Een van hen trekt zijn wenkbrauw op. *Waar ben je mee bezig?* Maar nu sta ik al.

'Sorry, mag ik iets vragen?' vraag ik voor ik mezelf de mond kan snoeren.

'Wat moet je?'

'Ik zou graag bij mijn schooltas willen.'

'Hoezo?'

De anderen uit mijn groep lopen weg richting de wasbakken.

'Ik heb nogal trek en mijn moeder heeft vanmorgen twee broodjes voor me gemaakt, die nog in mijn tas zitten.'

Het blijft een paar tellen stil, en dan breken de twee soldaten in een bulderend gelach uit. Een walm van oude sigaretten komt uit hun mond.

'Luister, *sehir*, kleine, je bent niet meer bij je moedertje. Hier eet je wat je krijgt, wanneer wij het zeggen. Begrijp je dat?' Er komt speeksel mee met zijn woorden. Ze zijn nat van minachting.

Ik kan alleen maar knikken.

'En nu gaan, het is tijd om te bidden. De rest is al bezig met de *woedoe*.'

Ik ren vlug naar de lange wastafel en wurm me tussen twee mannen in. Er ligt een laagje water in de wasbak. De resten van onze haren zorgen ervoor dat het water niet goed kan wegstromen.

'Een neef van me is al in het zuiden,' zegt een man met een lange baard. Zijn accent lijkt op dat van de mensen uit Darfur. Abbi heeft ooit gezegd dat ze daar heel serieus de Koran bestuderen, dat veel van hen hele soera's uit hun hoofd kunnen reciteren.

'Echt waar?' vraagt de man rechts van me.

Ik houd mijn hoofd gebogen en was mijn handen.

De man met de baard knikt hevig. 'Zeker, de hele familie is trots op hem. Moge Allah ons allemaal op het juiste pad leiden.'

Ik spoel mijn mond en doe alsof ik onzichtbaar ben.

'De Profeet zal hem beschermen,' zegt de andere man. Hij steekt zijn wijsvinger omhoog, het *tawhid*-symbool. *Er is maar één God*. De twee mannen lopen richting de deur van de gebedsruimte.

De man met de baard draait zich om. 'Schiet je een beetje op? Je mag nooit te laat voor het gebed komen,' zegt hij tegen mij. Ik knik terwijl ik voorovergebogen in de wasbak blijf staan en mijn kale kruin was. Ze lopen de gebedsruimte in.

Als ze weg zijn, ga ik weer rechtop staan. Naast de man met de baard stond blijkbaar nog iemand anders, een stevige jongen met een rond gezicht. Hij kijkt naar me. Ik kijk vanuit mijn ooghoeken terug en dan trekt hij een scheel gezicht. Als hij ziet dat ik erom moet lachen, draait hij zich om en loopt hij zonder verder iets te zeggen de gebedsruimte in.

11

Mijn stapelbed piept als ik naar boven klim. Het doet me denken aan het reuzenrad dat altijd wordt opgebouwd met het Suikerfeest. Nu ben ik er te groot voor, maar vroeger mochten Ali, Osman en ik er altijd in met het geld dat we van onze ooms kregen. Twee sterke mannen trokken aan hendels die vastzaten aan het rad, waardoor we de lucht in gingen.

Het is al donker buiten. In de slaapzaal op het plafond branden ijskoude tl-lichten. Op de muur bij een van de lampen zit een roze gekko. Zijn huid is bijna doorzichtig, zijn ogen zijn groot en donker. Hij houdt de muggen in de gaten die om het licht vliegen. Ik ga liggen op een dun plastic matje dat piept. Een soldaat heeft ons de bedden toegewezen. Mijn stapelbed staat aan het einde van de ruimte in de hoek. Ik ben er blij mee dat ik niet ingesloten tussen vreemden hoef te slapen. Ik heb twee stukjes muur die van mij zijn, die hoef ik met niemand te delen. In mijn mond proef ik de waterige linzen die we eerder vanavond kregen. Nog nooit heb ik zoiets smaakloos op.

'Vouw je kleding netjes op en leg het onder je kussen, zodat je er morgen eenvoudig bij kunt,' zegt de soldaat. Ik geloof niet dat ik hem vandaag al gezien heb, maar mijn hoofd duizelt van alle indrukken.

De man onder mij vouwt zijn pak strak en kreukvrij op. Ik denk dat hij in een chique kledingwinkel werkt, want het ziet er net zo netjes uit als de kleding in de zaak waar we onze mooie kleren voor het Suikerfeest halen. Hij schuift zijn kleding onder zijn kussen. Ik probeer het ook zo netjes te doen, maar het lukt me niet. Er zitten kreuken en vouwen in en ik krijg de hoeken niet goed op elkaar gelegd. Ik wil niet als laatste nog bezig zijn, dus ik schuif het verkreukelde stapeltje onder mijn kussen, en ga erop liggen.

Andere mannen zijn met elkaar aan het kletsen, maar ik heb geen zin om te praten. De man onder mij volgens mij ook niet. De man uit Darfur is opgewonden in gesprek met iemand anders alsof ze elkaar al heel lang kennen. Ik probeer er niet naar te luisteren. Ik vertrouw hem niet en vind hem eng.

De soldaat blaast op zijn vingers en fluit. 'Luister allemaal even naar mij.'

'Stil, stil, stil,' zegt de man uit Darfur.

Iedereen is stil.

'Om halfvier, als jullie het fluitsignaal horen, dan moeten jullie opstaan en je klaarmaken voor het al-Fadjr-gebed. Níémand mag het gebed missen, is dat duidelijk?'

'Zeker,' roept een vriend van de man uit Darfur.

'Na het gebed begint jullie eerste training. Probeer zo veel mogelijk slaap te pakken, want het wordt een zware dag.'

De soldaat controleert of we allemaal in bed liggen. Onze bedden staan dicht op elkaar, misschien zit er maar een halve meter tussen. Als hij bij mijn bed aankomt, blijft hij stilstaan. Ik ontwijk zijn blik, staar naar het bed voor me. Ik wens dat hij me niet ziet.

'Gaat het een beetje?' vraagt hij plots.

Ik knarsetand. *Niet huilen. Niets zeggen. Trek geen aandacht. Wees onzichtbaar.* Ik blijf de woorden in gedachten tegen mezelf zeggen, maar ik voel mijn ogen waterig worden. Ik staar naar de bruine roestvlekken op het frame van het bed tegenover me. 'Best,' weet ik er nog net uit te persen.

De soldaat pakt het stalen frame van mijn bed vast en buigt zijn hoofd een beetje. 'Let jij een beetje op hem?' vraagt hij aan de nette man onder mij. 'Jullie zijn elkaars broeders, jullie moeten elkaar helpen.'

'Oké... komt goed,' hoor ik onder me.

Ik houd mijn kaken op elkaar geklemd, maar er vormen woorden in mijn mond die eruit moeten. Ze duwen tegen mijn tanden, persen zich tussen de kleine spleetjes. Niets zeggen, trek geen aandacht, denk ik bij mezelf, maar ze moeten eruit.

'Niemand hoeft op mij te letten, ik hoor hier niet,' werp ik de soldaat toe. Ik begin te huilen. De soldaat loopt naar mijn hoofdeinde. Ik durf hem niet aan te kijken, en staar naar zijn uniform. Zijn naam staat erop geborduurd. Jamal, lees ik.

'Hoezo hoor je hier niet?' vraagt hij kalm.

'Ik ben nog veel te jong, mijn familie moet me komen halen.'

'Dat gaat niet,' zegt soldaat Jamal. 'Ga slapen, morgen zul je je beter voelen. Alles komt goed.' Hij spreekt de woorden geduldig uit.

Hij draait zich om en loopt de zaal uit. 'Vanaf nu stilte alsjeblieft,' zegt hij tegen onze groep en hij knipt het licht uit.

Ik huil zo stil als ik kan. Mijn kussen wordt nat.

'Het komt goed,' fluistert de man onder me.

'Ik ga hier dood,' fluister ik terug. Ik verlies de controle over mijn emoties. Mijn wangen trekken naar beneden, ik snik. Mijn schouders schokken.

Ik wil niet huilen, maar ik huil tot diep in de nacht, terwijl ik God vrijwel onophoudelijk smeek of hij me alsjeblieft naar huis kan brengen.

Ineens, als ik alleen nog de zware ademhaling van de diepe slaap om me heen hoor, denk ik aan oom Hassan. Oom Hassan kent heel veel mensen, hij kan mij redden. Oom Hassan heeft zelfs een telefoon, ook al werkt die bijna nooit. Hij krijgt me hieruit.

Morgen ben ik weer thuis.

Overmorgen op zijn laatst.

12

Een luide fluit galmt door de slaapzaal. Mijn oogleden voelen zwaar, ze zijn nog dik van het huilen. Iemand knipt het licht aan. Ik druk mijn handpalmen op mijn ogen.

'Wakker worden allemaal en maak je klaar voor het ochtendgebed,' zegt iemand, een soldaat denk ik. Ik voel me gedesoriënteerd. Toen ik in slaap was gevallen, droomde ik dat ik thuis was.

Ik trek vlug mijn witte pak aan en ga voor het eerst naar de wc, die in een bijgebouwtje is. Het is een diep gat in de grond en het zand is modderig geworden van de mannen die naast het gat hebben geplast. Ik moet kokhalzen van de geur die uit de grond ontsnapt en mijn schoenen die wegzakken in de zure modder. Ik houd mijn adem in en ga vlug weg. Het is nog donker buiten, maar in de verte zie ik de horizon iets lichter worden.

We voeren in stilte de woedoe uit en gaan de gebedsruimte in. De imam houdt een praatje over het belang van de jihad, maar ik ben te moe om zijn verhaal goed te volgen. Ik bid en vraag aan God of hij me alsjeblieft naar huis kan brengen, en als hij niet kan of hij dan misschien oom Hassan kan sturen.

Na het gebed verzamelen we op de centrale vlakte, we moeten staan van Abdul Karim.

'Mustajideen, luister allemaal goed,' schreeuwt hij over de vlakte. 'Vanaf dit moment moeten jullie álles gehoorzamen wat ik tegen jullie zeg, net zoals jullie dat op het front moeten. Als ik zeg dat jullie moeten springen als kikkers, dan springen jullie, als ik zeg dat jullie moeten rennen als hazen, dan rennen jullie als hazen, en als ik zeg dat jullie het in je broek moeten doen, dan wil ik zien dat die witte broeken bruin worden. Ik ben jullie commandant, jullie vader, jullie móéder, *insjallah*, ik ben jullie broeder, jullie zuster, ik ben jullie beste vriend en jullie grootste vijand. Ik zie en hoor álles. Is. Dat. Duidelijk?'

'Ja, commandant!' roepen we in koor.

'Mooi,' zegt hij met zijn emotieloze glimlach. Zijn ogen liggen diep achter zijn huid van leer. Net een gier. 'Vandaag beginnen we met marcheren.' Abdul Karim legt ons de bewegingen uit. Zijn bewegingen zijn scherp als een zakmes dat in en uit zijn houder schiet. Armen naar voren en achteren zwaaien, naar voren lopen, kwartslag naar links draaien, kwartslag naar rechts draaien, volledige draai naar links, volledige draai naar rechts, linkerknie heffen, rechterknie heffen, stilstaan. Hij maakt geen enkele misstap.

We moeten ons in drie lange rijen opstellen.

'Armen zwaaien en naar voren,' commandeert Abdul Karim. We volgen de reeks van bevelen. Ik probeer mijn knieën precies op hetzelfde moment als de anderen te heffen, mijn armen precies te bewegen op dezelfde maat, de draai direct in te zetten als Abdul Karim het beveelt. Ik heb geen idee hoelang we het doen.

Armen rechts, links, rechts, links zwaaien en voorwaarts. Linkerknie heffen en voorwaarts. Armen links, rechts, links, rechts zwaaien en voorwaarts. Rechterknie heffen en voorwaarts. Kwartslag draaien linksom. Linkerknie heffen op de plaats.

Ik probeer te anticiperen op herhaling, maar zodra ik dat doe ga ik uit de maat. Er zit geen logica in zijn commando's.

Kwartslag draaien rechtsom. Stappen op de plaats. Armen links, rechts, links, rechts zwaaien. Linkerknie heffen op de plaats. Voorwaarts, armen blijven zwaaien. Volledige draai. Naar voren stappen, linkerknie heffen in beweging, armen blijven zwaaien.

Ik vind het moeilijk. Ik til de verkeerde knie op, zwaai met de verkeerde arm op het verkeerde moment of draai de verkeerde kant op.

'Niet nadenken,' zegt Abdul Karim. Hij knijpt zijn gierenogen tot spleetjes. Hij heeft allemaal bruine vlekjes in zijn gezicht. 'Wie nadenkt gaat fouten maken.'

Hij geeft weer een rits aan bevelen. Ik concentreer me volledig op zijn woorden. *Niet nadenken, niet nadenken.* Mijn mond smaakt zout. De zon komt langzaam op. De hemel is lichtroze, net als het zand onder onze voeten. Zouden ummi en abbi nu aan het ontbijt zitten met Shaza, Ali en Osman? Zouden ze al naar de politie zijn gegaan?

'Geef acht!'

Weer een misstap.

'Pony, doe eens mee met de groep. Je stapt de hele tijd verkeerd,' zegt Abdul Karim. Hij heeft het tegen mij. Ik kijk strak vooruit en probeer me opnieuw te concentreren. *Nergens anders aan denken,* commandeer ik mezelf. *Niet nadenken. Wie nadenkt gaat fouten maken.*

Ineens heb ik het te pakken.

In een vloeiende beweging volg ik alle commando's, precies zoals mijn groepsgenoten. We zijn net één grote schakelketting. Zo'n grote gouden, die ummi draagt. Niet aan denken, let op de commando's.

'Voorwaarts mars!'

Voorwaarts, armen zwaaien. Volledige draai.

Het voelt alsof ik me laat meedrijven met de stroming van de rivier. Ik dein mee met de golven van Abdul Karims stem, naar links en rechts, voorwaarts, naar achteren. Hij is de poppenspeler, wij zijn zijn marionetten. Ik verdwijn in mijn hoofd, en de enige stem die ik nog hoor is die van Abdul Karim.

13

Een paar uur later volgt de volgende training. Aan de stand van de zon te zien, hebben we lang gemarcheerd. Hij staat hoog aan de hemel en zorgt voor een broeierige warmte. We drinken heet water uit grote witte jerrycans. Ik voel me vreemd, alsof er een dikke stofwolk in mijn hoofd getrokken is. Mijn benen tintelen.

We moeten opnieuw in rijen gaan staan en we mogen niet bewegen tot Abdul Karim het commando geeft dat we klaar zijn. Dat is de opdracht, stilstaan. Ik heb mijn armen langs mijn lijf hangen en luister naar de geluiden om me heen.

Achter me is een training bezig. Een commandant schreeuwt. Hij fluit. Nieuwelingen hijgen. Voeten schuiven over het zand. Zou dat Ahmeds groep zijn? Ik hoop dat ik hem vandaag kan spreken.

Er lopen zweetdruppels over mijn gezicht. Ze prikken in mijn ogen. Ik vraag me af hoelang dit gaat duren, maar ik durf ze niet weg te vegen. De kale hoofden om me heen glimmen in het zonlicht. Er groeit hier niets. Geen bomen, geen gras, geen struiken. Niets is opgewassen tegen de dodende kracht van de zon, die alles verbrandt tot het verdwijnt. Er is alleen maar zand en gruis.

Ik kijk naar de poort, waar twee soldaten verkoeling zoeken in de schaduw van de muur. Zou oom Hassan vandaag door die poort komen? Ik hoop dat de telefoon in het kantoor van de commandant rinkelt en dat mijn familie zegt dat ze me komen halen.

Ik droom weg. Ik lig languit in de schaduw op het bed in de tuin en ik kijk naar een aflevering van *Alice in Wonderland*. Op de grond staat een flesje cola, dat mag ik vandaag, ook al is er geen bezoek. IJskoud en zoet. Ik voel het glas aan mijn lippen, het koolzuur tintelt in mijn keel. Ik blijf drinken, drink het flesje in één teug leeg, maar de dorst blijft.

'Je mag pas gaan zitten als wij het zeggen!' roept Abdul Karim, terwijl hij iemand aan zijn witte shirt omhoogtrekt. Hij haalt me uit mijn dagdroom. De man gaat weer staan.

'Ik kan niet meer,' zegt de man. Zijn rug is gekromd en hij steunt op zijn voorvoeten.

'Je mag alleen gaan als je op de grond valt en een tand mist,' zegt Abdul Karim.

Mijn huid is aan het verbranden, mijn kale hoofd trekt de hitte als een magneet aan. De zon klampt zich met scherpe nageltjes vast aan mijn huid. Ik wens dat de zon weggaat. Mijn rechtervoet begint ook pijn te doen, dus ik leun zo subtiel als ik kan op mijn linkervoet.

De man is weer op de grond gaan zitten. 'Het is echt te warm,' zegt hij.

Abdul Karim loopt naar hem toe en pakt zijn kin vast. 'Laat je tanden eens zien.'

De man opent zijn mond. Abdul Karim duwt zijn kin omhoog en laat hem dan los. Hij staat op en klapt in zijn handen. 'Hij heeft al zijn tanden nog!'

De man sluit zijn mond weer.

'En nu opstaan, je mag pas zitten als ik het zeg.'

De man krabbelt met moeite overeind. Abdul Karim knikt naar een van de soldaten. Niet veel later komt de soldaat terug met een emmer water. Abdul Karim knikt nog eens, en de soldaat gooit de emmer over de man heen. De man reageert niet. Hij staat met gebogen schouders en kijkt naar de grond. Zijn doorweekte pak plakt tegen zijn huid aan.

'Als de rest klaar is, ga jij langer door,' zegt Abdul Karim tegen de man.

Mijn benen trillen een beetje en ook mijn rug begint pijn te doen. Ik denk dat we er al uren staan. Mijn rechtervoet zeurt, mijn kuiten verkrampen. *Trek geen aandacht.*

Een doffe klap op de grond.

Ik draai me om. Iemand achter me is flauwgevallen. Abdul Karim loopt naar hem toe en mept hem zacht in zijn gezicht. De soldaat met de emmer is weggelopen en komt weer terug met een volle emmer. De soldaat gooit de emmer over de man op de grond heen. Hij wordt wakker en kijkt verdwaasd uit zijn ogen. Zijn mond hangt een beetje.

'Ook hij heeft zijn tanden nog!' zegt Abdul Karim.

'Dit slaat toch nergens op,' zegt iemand uit de groep.

'Niet praten. Ook jij gaat langer door zo.'

'Wat een onzin.'

'Als ik nog één woord hoor, laat ik je de hele nacht staan.'

De man zegt niets meer.

Ik weet niet hoeveel meer mensen er nog omvallen in de uren dat we er staan. Om de zoveel minuten hoor ik een doffe klap.

En dan nog een. En nog een.

Tot ik het niet meer hoor.

14

‘En hoe heet jij?’ vraagt de jongen met het ronde gezicht. We zitten met elkaar in een groepje. Tussen ons in staat een blauwe bak met linzen. Ik wil er niet van eten.

‘Abu Baker, maar iedereen noemt me Bakri,’ zeg ik.

De jongen scheurt een stuk brood af en haalt het door de linzen. ‘Aangenaam, ik ben Osman,’ zegt hij, terwijl hij een hap neemt. Als hij zijn linzen heeft doorgeslikt zegt hij: ‘En dit is Youssef.’ Hij wijst naar een jongen met een zwarte doorlopende wenkbrauw en veel haren op zijn arm. Daar heeft hij geluk mee, denk ik bij mezelf, dat hij wenkbrauwen heeft die het zweet uit zijn ogen houden en haren die de zon van zijn armen weren.

De jongen met de doorlopende wenkbrauw knikt naar me en ik knik terug. Ze zijn denk ik iets ouder dan ik, rond de twintig schat ik in.

‘Moet je niet eten?’ vraagt Osman. Hij schuift de blauwe bak mijn kant op.

‘Geen zin,’ zeg ik.

‘Je moet wel eten, hoor,’ zegt hij.

‘Ik wil niet.’ Ik heb geen zin meer om te praten.

Osman haalt zijn schouders op. ‘Je gaat er niets mee veranderen.’

Ik haal ook mijn schouders op en duw de linzen weer zijn kant op.

'Waar kom je vandaan?' vraagt Osman.

'Omdurman, Abu Seid,' zeg ik.

Zijn ogen worden groot. 'Echt? Waar precies? Mijn tante woont daar ook.' Hij stuitert opgewonden op en neer.

'Blok 2,' zeg ik.

Osman en Youssef halen hun brood door de linzen. Mijn maag knort, maar ik wil niet eten. De bak is bijna leeg. Osman veegt de rand schoon met zijn laatste stuk brood.

Een man met een effen groen uniform loopt langs, zij verzorgen het eten en ruimen het op.

'Mogen wij nog wat?' vraagt Osman.

De man zegt dat dat de laatste portie is die we krijgen. Twee van die teilen met linzen is veel te weinig, zelfs als ik niet mee-eet. Ik denk dat ze ons expres te weinig geven. Ik vertrouw de mensen in de groene uniforms niet. Soms blijven ze net te lang bij een groepje nieuwelingen hangen en ik zie ze roken, lachen en fluisteren met de soldaten en commandanten.

'Mijn tante zit in blok 3,' gaat Osman verder als de man wegloopt.

'Daar woont een oom van me. Ken je hem? Abdelrafi? Of mijn neef Abazer?' vraag ik. De jongen met de doorlopende wenkbrauw is de hele tijd stil. Ik ben zijn naam alweer vergeten.

Osman klapt nu in zijn handen, zijn ronde wangen zijn een beetje verbrand door de zon. 'Ja, ja, zeker. Zij wonen naast mijn tante. Ik ben daar elke vrijdag en voetbal vaak met Abazer!'

'Ongelooflijk,' zeg ik, want ik ben oprecht verbaasd dat er op deze plek iemand is die zo dicht bij mijn wereld thuis staat.

Osman klopt me vriendschappelijk op mijn schouder.

De jongen met de doorlopende wenkbrauw knikt zo enthousiast mee, dat hij een actieve deelnemer in het gesprek is geworden.

'Hoe zei jij nou dat je heette?' vraag ik.

'Y-youssef,' stottert hij.

'Youssef stottert zoals je hoort,' zegt Osman.

Ik knik naar Youssef.

Osman vouwt zijn handen op zijn schoot. 'Weet je, Youssef, iemand in mijn familie stotterde precies zoals jij. En bij ons, als een kind zo stottert, dan binden ze je tong met een touwtje vast. Daarna stopte het stotteren vanzelf!'

Youssef trekt zijn wenkbrauwen op. 'M-misschien moeten we jouw t-tong eens met een touwtje vastmaken.'

15

Op de centrale vlakte staat een podium. De mannen in de effen uniformen zijn al een tijd bezig om het podium klaar te maken voor belangrijk bezoek. Zo noemden ze het, belangrijk bezoek. Ze hebben ons niet verteld wie er langskomen. Ze zetten speakers neer, sluiten de microfoon aan, vegen het zand van het podium, nemen de tafel op het podium af, en schuiven vier stoelen aan. Ik heb met Osman en Youssef afgesproken om samen te zitten.

Vanmiddag, toen we even rust hadden, heb ik Ahmed kort kunnen spreken. Hij zei dat het oké met hem ging en dat hij al wat aardige mensen had leren kennen. Ik zei dat ik hoopte dat we zo snel mogelijk weg mogen gaan. Hij zei dat hij dat ook hoopte, maar dat ik zulke dingen niet te hard moest uitspreken. Daarna moesten we weer verzamelen bij onze groepen en verloor ik hem uit het oog.

Ik stap op Osman en Youssef af en we gaan zitten. De poort gaat open en een grote legerjeep komt het terrein op rijden. De auto stopt vlak naast het podium. Er stappen twee gespierde lijfwachten met geweren uit. Ze doen de achterdeuren open. Daar stappen vier andere mannen uit. Drie in een beige uniform en een man in een witte jalabiya met een tulband op. De man met de tulband heeft een vlassige snor en een lange zwarte baard. Ze lopen met rechte ruggen het podium op en gaan aan tafel zitten. De man in de jalabiya pakt de microfoon vast. Achter hen houden twee soldaten toezicht.

'Ik denk dat dit een lange zit gaat worden,' fluistert Osman.

'Sst,' zeg ik. *Trek geen aandacht.*

'Laat mij in het midden zitten, dan kan ik even slapen.' Osman geeft me een zetje.

'Je gaat hier toch niet slapen?' zeg ik.

'Jawel, kom op, ik ben echt moe.'

Ik kijk angstig op, of iemand ons in de gaten heeft. Maar alle blikken zijn op het podium gericht. De man in de witte jalabiya houdt zijn hand op de microfoon en fluistert iets in het oor van een man in een beige uniform.

'Kom op, wissel even met mij.'

Ik kruip achter Osman langs en laat hem in het midden zitten.

'Salaam aleikum,' zegt de man met de tulband. Zijn ogen speuren de menigte af, alsof hij met iedereen oogcontact probeert te maken. 'Wat goed om al deze nieuwe gezichten hier te zien. Jullie families zullen ontzettend trots op jullie zijn. Wij zijn hier vanavond gekomen om te vertellen waarom dit trainingskamp zo belangrijk is.'

Hij vouwt zijn handen ineen. Aan een van zijn vingers zit een grote zilveren ring met een zwarte steen. 'Laten we beginnen met een recitatie van een vers uit de Koran.'

Hij schraapt zijn keel en steekt zijn hand uit naar het publiek. 'Denken de mensen werkelijk dat zij met rust gelaten worden als ze zeggen: wij geloven, en dat zij niet beproefd zullen worden?'

Hij laat de woorden even in de lucht hangen.

'Dit is een cruciaal moment in al onze levens,' gaat hij verder. 'Een moment dat ons geloof op de proef gesteld wordt, misschien wel de zwaarste beproeving van ons leven. Zoals jullie weten woedt er in het zuiden een oorlog, een oorlog van onwetendheid, afvalligheid en vergiftiging. Een *kafir*, ongelovige, is daar aan het werk om een wereld vol zonde te creëren, gesteund door Amerika, Rusland en Israël. Als wij ons land niet beschermen, dan zal heel Sudan veranderen. Dan zullen die kafirs onze steden en onze huizen innemen. Onze vrouwen zijn niet meer veilig. En daarom is het zo belangrijk dat wij, broeders, schouder aan schouder blijven staan en ons verdedigen tegen die kafirs in het zuiden.'

Zijn stem is zacht en hij kiest zijn woorden zorgvuldig uit, maar wanneer hij over kafirs praat proef ik het gif.

Verschillende mannen, waaronder de man uit Darfur, knikken luisterend mee met het verhaal. Ik vind het een eng idee dat er mensen tussen zitten die hier enthousiast van worden.

'Ik wil graag een stuk parafraseren uit het boek *Mijlpalen* van een van mijn favoriete schrijvers, Sayyid Qutb. Hij schreef dat de huidige wereld in een staat van *jahilliyyah* was: een zondige staat van onwetendheid en slechte moraliteit waarbij de mens is losgeraakt van de goddelijke begeleiding in het leven.'

Osman opent zijn ogen en klakt met zijn tong. 'Zijn moeder heeft een slechte moraliteit.'

Er ontsnapt een grinnik uit mijn neus. Ik kijk verschrikt op of iemand me gehoord heeft.

'Onze vrijheid, de belangrijkste waarde van de islam, kan alleen teruggekregen worden door een totale onderwerping aan God. Maar onze kapitalistische en communistische vijanden uit het westen proberen ons die vrijheid te ontnemen. De enige manier hoe we dit kunnen bevechten is door de jihad.'

Mijn ogen worden zwaar en ik heb zin om in bed te liggen.

Dat het matje piept en vastplakt aan mijn huid als ik begin te zweten, maakt me niet meer uit. Ik vraag me af hoever oom Hassan is met mijn ontsnappingsplan. De politie moet inmiddels op de hoogte zijn dat Ahmed en ik niet zijn aangekomen op school en nooit zijn thuisgekomen, en die weten vast dat we naar een trainingskamp zijn gebracht.

Eindelijk stopt de man met zijn verhaal.

'Lang leve de broederschap!' roepen de mannen in de beige uniforms. Ze hebben de hele tijd vrijwel niets gezegd. Plotseling komen er zes mannen met trommels en trompetten het podium op lopen. Ik heb geen idee waar ze vandaan komen. De trompettist zet een lied in, en een van de mannen in de beige pakken zegt dat we mogen meezingen.

'*Amerika, Rusland, jullie kwelling is nabij.*'

Het lied is eenvoudig en de melodie herhalend. Als ik wilde zou ik direct kunnen meezingen. Er ontstaat een ongemakkelijke sfeer. Sommigen zingen voorzichtig mee. De mannen in de beige pakken heffen hun armen op om ons aan te steken om mee te zingen. Vanuit het publiek klinken steeds meer stemmen. De mannen zwaaien nog enthousiaster met hun armen omhoog.

Zing mee, zing mee, zing mee. Iedereen om ons heen zingt mee.

'*Daar zijn Rusland en Amerika. Jullie werpen je vrolijk in onze armen.*'

Osman, Youssef en ik openen ook onze monden en mompelen zacht de tekst mee. Het mompelen verandert in geneurie, en het geneurie verandert in gefluister, en het gefluister verandert in luid gezang terwijl we onze armen om elkaar heen slaan.

16

Twee weken later

'Wat is er aan de hand met je? Je bent zo stil de laatste dagen,' zegt Osman. We staan in de doucheruimte. Daar hangen we meestal rond als we even rust krijgen, want hier komen de soldaten bijna nooit. Straks moeten we weer verzamelen voor een nieuwe training van Abdul Karim.

Ik draai met mijn vingers, maar geef geen antwoord. Ik wil niet huilen. Het enige waar ik aan kan denken is dat ze me niet zijn komen halen. De eerste tien dagen klampte ik me zo stevig vast aan de hoop dat ze zouden komen. Hun komst hing als een zekerheid in de lucht. Elke ochtend stond ik op met het idee dat ze die dag door de stalen poort zouden rijden, maar aan het einde van de dag waren ze niet gekomen. En elke avond dat ze niet gekomen waren, dacht ik: morgen zullen ze wel komen. Na die tien dagen stopte ik er voorzichtig het woordje 'misschien' tussen.

Misschien zullen ze komen.

Soms hoop ik, dat als ik hard genoeg wens dat ze me komen halen, dat ze me zullen horen. Dat ze zullen voelen waar ik ben en dat ik terug naar huis wil. In de nachten als ik wakker lig, fluister ik hun namen continu in mijn gedachten. *Komen jullie me halen?*

Maar ze komen niet.

Waarom zijn ze niet gekomen?

Ik zit hier vast, nog meer dan twee maanden, tot het kamp voorbij is. Ik weet niet wat dit voor invloed heeft op school en ik vind het oneerlijk dat er mensen zijn die levens van anderen zo eenvoudig kunnen beïnvloeden.

Alsof het niets is.

Ik leun met mijn hand op de wasbak en kijk naar de muur waar ik een paar dagen terug in het afbrokkelende stucwerk een schorpioen had zien wegschieten. De ruimte ruikt naar oude urine van mannen die onder de douche plassen.

'Kom op, vertel eens wat er aan de hand is,' zegt Osman zacht. We moeten zacht praten, want het douchegebouw heeft geen dak en een soldaat of aanhanger kan ons eenvoudig afluisteren.

Ik haal diep adem. 'Ik ben hier nog steeds. Ik wist zeker dat ze me zouden komen halen,' zeg ik.

Osman zucht ongeduldig. 'Natuurlijk komen ze je niet halen, je zit hier vast. Net als wij.'

'Ik wil terug naar school en de dingen inhalen waar ze nu mee bezig zijn,' zeg ik wanhopig.

'Wat wil je überhaupt met theater gaan doen?'

Ik haal mijn schouders op.

'De meeste acteurs, en dan bedoel ik echt héél bekende acteurs, die zijn arm, die kunnen niet eens een fiets kopen,' zegt Osman.

'Dat maakt me niets uit, ik vind het gewoon leuk.'

'Verspil je tijd niet, John Travolta.'

Ik weet niet wie dat is, maar dat zeg ik niet. 'Denk je dat ze ons echt laten vechten?' vraag ik in plaats daarvan.

'Geen idee, ze zeggen dat we na drie maanden klaar zijn,' zegt Osman. 'Ik denk dat we in een ziekenhuis moeten gaan helpen of zoiets.'

Abdul Karim heeft ons verteld dat we na drie maanden een parade moeten opvoeren waarin we alles wat we geleerd hebben moeten demonstreren. Hij zegt dat het een heel serieuze aangelegenheid is en dat zelfs president Omar al-Bashir zal komen kijken.

'En wat áls ze je laten vechten?' vraag ik.

'Dan ga ik ontsnappen en dan ga ik met een mooie Zuid-Sudanese vrouw trouwen, zo'n hele lange vrouw. En dan heb ik in één klap heel veel koeien, want die hebben ze daar veel, hè, en dan begin ik een melkbedrijf samen met mijn lange kinderen,' zegt Osman.

Ik moet grinniken om het idee van Osman, die net als ik klein is, samen met een lange vrouw. 'Daar heb je vast lang over na moeten denken,' zeg ik.

'Ik heb iets voor ons,' zegt Osman mijn opmerking negerend. Hij haalt een sigaret en een aansteker uit zijn zak.

'H-hoe kom je daaraan?' vraagt Youssef. Hij praat niet graag, maar af en toe wint zijn nieuwsgierigheid het van de stilte.

'Van Jamal, die soldaat, gekregen.' Hij steekt de sigaret tussen zijn lippen en steekt hem aan. Hij blaast de rook nonchalant uit en geeft de sigaret door aan Youssef. Ik neem de sigaret over van Youssef en kijk er even naar.

'Ik heb nog nooit gerookt,' beken ik. Ik voel me wel stoer, met die sigaret tussen mijn vingers.

'Probeer maar eens,' zegt Osman.

Ik zet mijn lippen aan het papier en zuig de rook naar binnen. De walm maakt mijn keel in één klap droog en ik moet ervan hoesten.

‘*Garaf*, bah! Wat vies is dat,’ zeg ik en ik duw de sigaret in Osmans handen.

‘Het is even wennen. Probeer nog maar eens.’ Osman geeft de sigaret terug.

Ik moet ineens aan Abdul Karim denken, die ik vaak zie roken. Ik recht mijn rug en zwel mijn borst op zoals ik hem elke keer zie doen. Ik knijp mijn ogen tot spleetjes, en kijk zo emotieloos als ik kan. Ik steek de sigaret tussen mijn lippen, vouw mijn handen op mijn rug en loop langzaam door de doucheruimte.

‘Stil, *mustajideed*,’ sis ik met de sigaret nog in mijn mond. Ik maak mijn stem laag en rek het woord zo lang als ik kan op, precies zoals hij.

Osman en Youssef barsten in lachen uit.

‘Je bent hem net echt!’ zegt Osman. Hij knijpt met een hand mijn schouder vast en met zijn andere klopt hij me op de borst.

Ik wurm me los, tik nonchalant de witte as af en geef de sigaret aan Youssef. We roken de sigaret op, en doen alle drie om beurten lachend onze commandant na, terwijl de rook om ons heen kringelt.

17

Niet veel later moeten we op de vlakte verzamelen voor de tweede training van de dag. Abdul Karim staat al klaar, met twee soldaten aan zijn zijde. Mijn voeten zeuren van vermoeidheid. Ik kijk naar zijn schouders, want ik durf Abdul Karim niet in zijn gezicht aan te kijken, maar soms ben ik bang dat dat juist ook weer aandacht trekt.

Hij staart ons een tijdlang aan zonder iets te zeggen. Zijn compagnons wisselen een blik uit met elkaar, ik denk dat zij ook niet weten wat er aan de hand is. Abdul Karims ogen glijden over onze hoofden, en ik voel hoe hij een tijd op het mijne blijft hangen. Mijn ogen schieten heen en weer, overal behalve naar zijn gezicht. Wat is er aan de hand?

'Wie heeft er gerookt?' vraagt hij ineens.

Mijn hart bonst. Ik sta naast Osman en Youssef en voel de rooklucht als een brandmerk om ons heen hangen.

Niemand zegt iets.

'Ik wéét dat ik sigarettenlucht ruik. Dus, nogmaals, wíé heeft er gerookt?'

Ik begin te zweten. Ik wil hier weg, verdwijnen. Naar huis. Naar ummi en haar dikke zwarte vlecht. Haar kisra eten en naar haar vitrinekast met prachtige glazen staren. Met abbi in de tuin naar de radio luisteren.

Abdul Karim zet een paar stappen naar voren. 'Moet ik de hele groep straffen?'

De man uit Darfur fluistert dat degene die gerookt heeft het moet opbiechten.

Ik voel de warme lucht van iemands nerveuze ademhaling in mijn nek. Soms ben ik bang dat Abdul Karim meer kan zien dan de meeste mensen. Dat hij een extra paar zintuigen heeft.

'Kom op, biecht het gewoon op,' sist iemand in mijn nek. Hij weet dat wij het zijn.

Osman trekt zijn wenkbrauwen op en kijkt verontwaardigd om zich heen, alsof hij zoekt naar de dader. Alles is een spelletje voor hem, denk ik geërgerd.

Abdul Karim zet nog een paar stappen naar voren, en begint aan de zijkant van de groep. Hij houdt zijn gezicht bij de mond van een man.

'Blazen,' zegt hij. Hij gaat naar de man naast hem.

Ik adem vlug in en uit in de hoop de rooklucht te verliezen.

'Blazen,' zegt Abdul Karim weer.

Nog vier mensen voor me.

Nog drie.

Nog twee.

Abdul Karim brengt zijn gezicht naar het mijne. Zijn gezicht maar een paar centimeter van dat van mij verwijderd. Ik kijk nu in zijn oneindig diepe, zwarte ogen.

Loop door. Loop door. Loop door.

'Blazen,' zegt hij. Ik sluit mijn ogen en blaas met een kloppend hart. Nu gaat het gebeuren.

Hij loopt door en doet hetzelfde bij Osman en Youssef. Ze houden hun blik naar voren gericht. Voor het eerst heb ik het gevoel dat zij ook bang zijn. Abdul Karims mondhoeken krullen iets omhoog.

'Jullie zijn het,' zegt Abdul Karim overtuigd. Hij kijkt Osman en Youssef strak aan in hun ogen. Hij pakt ze bij hun schouders en trekt ze naar voren. Ik niet? Waarom ik niet? Hij moet mij sowieso ook geroken hebben.

'Op jullie knieën en met je ellebogen op de grond. Pak met je vingers je oorlel vast.'

Osman en Youssef laten zich langzaam op hun knieën zakken en pakken hun oorlellen vast. Ze werpen vluchtig een blik op mij. Hoezo word ik niet gepakt?

'En nu kruipen, verdomde ezels!'

Ze kruipen, hun ruggen bol als kevers. Al snel schaven ze hun ellebogen open aan de steentjes op de grond. Ze bloeden. Er komt zandgruis in hun wondjes. Ze vertrekken hun gezicht van de pijn. Hun knieën worden bruin.

'Naar achteren!' roept Abdul Karim.

Hun ellebogen en knieën schrapen langzaam over de grond. Een vaag bloedspoor blijft achter in het zand. Ik voel me schuldig. Moet ik iets zeggen?

Dan voel ik Abdul Karims blik. Hij kijkt me aan, alsof hij wil zeggen: *Ik weet het wel. Je houdt voor mij niks verborgen. Jouw tijd komt nog wel.*

Ik voel me een lafaard dat ik niks zeg, maar ik durf het niet. Ik kan alleen maar kijken naar hun bebloede armen.

18

We liggen in bed. Het is diep in de nacht, maar ik ben wakker. Een haboob trekt over ons kamp heen, we zitten er middenin. Het dondert en onweersflitsen komen door ons kleine vierkante raam de slaapzaal in. Ze lichten de duistere hemel op, die rood als vlammen wordt. De wind gilt, en de touwen die aan de vlaggenpost hangen, slaan als zwepen tegen de stalen palen. Zandkorreltjes worden tegen het raam geblazen. Ik knijp mijn ogen dicht. Ook met mijn ogen dicht zie ik de vlammen.

Ik blijf maar denken aan een verhaal dat ik vanmiddag hoorde. Soldaat Jamal zocht Osman, Youssef en mij op in de slaapzaal. Elke avond bij de avondcontrole vraagt hij of het goed met me gaat. Ik vind hem aardiger dan de andere soldaten. Osman, Youssef en ik zaten daar een beetje te praten en hij kwam naast Osman op het bed tegenover dat van Youssef zitten. Soldaat Jamal keek om zich heen, alsof hij er zeker van wilde zijn dat er niemand anders in de zaal was.

'Ik wil jullie iets vertellen, want ik denk dat het voor jullie belangrijk is om te weten,' zei hij.

We gingen rechtop zitten. Ik werd een beetje lacherig van de spanning.

'Kennen jullie het kamp Al-Ailafoon aan de Blauwe Nijl?' vroeg Jamal.

Wij schudden onze hoofden van nee.

Het begint harder te waaien. De wind krijst en gilt nog luider in de vlag van Sudan, de stof klappert razendsnel heen en weer. Ik leg mijn handen op mijn gezicht. Mijn huid is ruw en warm. Het achtergebleven zandstof schuurt in de kleine blaasjes van mijn verbrande huid.

Wat zei Jamal ook alweer?

'Dat is een kamp, precies zoals dit kamp, met veel jongens zoals jullie.' Hij sprak het laatste deel van de zin snel uit. Bedoelde hij jongens die ontvoerd waren?

Hij zag de verwarring in onze gezichten, maar ging verder met zijn verhaal. 'Eind maart vroegen de mustajideen verlof aan bij hun kampleiders om Eid al-Hadha te vieren met hun families. De kampleiding wees het verzoek af en beschuldigde de mannen van rebellie tegen de kampleiding.'

Jamals ogen schoten heen en weer, alsof hij twijfelde om verder te vertellen.

'En toen?' vroeg Osman.

'Ze bedachten een plan om te ontsnappen. Tijdens het zonsondergangsgebed klonken er geweerschoten bij de poort.' Jamal schraapte even zijn keel en veegde een vuiltje uit zijn oog. 'Ze hadden daar de eerste mustajideen gedood. Er waren andere mannen, die over de muur geklommen waren en in de Nijl gesprongen waren. De kampleiding keek toe hoe ze op een stalen boot probeerden te klimmen die zonk. Degenen die niet verdronken hebben ze alsnog neergeschoten.'

Ik begreep niet waar zijn verhaal vandaan kwam. Was het een waarschuwing om te laten weten hoe wreed de kampleiding is?

We waren er alle drie stil van.

'Hoeveel waren het?' vroeg Osman na een tijdje.

'Ze gaan uit van meer dan honderd, maar precies weet ik het niet. Degenen die ze gevonden hebben, hebben ze in een massagraf begraven.'

Jamal hief zijn vinger op. 'Wat ik wil zeggen... Let goed op jezelf en op elkaar.'

Hij stond op en wilde weglopen, maar draaide zich nog één keer om. 'En, luister goed, dit verhaal hebben jullie niet van mij en hier mogen jullie het met níémand over hebben.' Toen liep hij met grote passen de slaapzaal uit.

In bed denk ik aan al die jongens zoals wij, die gedood zijn, en ik ben bang dat mensen hier ook gaan proberen te ontsnappen. Zullen ze ons laten gaan na de parade?

Weer doemen de vlammen op in de kamer.

Ik tel tot de donder klinkt. Na vijf tellen begint het gerommel en tikt het zand tegen de ramen. Ik geloof dat de meesten er doorheen slapen. Ik hoor zachtjes gesnurk en geronk. Iedereen is moe van de zware trainingen. Mijn schouders en kuiten voelen rusteloos door de oefeningen. Ik ben niet goed in de oefeningen. Als we moeten rennen, struikel ik over mijn voeten of glij ik uit in het zand. Bij het tijgeren ben ik een van de langzaamste. Abdul Karim noemt me pony omdat ik zo klein en onhandig ben. De aanhangers, zoals de man uit Darfur, krijgen het minder te verduren. Hij laat hen hun gang gaan, en soms mogen ze zelfs een training overslaan om hem te bedienen. Dan zitten ze met elkaar te smoezen en te lachen terwijl wij over obstakels aan het klimmen zijn.

De meeste aanhangers kan ik er ook wel goed uitpikken. Na de jihadlezingen van de man met de baard, slaan ze elkaar enthousiast op de rug en spreken ze uit dat ze het zo'n interessante lezing vonden. Osman zegt elke keer dat ik niets moet geloven van wat die man zegt. Dat ze ons proberen te verleiden voor de jihad met verhalen over het paradijs en maagden, maar dat onze Profeet nooit zulke dingen heeft gedaan.

De gillende wind wordt zachter, lager, de touwen zwaaien langzamer tegen de paal. Ineens wordt het stil. De rode lucht wordt weer zwart van de nacht.

19

‘Wees eens stil, ik probeer te slapen,’ zegt de jongen op het bed naast dat van Osman. Het is rustig in de slaapzaal. Osman, Youssef, de jongen in bed en ik zijn de enigen. De anderen zitten nog buiten te praten, we hebben nog even voor iedereen in bed moet liggen. Osman springt op van zijn eigen bed en gaat op het bed van de jongen zitten.

‘Hé dikke, schuif eens op,’ zegt Osman. Osman plaagt hem altijd omdat hij dik is. Hij plaagt iedereen trouwens. Tegen Youssef zegt hij altijd dat zijn snor boven zijn ogen zit, omdat zijn wenkbrauw aan een stuk doorloopt. Ik vind het fijn dat Osman flauwe grapjes maakt, dan denk ik even niet aan deze plek. Ik weet niet hoe de dikke jongen heet. Hij gaat niet echt met anderen om en ligt tussen de trainingen door meestal te slapen.

‘Je bent zelf dik,’ zegt de dikke jongen. Hij draait zich om, het bed piept.

Osman staat op. ‘Kom, we gaan naar Youssefs bed. Deze jongen laat te veel scheten.’ Osman knijpt zijn neus dicht.

De jongen draait zich om en slaat met zijn vuist in de lucht. ‘Als je niet eens ophoudt, dan sla ik je zo hard dat je in één klap doodgaat!’

'Dat is beter dan dat je me doodt met je scheten,' zegt Osman lachend waardoor zijn gezicht nog ronder wordt. Hij loopt weg en gaat op het bed van Youssef zitten, aan de andere kant van de slaapzaal. Youssef gaat aan het voeteneind van zijn eigen bed zitten. Ik zit op het bed ernaast. We praten even over onze training van vandaag. We deden een oefening, waarbij we een enorme tak moesten tillen en naar een andere groep moesten gooien. Je kreeg steeds een paar tellen rust, en dan moest je hem weer vasthouden. Dat vond ik ontzettend zwaar, en ik hield het bijna niet vol.

De dikke jongen is in slaap gevallen. Hij snurkt zachtjes.

'Hoe komen jullie eigenlijk hier?' fluister ik in een opwelling. Ik vraag het me al af sinds ik de jongens voor het eerst heb leren kennen. Sindsdien weet ik al best wat van ze. Ik weet dat Osman uit Omdurman-Noord komt en Youssef uit Bahri. Youssef werkte in een horlogewinkel en Osman wilde Business Management gaan studeren.

Maar ik heb geen idee hoe ze hier terecht zijn gekomen.

'Ik heb me aangemeld natuurlijk,' zegt Osman.

'Echt?'

'Nee, natuurlijk niet. Ik ben net als jij van de straat geplukt.'

'Ik schrok al...'

'Je denkt toch niet dat ik zo'n gek ben?' Osman trekt een raar gezicht. Youssef en ik moeten lachen.

'Je zou echt naar de theaterschool moeten gaan,' zeg ik.

'Mijn leven is al één groot drama. En bovendien verdien je daar niets mee.' Osman wil vooral rijk worden. Daar heeft hij het altijd over. 'Maar weet je, even serieus, het maakt hier niet uit hoe je naar de partij kijkt. Kijk naar hem.' Hij knikt naar Youssef, die schrikt. Osman gaat verder. 'Zijn vader is docent, hè, hij is actief tegen de partij, is zelfs stiekem lid van een verboden partij. En toch zit Youssef hier.'

'Dat wist ik niet,' zeg ik.

'Maar beter ook...' zegt Osman.

'D-doe eens stil,' stottert Youssef. Zijn gezicht is bleek weggetrokken en hij werpt een blik op de dikke jongen. Die is diep in slaap.

'Ach, we zijn toch vrienden onder elkaar,' zegt Osman.

'Mijn broers zijn communisten,' zeg ik om Youssef gerust te stellen. 'Maar ze zijn het land uit gevlucht.' Youssef haalt opgelucht adem en knikt, hij lijkt tevreden gesteld met onze gemene deler van politieke verworpelingen.

Ik sta op en ga naar de wc. Als ik terugkom, blijf ik even stilstaan in het halletje voor de slaapzaal. Het halletje galmt enorm en dat brengt me op een idee. Mijn hart klopt van opwinding, en ik voel me bijna weer zoals ik me voelde voor mijn eindtoneelstuk van start ging. Ik stel me de theaterzaal op school voor. Mijn ouders, zussen, broertjes en oom Hassan in het publiek. De muziek die van start ging... Ik steek mijn hoofd uit de deur, en zie geen kampleiding in de buurt van onze slaapzaal rondlopen. Zo zacht als ik kan schraap ik mijn keel.

'Mustajidéééén,' roep ik. Mijn stem is zwaar en hees, precies zoals Abdul Karim. Ik hoor de plastic matrassen piepen en Osman die 'stil, stil, stil' fluistert.

'Mustajidéééén, horen jullie mij? Opstaan!' roep ik. Even wacht ik, en dan marcheer ik de kamer in. Osman, Youssef en de dikke jongen staan kaarsrecht naast de bedden. Ze kijken me met grote ogen aan. Het duurt een paar tellen voor ze doorhebben dat ik het ben, en daarna halen ze opgelucht adem. Osman en Youssef lachen, de dikke jongen noemt me een ezel en gaat weer in bed liggen met de deken over zijn hoofd. Ik loop naar Osman en Youssef toe.

'Doe hem nog eens na,' zegt Osman.

Opnieuw verhef ik mijn stem en maak ik de scherpe, robotachtige bewegingen terwijl ik mijn gezicht in de plooi houd. Ik heb het perfect onder controle, ik hoef mijn lach niet eens te onderdrukken.

'Mustajidéééén!'

Ik word er steeds beter in, dit moet mijn beste imitatie tot nu toe zijn geweest. Ik voel hoe de commandant in mijn eigen huid kruipt. Ik word hem, steeds meer en meer. Ik spring op en marcheer door de kamer heen, ik verlies mezelf totaal in mijn eigen toneelstuk.

Ik zit volledig in mijn eigen spel, ik ben ervan overtuigd dat ik Abdul Karim ben. Ineens doemt er een nieuwe stem vanuit het niets op.

'Jíj, meekomen naar Abdul Karim.'

20

Abdul Karim ligt al in bed. Zijn bed staat buiten naast zijn kantoor en er hangt een klamboe overheen.

'Ik hoor dat jij mij nadoet,' klinkt er van onder zijn klamboe. Ik kan hem niet zien onder het witte net. De soldaat die me heeft afgeleverd loopt weg. We zijn alleen, Abdul Karim en ik. Niemand kan ons nog zien.

'Ga je nog iets zeggen?'

Ik kan niets uitbrengen, hij snoert mijn keel dicht met zijn aanwezigheid. Ik kijk met gebogen schouders naar de grond. Zelfs in het donker durf ik hem niet aan te kijken.

'Kom op, ik heb niet de hele nacht de tijd.'

'Sorry,' fluister ik met een gebroken stem. Het voelt alsof ik op glas kauw.

Abdul Karim verheft zijn stem. 'Sorry?' zegt hij, en dan lijkt hij even na te denken. 'Dus je vindt jezelf zo'n goede toneelspeler?'

'Nee, nee, zeker niet,' zeg ik met duizend glassplintertjes in mijn keel. 'Het was... een grap.'

'Een grap? Dus je vindt mij een grap? Heb jij geen respect!'

'Jawel, jawel, het spijt me.'

'Weet je wat. Je gaat dat kunstje uitvoeren tot ik ervan

in slaap val. Daarna mag je naar bed, maar ik wil je hier terugzien voordat ik wakker ben. En dan mag je er weer mee doorgaan tot ik zeg dat je mag stoppen.'

Ik vervloek mezelf in stilte. Trek geen aandacht. Wees onzichtbaar. Ik heb mijn eigen regels verbroken. Mijn hart raast, ik ben bang dat mijn borstkas zo opensplijt.

'Hallo? Gebeurt er nog wat?'

Mijn gezicht zit op slot. Ik kan me niet bewegen.

'Wat heb ik je geleerd, pony? Als ik je een bevel geef, dan dóé je dat.'

Ik haal diep adem.

'Nu, mustajideed,' sist hij. Ik voel de onzichtbare touwtjes weer trekken, hij is de poppenspeler, ik ben de marionet.

'Mustajideed,' fluister ik hem na, maar ik wil het niet. Ik wil hier weg.

'Ga door, ga door...' Hij trekt aan de touwtjes.

'Mustajideed,' sis ik nog eens. Mijn nek wordt omhooggetrokken, mijn postuur wordt recht en mijn schouders breed.

'Pony,' zeg ik met mijn mond vol walging.

Abdul Karim bromt wat, ik kan het niet verstaan.

'Als ik je een bevel geef, dan dóé je dat,' spiegel ik.

Zijn ademhaling wordt zachter. Slaapt hij?

Ik blijf even stil. Abdul Karim zegt niets. Minutenlang blijf ik staan, want ik ben bang dat hij ineens toch wakker blijkt te zijn. Ik ben ervan overtuigd dat hij wacht tot ik een beweging maak, om me dan te pakken.

'Mustajideed,' fluister ik.

Zijn ademhaling wordt zwaarder.

Hij slaapt.

Zo stil als ik kan, glip ik terug naar de slaapzaal.

Ik durf niet te slapen. Wat als ik te laat wakker word? Wat gaat er dan met me gebeuren? En wat gebeurt er morgen met me? Het was nu het einde van de dag geweest, maar hoe is hij morgen als hij vier uur slaap heeft gehad? Ik staar naar het plafond. Iedere minuut die voorbijkruipt word ik zenuwachtiger, want iedere minuut brengt me dichter bij morgen.

Om drie uur 's nachts sluip ik weer naar het kantoor van Abdul Karim. Het is nog donker. Ik leun tegen de muur en wacht tot hij wakker wordt. Ik voel me zenuwachtig en ik wens dat de tijd op dit moment bevriest. Ik hoop dat Abdul Karim voor altijd slaapt.

Maar hij wordt wakker.

Het matje kraakt als hij zich uitrekt. Hij slaat zijn klamboe open en werpt zijn benen uit bed. Ik zie zijn blote voeten en harige kuiten.

'Daar ben je weer,' zegt hij. Hij wacht even af of ik iets ga zeggen, maar dat doe ik niet. 'Wat heb ik je gezegd? Doorgaan pony.'

Ik doe hem weer na, terwijl hij zich aankleedt. Ik doe hem na, terwijl hij naar de andere commandanten loopt en met ze praat. Ik doe hem na als hij naar de wc loopt en wacht op hem voor het wc-gebouw. Ik moet eruitzien als een idioot. Wanneer mijn groep hun training krijgt, moet ik in het kantoor van Abdul Karim wachten. Een soldaat houdt me in de gaten terwijl ik mijn armen in de lucht moet houden. Ik mag niet bewegen, alleen als Abdul Karim in de buurt is. Na de training komt hij me halen, en moet ik weer doorgaan met imiteren.

'Mustajideed,' sis ik keer op keer.

Het gaat de hele dag door, tot hij me aan het einde van de dag eindelijk wegstuurt omdat hij klaar met me is. *Mustajideed, mustajideed, mustajideed.* Het woord blijft in mijn hoofd gonzen.

Ik maak me zo snel als ik kan met gebogen hoofd uit de voeten. En ik zweer tegen mezelf dat ik nooit meer zal opvallen.

21

Het is de tweede maand. De vechttrainingen zijn begonnen. Dat betekent dat we overdag minder te maken hebben met Abdul Karim, maar met iemand anders. We staan op de vlakte. Ik houd mijn hand tegen mijn hoofd om tegen de zon in te kunnen kijken. Voor ons staat een man met enorme, gespierde armen en grote handen.

'Mijn naam is Nasrdin, en ik ga jullie leren vechten. Ik ga jullie leren hoe je de vijand met je blote handen tegen de grond werkt.' Hij balt een vuist die hij in zijn andere hand slaat, terwijl hij heen en weer loopt.

'Maar eerst wil ik weten, wie van jullie gaat zich aanmelden voor de jihad?' Hij spreekt het woord 'jihad' langzaam uit, als een hap zoete taart die hij niet wil doorslikken. Verschillende vingers schieten de lucht in, ze maken het tawhid-symbool.

Nasrdin knikt tevreden. Hij glijdt met zijn blik over onze hoofden en laat zijn blik hangen op mensen die hun hand nog niet hebben opgestoken. Ik wil geen aandacht trekken, dus ik steek ook mijn vinger op. Osman en Youssef doen hetzelfde. Niet veel later heeft iedereen uit de groep zijn vinger opgestoken.

De man uit Darfur vraagt hoe het aan het front is. Nasrdin vertelt dat het zwaar is, maar dat iedereen elkaar goed ondersteunt en dat het goed gaat. Ze zitten in Kurmuk, een plek aan de Ethiopische grens, die ze bijna veroverd hebben. Hij vertelt dat hij onlangs een Zuid-Sudanees gegijzeld heeft. Het is de eerste keer dat ik hem zie glimlachen. De man uit Darfur en zijn vrienden willen meer weten, over tactieken en beschietingen, maar Nasrdin kapt hen af.

'Als je naar de oorlog gaat, zul je vanzelf meer informatie krijgen,' zegt hij.

Hij klapt in zijn leeuwenklauwen, waarmee hij ons ter plekke als papier zou kunnen verscheuren. 'Laten we beginnen... Stel, je hebt geen kogels meer om te schieten, dan moet je je vijand op de grond werken.' Hij trekt een jongen met een brede platte neus aan zijn shirt naar zich toe en werkt hem binnen een fractie van een seconde op de grond. Hij drukt met zijn elleboog op de borstkas. De jongen hijgt snel. Nasrdin pakt een mes uit zijn zak en laat het uit zijn houder schieten.

'Als je hem eenmaal op de grond hebt, dan moet je zijn keel doorhalen,' zegt hij, terwijl hij zijn hoofd dicht bij dat van de jongen houdt. 'Maar vóór je dat doet, is het eerste wat je doet zo hard als je kunt "Allah akbar" roepen.'

Nasrdin haalt diep adem en schreeuwt de woorden zo hard, dat ze in de verte nog echoën. Spetters spuug komen uit zijn mond. Ze glimmen op het gezicht van de man. Een aantal mannen wordt enthousiast, springt op hun plek en slaat elkaar op de schouders.

'Allah akbar. Allah akbar. Allah akbar!' schreeuwen ze springend.

'Allah akbar!' schreeuwt Nasrdin en hij haalt denkbeeldig de keel door van de jongen op de grond. De jongen knijpt zijn ogen dicht.

Nasrdin staat op. 'Goed,' zegt hij.

Hij legt uit hoe we iemand op de grond moeten werken, waarbij hij de jongen nog een paar keer op de grond gooit, maar ik kan de stappen niet volgen, laat staan ze door mijn eigen lichaam laten uitvoeren. We worden in tweetallen opgedeeld. Er lopen soldaten rond die ons tips en uitleg geven.

Ik zit samen met een jongen die kleiner is dan ik. Hij werkt me binnen een mum van tijd tegen de grond. En nog voor ik weer goed en wel op mijn benen sta, lig ik alweer. Ik krabbel overeind, probeer extra stevig op mijn voeten te staan en steek mijn handen uit. Hij duwt ze met gemak weg en gooit me weer op de grond. Mijn rug begint pijn te doen van de klappen, er plakken kleine kiezelsteentjes in mijn huid. Ik veeg mijn armen schoon.

Ik voel dat Nasrdins blik op me blijft hangen. Hij ruikt bloed. Met grote passen komt hij onze kant op en hij komt erbij staan.

'Kom op, je moet kracht tonen,' zegt hij. Hij geeft mijn vechtpartner een duw. 'Laat mij maar even. Sla me eens.'

Ik gooi mijn vuist in de lucht. Nasrdin grijpt hem vast, trekt mijn arm naar zich toe, haakt zijn been achter mijn kuit en veegt mijn voet onder me vandaan. Hij geeft me een laatste duw en ik plof op de grond. Ik krabbel overeind.

'Snap je het nu?' vraagt hij. Ik knik, maar ik weet niet zeker of ik het snap. Hij duwt mijn partner weer naar me toe. Mijn partner kijkt me aan met een fonkeling in zijn ogen waar ik van schrik. Net een wild beest dat op het punt staat me te gaan bijten. Hij maakt een slaande beweging, en ik probeer hem tegen te houden, maar voor me dat lukt lig ik alweer.

'Ben je dom of zo?' schreeuwt Nasrdin naar me. Ik krimp ineen.

'Nee, maar... ik moet het nog leren,' zeg ik, maar ik ben er zelf ook niet van overtuigd. Ik hoor de anderen schreeuwen, juichen en joelen en ik heb nog meer heimwee naar huis dan ooit. Ik heb hier niets te zoeken, ik wil niet vechten. Ik kan het niet!

'Leren? Er valt niets te leren. Iédereen kan dit!'

'Ik niet!' roep ik uit, maar ik wil zo wanhopig graag dat ik het wel kan.

'Je moet het gewoon dóén, klaar!' Hij gaat weer tegenover me staan, klaar om me met zijn grote leeuwenklauwen te grijpen. Ik voel dat hij me haat. Het broeit in hem, ik zie het aan zijn wangen die rood worden.

Ik knijp mijn ogen dicht, klaar om weer op de grond gegooid te worden, en dan zegt hij ineens: 'Stop maar, het is tijd voor het gebed.'

Ik adem diep in en uit. De anderen lopen weg, ik wil ook weglopen.

En dan voel ik zijn ogen naar me kijken.

'Jij niet,' zegt hij scherp. 'Kom op, nog een keer.'

Ik haal diep adem en ga tegenover hem staan. Ik zie Osman en Youssef niet meer.

We zijn alleen.

Hij is stukken groter dan ik, een reus haast. Langzaam steekt hij zijn vuist uit, en ik probeer hem op de grond te werken, maar het lukt niet. Ik krijg geen beweging in zijn lijf.

'Kom op, imbeciel!'

Ik trek aan zijn arm, probeer zijn been weg te trekken, maar het is alsof ik tegen een sculptuur van staal aan het vechten ben.

'Kom op, kom op, kom op!' schreeuwt Nasrdin. Hij begint sneller te ademen. Ik krijg de neiging om te huilen, ik voel me klein. Hij pakt me vast en ik vlieg op de grond. Hij drukt met zijn arm op mijn keel. Ik zie zijn handen, grote vingers met roestbruin vuil onder zijn nagels.

Bloed. Dat is bloed van Zuid-Sudanezen.

Ik spartel met mijn benen en mijn ogen voelen alsof ze uit de kassen gedrukt worden. Ik krijg geen adem. Hij drukt harder op mijn keel, ik kan geen kant op. Ik wil schreeuwen, maar ik kan alleen maar sputteren.

Er komen grijze vlekken voor mijn ogen. Mijn benen worden slap. *Dit is het dan.*

Hij laat los.

'Je maakt me dood!' schreeuw ik uit.

Nasrdin staat op en loopt met een afkeurende blik achteruit. 'Ga naar de gebedsruimte, je komt te laat.'

22

Voor ons staat een roestige konijnenkooi met een stuk of tien witte konijnen erin. Nasrdin staat er pal voor. De dieren hebben weinig ruimte. Sommige konijnen zitten heel stil met hun oren naar achteren, en andere springen en kruipen over hun soortgenoten heen. Ik vind ze lief, dus ik probeer ze niet te veel aan te kijken. Het is vroeg in de ochtend en de zon staat nog niet hoog aan de hemel, maar ik heb nu al zweetdruppels op mijn lippen staan en langs mijn slapen lopen. Die konijnen moeten het ontzettend warm hebben met hun dikke vacht.

De afgelopen weken verliepen in een roes, waarbij ik mijn best deed om zo min mogelijk op te vallen. Ik werk hard tijdens de vechttrainingen, die me beetje bij beetje iets beter afgaan. Nog steeds hoor ik bij de slechtste van de groep, maar af en toe lukt het me om iemand op de grond te krijgen. We hebben training gekregen in het omgaan met kalasjnikovs, die we in en uit elkaar moesten halen, en we kregen schiettraining waarbij we op blauwe tonnen in de verte moesten mikken. Van de zenuwen hield ik de trekker ingedrukt, waardoor ik in één klap alle kogels eruit vuurde en niets raakte. Ik kon er niet van slapen en mijn oor bleef nog dagen suizen van het lawaai.

Vandaag ben ik nog banger voor wat er komen gaat. Nu

heb ik toch liever de linzen, ook al is het slijmerig, smaakloos eten en veel te weinig. Alles is beter dan dit. Het is een van de laatste onderdelen van de overlevingstraining, zeggen ze. Ze hebben onze stapelbedden al weggehaald, dus we slapen nu alleen op de matjes op de grond. Dit en een lange tocht door de woestijn, met een kleine parade in Bahri zijn de laatste beproevingen. Daarna zijn we klaar voor de parade waar Omar al-Bashir naar komt kijken. En abbi en oom Hassan, hoop ik.

Nog even en dan zijn we weer vrij. Dat hebben ze ons beloofd.

'Als je honger hebt, dan eet je alles wat je tegenkomt,' zegt Nasrdin. 'Sprinkhanen, bijvoorbeeld, zijn heel voedzaam. Daar heb je er heel veel van in het zuiden. Dus als je die tegenkomt, dan ben je blij.'

Er loopt een rilling over mijn rug. Nooit zou ik trek hebben in een insect, ik moet er niet aan denken!

'Het regent veel in Zuid-Sudan en het is er heel nat, dus wat je er ook veel vindt zijn kikkers.'

Ik moet mijn best doen om niet een vies gezicht te trekken. Kikkers lijken me nog erger dan sprinkhanen, met die glibberige huid. Nasrdin loopt naar de kooi en opent hem met zijn leeuwenpoten. Hij pakt er een konijn uit en houdt het vast aan zijn oren. 'Maar... als je een konijn vangt, dan ben je echt blij.'

Het dier hangt bewegingsloos in zijn handen. Hij staart ons aan met zijn grote, bange ogen, hij weet wat er komen gaat. Wij weten het allemaal.

Sorry, fluister ik in gedachten tegen het dier. *Ik wil het ook niet.*

'Alleen... jouw broeders hebben ook trek, zo'n trek dat ze met je willen vechten om het vlees.' Nasrdin steekt het konijn de lucht in als een trofee. Hij loopt naar onze groep toe en plukt er met zijn vrije hand een paar mannen uit. 'Eerst moet je het dier doden. In één keer. En dan moet je het direct opeten.'

Mijn hart raast in mijn borstkas. Ik wil mijn ogen dichtknijpen, het allerliefste wegrennen met het konijn.

'Let goed op. Je geeft hem één heel harde klap in zijn nek, waardoor je zijn nek breekt en hij op slag dood is.' Nasrdin zakt door zijn knieën en legt het konijn op de grond. Hij glimlacht, voor de tweede keer sinds ik hem ken. Het dier doet niets, het spartelt niet eens tegen. Hij gaat lijdzaam zijn noodlot tegemoet. *We zijn niet zo verschillend, jij en ik.*

Nasrdin tilt zijn arm in de lucht, laat hem daar een paar tellen hangen, en slaat het dier dan met een harde klap in zijn nek. Een paar seconden zegt niemand iets. We wachten allemaal of het konijn nog gaat bewegen. Maar hij ligt doodstil op de grond.

'En nu vechten om je eten!' Nasrdin wenkt de jongens die naar voren waren gekomen. 'Trek aan zijn borst, zijn kop, zijn poten, alles waar je maar je handen op kunt leggen. Je hebt honger!'

De jongens grijpen gretig de ledematen vast en trekken eraan tot het dier uit elkaar scheurt.

Nasrdin zet zijn tanden in de vacht en trekt met zijn beestachtige kaken de huid los van het vlees. Zijn mond en handen zitten onder het bloed. Hij kauwt op het rauwe vlees en slikt het door. Hij houdt een bot in de lucht en gilt: 'Allah akbar!'

De anderen kauwen ook op het vlees en gillen ook 'Allah akbar' met stukjes bot en vacht in hun handen. Ik vind het afschuwelijk.

Nasrdin gooit het bot op de grond. 'Nu jullie,' zegt hij met zijn bloedmond. Hij tikt een paar jongens aan.

En mij.

Nasrdin haalt een nieuw konijn uit de kooi en geeft het aan een jongen uit ons groepje. Het konijn wiebelt heen en weer, probeert los te komen uit zijn handen.

'Jij, sla hem in zijn nek zoals ik gedaan heb,' zegt hij tegen de jongen met het konijn in zijn hand. Hij kijkt een beetje onzeker naar Nasrdin.

'Niet nadenken, gewoon doen,' zegt Nasrdin.

De jongen legt het konijn op de grond, maar het spartelt wild. Ik denk dat het dier zijn twijfel voelt.

'Kom op,' zegt Nasrdin.

De jongen tilt zijn arm op en laat hem in de lucht hangen. Hij durft niet, denk ik met een kloppend hart.

'Kom op, slappe ezel!' roept Nasrdin.

De jongen mept het konijn op zijn nek.

Maar hij gaat niet dood. Het dier beweegt wild met zijn poten, kronkelt zijn rug, begint te piepen, te krijsen, probeert met al zijn kracht los te komen. Het vecht voor zijn leven.

'Nog een keer!' gilt Nasrdin.

De jongen geeft hem nog een mep op zijn nek. Maar het dier blijft tegenwerken. Hij wurmt zich uit zijn handen los, maar de jongen vangt hem weer, en slaat hem nog eens in zijn nek.

'Het lukt niet!' gilt de jongen.

'Bijt hem in zijn nek! Bijt zijn nekwervel door!' roept Nasrdin.

Ik draai in een reflex weg. De jongen tilt het konijn weer op en zet zijn tanden in zijn nek.

Krak.

Hij is dood. Hij is eindelijk dood. Zijn kop hangt naar beneden geklapt uit de mond van de jongen. Ik ben doorweekt van het zweet.

Hij steekt het konijn in de lucht. 'Allah akbar!' roept de jongen. 'Allah akbar!'

'En nu vechten om het vlees! Trekken! Trekken! Trekken!'

Ik pak een van de pootjes vast en houd hem vast, ik hoef niet eens echt kracht bij te zetten omdat de anderen zo hard trekken. Binnen een paar seconden is het konijn in stukken gescheurd. Ik kan het me niet voorstellen, dat dit pootje net onderdeel was van een nog levend wezen. Hoe kan zoiets zo abrupt van levend naar dood gaan?

Waar is het heen?

'Eten!'

Ik zet mijn mond in de vacht en probeer de huid van het konijn met mijn tanden los van het vlees te trekken. Ik proef het ijzerachtige bloed en ruik de aardse vleesgeur. Er loopt bloed en slijm over mijn mond en vingers. Ik begin te kokhalzen. Zuur speeksel loopt in mijn mond en ik buig naar voren. Ik geef over met het konijnenpootje nog in mijn hand.

23

Om twaalf uur vanmiddag komt minister van Defensie Ibrahim Shamsaldin langs, of, zoals Osman hem noemt, de beul van Al-Bashir. Abdul Karim vertelde ons vanmorgen bij de ochtendverzameling dat we ons moeten voorbereiden op hoog bezoek. We hebben legeruniformen aan. Ik vind het niet fijn zitten. De stugge stof kriebelt en het uniform is te groot voor me. Bovendien is de stof ook veel te dik voor deze hitte, mijn zweet wordt kokend heet.

Volgens mij zijn de commandanten en soldaten ook nerveus voor het bezoek. Abdul Karim is in de weer met papieren lijsten, smoest met zijn collega's, terwijl de anderen het podium schoonmaken en de speakers klaarzetten. Osman vertelt dat Ibrahim Shamsaldin een koelbloedige moordenaar is die alle vuile klusjes van president Omar al-Bashir opknapt, de aanhangers hier zien hem als de beschermer van Sudan.

'Wat denk je dat er op die lijsten staat?' vraag ik aan Osman, terwijl ik met mijn hoofd in de richting van Abdul Karim knik. Ik heb hem nog niet eerder zo nerveus gezien.

'Onze namen denk ik... Bij jou staat er kannibaal,' zegt Osman. Zo noemt hij me sinds het konijn.

'Kannibalen eten mensen, geen dieren.'

'Er zit weinig verschil tussen ons en die beesten,' zegt Osman. Hij denkt even na. 'Misschien hebben we vanmiddag de eindopvoering en worden daarna al onze namen opgenoemd om ons te feliciteren,' zegt hij dan.

'Ik hoop het,' zeg ik gespannen.

We wachten al een week, het voelt eindeloos. Af en toe krijgen we nog een lichte training, maar alle basistrainingen zitten erop en de mannen die 's avonds over de jihad kwamen praten, zijn nog maar één keer langsgekomen om over de naderende verkiezingen te vertellen. Ze willen dat we op de partij gaan stemmen, alsof er een andere mogelijkheid is. Met de komst van Ibrahim Shamsaldin vanmiddag, lijkt het duidelijk. We moeten de show voor hem opvoeren voor we dat voor de president mogen doen.

De generale repetitie.

Stipt om twaalf uur stapt een man met een kortgeschoren zwarte snor en een mager, streng gezicht het podium op. Hij draagt een generaalspet met dikke gouden stiksels en een groot gouden embleem. Zijn kakigroene jas zit hem als gegoten en op zijn schouderstukken heeft hij nog meer insignes dan de commandanten van het kamp. Ik geloof dat ik hem weleens op televisie heb gezien.

We staan in een enorme rij voor het podium opgesteld en hebben onze kalasjnikovs om onze schouder hangen. Abdul Karim staat voor ons met een stok in zijn hand. Hij tikt hem nerveus in zijn handpalm terwijl hij wacht tot we mogen beginnen. Ik probeer in een opperste concentratie te komen, want ik wil het goed doen vandaag. Hoe beter het vandaag gaat, hoe sneller we naar huis mogen. En daarvoor moet ik even alles vergeten, behalve Abdul Karims stem. Ook al is dat hetgeen wat ik het allerengste vind.

Abdul Karim gaat rechtop staan, een teken dat we gaan

beginnen. Armen strak langs zijn lijf, kin rechtop. Wij spiegelen zijn houding. Abdul Karim versnelt een paar passen naar voren, maakt een zwaai met zijn stok, wat betekent dat we naar voren moeten marcheren. 'Draaien!' roept Abdul Karim, terwijl hij door zijn knieën zakt. Hij mept met de stok op de grond. Onze voeten landen in perfecte harmonie op de grond. Abdul Karim springt omhoog, zwaait met de stok in de lucht.

Stap op de plaats.

Ik kijk naar Ibrahim Shamsaldin, die met een tevreden glimlach toekijkt.

We doen het goed! denk ik opgewonden. *Nog even en we mogen naar huis!*

Nadat we klaar zijn, applaudisseert Ibrahim Shamsaldin. Ik merk dat ik een lach op mijn gezicht heb. De minister pakt de microfoon van tafel op het podium. Ineens valt me op dat achter hem bij de toegangspoort van het kamp een aantal grote trucks staan opgesteld.

'Jullie hebben het uitstekend gedaan,' zegt hij. 'Ik wil dat jullie allemaal een moment voor jezelf applaudisseren.' Hij legt de microfoon neer en klapt weer in zijn handen. De kampleiding doet ook mee.

Mannen bewegen hun tong tegen hun gehemelte en schreeuwen: '*Lulululululu!*'

'Met soldaten als jullie, heeft Sudan niks te vrezen.'

De groep joelt opnieuw. Ik joel mee en denk aan thuis.

Niet veel later vertrekt Ibrahim Shamsaldin. We moeten onze kalasjnikovs weer inleveren. Abdul Karim en de andere commandanten roepen onze naamnummers om en sturen ons naar verschillende trucks. Ik stap in, en zit op een bankje tussen twee vreemden ingeklemd. Het gaat ineens heel snel. Ze sluiten het achterzeil en alles wordt weer zwart. De truck rijdt weg.

Ik let niet op wie er in de truck stapten en ik let niet op de route. Het ruikt naar oud zweet, maar dat maakt me niet uit. Nog een paar uur en dan ben ik weer thuis. Dan mag ik sowieso cola drinken, voor de televisie hangen. Of weer met abbi mee naar trouwerijen. Of met hem naar de markt waar we kleren, tassen en pennen kopen. Of met mijn broertjes Ali en Osman onze sokkenbal aan de elektriciteitspaal vastmaken en er dan tegenaan meppen. Of Lido spelen met Shaza en Hadia. Of met ummi kisra maken en stiekem het deeg pakken en snel opeten. Of naar oom Hassans huis toe om hem in zijn nette werkkleren te zien. Over een paar weken is dit allemaal een nachtmerrie uit het verleden.

'We gaan hem eindelijk ontmoeten,' fluistert iemand in de duisternis.

'Heel spannend,' fluistert iemand anders.

Ik vind het ook spannend. Zal ik straks abbi's hoofd in het publiek zien? Kan ik hem omhelzen en zullen we samen terug naar huis rijden, waar ummi op ons wacht met het zoete, plakkerige deeg van *asida*?

Zal dat echt gebeuren?

In de truck blijft het duister. Het opgewonden geklets maakt plaats voor stilte.

Of liegen ze?

Na ongeveer een uur remt de truck af en wordt de motor uitgezet. Het is stil, wat ik vreemd vind. Ik had verwacht allemaal mensen te horen praten, mensen die juichen, mensen die applaudisseren, iemand die ons via een microfoon welkom heet, misschien zelfs muziek die uit speakers zou komen.

Maar ik hoor helemaal niets.

We zitten een tijd in de donkere truck zonder dat er iets gebeurt. Ik staar naar mijn knieën, ook al kan ik alleen de schim ervan zien. Misschien hebben we autopech?

'Wat is er aan de hand?' vraagt iemand.

'Geen idee,' zegt een ander.

'Waar zijn de mensen?'

Zou het een grapje zijn? Dat ze wachten tot we naar buiten komen, en dat iedereen dan heel hard gaat klappen? Ik probeer goed te luisteren of ik geen gefluister hoor, maar als er mensen buiten staan en ons willen verrassen, dan doen ze het echt heel goed.

Het zeil gaat open, en er valt een lichtbaan de truck in. Ik probeer met mijn hand het licht van mijn ogen af te schermen. We proberen zo snel mogelijk de truck uit te komen, sommigen dringen voor en duwen anderen aan de kant. Iemand trapt met zijn legerkist op mijn enkel. Ik klauter met mijn hand nog steeds over mijn ogen uit de wagen en spring op de grond.

Er zijn geen anderen.

Geen Omar al-Bashir, geen abbi, geen oom Hassan, of mijn broertjes Ali of Osman. Niet eens ouders van anderen. Niet eens een groep onbekenden. We staan op een grote droge grasvlakte met allerlei helikopters en vliegtuigen om ons heen. Waar zijn we? Waar zijn alle mensen?

Sommige mannen proberen weg te rennen, maar worden direct vastgegrepen door de soldaten. Ze hebben geweren om hun schouder hangen. Er worden vragen gesteld, maar niemand beantwoordt ze.

Abdul Karim loopt weer rond met die papieren lijsten. 'Als je je nummer hoort, dan moet je je melden,' zegt hij. Hij deelt de lijsten uit aan mannen in uniform die ik nog niet eerder gezien heb. Er worden nummers omgeroepen. Sommige nieuwelingen lopen op hun nummer af, andere blijven roerloos staan. Ze zijn verstijfd. Hun ogen zijn groot, zwart en angstig.

Ik wacht af. Mijn hart raast in mijn borstkas.

Iemand die ik niet ken, een man van wel twee meter lang, noemt mijn nummer op. Hij staat voor een grote groene helikopter met twee enorme propellers. Wat gaat er gebeuren? Ik kijk om me heen en zie niemand uit mijn oude groep bij deze man staan. Waar zijn Osman en Youssef? Ik zie ze niet meer. Er komen steeds meer mensen bij de lange man staan.

Na een poos komt Ahmed ineens vanuit de menigte naar onze groep toe lopen. Hij kijkt bang. De lange man maakt zijn lijst af en stelt zich daarna voor als Numeiri.

'Ik wil dat jullie allemaal goed luisteren en rustig blijven. Jullie gaan vandaag naar Zuid-Sudan,' zegt hij.

Ik heb het gevoel dat ik stik.

'Maar, geen zorgen, alles komt goed. Jullie moeten er drie maanden blijven als onderdeel van de verplichte dienstplicht. Het gebied waar jullie naartoe gaan is veilig,' zegt Numeiri op rustige toon.

Weer proberen er mannen te ontsnappen, maar de soldaten houden ze tegen en duwen ze met hun kalasjnikovs terug de groep in. We zijn net opstandig vee. Sommige mannen steken juist hun vinger in de lucht en juichen. Ik begin te huilen.

Een soldaat geeft ons onze oude kleren terug, de kleren uit ons vorige leven. Ook krijg ik een wit pak in mijn handen geduwd.

'We gaan naar Kotsi, een plek hier niet ver vandaan. Daar is het veilig en daar hoeven jullie alleen op de tweede linie stand te houden. Dat betekent dat jullie dorpen gaan beveiligen die al door ons leger veroverd zijn.' Numeiri heeft iets vriendelijks in zijn stem, waardoor ik me vreemd en duizelig voel.

'De vlucht duurt ongeveer een uur, en daarna moeten we nog een stuk rijden.'

Vliegen? De angst slaat me opnieuw om het hart. Ik heb

nog nooit gevlogen! Geen kans dat ik in dat apparaat durf te stappen. Er lopen tranen over mijn wangen. En mijn ouders dan?

De wieken beginnen te draaien en we moeten instappen. Ik wil niet, ik blijf met mijn benen stijf op de grond staan, maar twee soldaten duwen me richting de helikopter.

'Alsjeblieft, ik wil niet! Laat me gaan!' gil ik spartelend. Ze zeggen niets en trekken me naar binnen. Ik loop wankelend het apparaat binnen en val op een vrij stoeltje. Anderen worden ook naar binnen geduwd.

We zitten op twee lange rijen tegenover elkaar. Wie niet op de bank past, moet op de grond zitten. Een enorm kabaal volgt. Ik hoor niets anders meer. Monden bewegen, maar er komt geen geluid uit.

Niet veel later stijgt de helikopter op. We vliegen zwiepend de lucht in, ik knijp mijn ogen dicht. Ik voel de bewegingen in mijn buik, het tintelt, en ik ben bang dat we neerstorten. In een reflex open ik mijn ogen en ik kijk uit het raam. Overal waait zandstof op. Voor het eerst deze dag valt me iets op.

De wereld is vuurrood.

24

Op deze plek hangt een ander soort duisternis. Het is midden in de nacht. We zijn net aangekomen in het basiskamp, maar ik kan haast niets zien. Mijn legerkisten zakken weg in de zachte grond. De stroom werkt niet, dus we krijgen kaarsen in onze handen gedrukt. Daarmee kunnen jullie de weg naar de wc's en de slaapzaal vinden, zeggen stemmen die ik niet ken, met gezichten die in het donkerte verscholen blijven. De oranje vlam flikkert in mijn hand.

Het is hier anders dan thuis. In Omdurman, Khartoem en zelfs Al-Gaili, was er altijd licht geweest. Zelfs in het diepst van de nacht is er altijd nog een vaag oranje schijnsel van de lichten van de stad aan de horizon. Hier verdwijnt het landschap in de nacht, zonder dat ik het gezien heb.

Het is hier ook stiller. Er is geen verkeer, geen ronkende motoren. Wel komt er gekwaak uit het struikgewas, en ik denk aan het verhaal van Nasrdin over de kikkers. Ik huiver en proef het konijnenvlees en zijn huid weer in mijn mond. Het ruikt hier naar natte aarde en rottende planten. De vlucht heeft een paar uur geduurd, en ging niet naar Kotsi zoals Numeiri met zijn rustige stem vertelde, maar naar Kurmuk, een plek die een stuk verder van huis is. De plek waar Nasrdin zat. Ik bid dat ik hem hier niet hoef tegen te komen. Ze hebben opnieuw tegen ons gelogen, maar ik ben zo moe dat ik geen energie heb om erover te piekeren.

Een gestalte doemt op uit de duisternis. De nieuwe stem vertelt ons dat we altijd op onze hoede moeten zijn. Ik zie alleen zijn handen, die om de witte kaars klemmen.

Voor wat? vraag ik mezelf af. Ik stel de vraag niet, die spieren rondom mijn mond zijn te vermoeid om te bewegen. Ze brengen ons naar een slaapzaal die me doet denken aan de zaal van het trainingskamp. De vloer is van harde klei en er liggen matjes. Er liggen al mensen te slapen. Ik moet oppassen dat ik niet op hoofden, armen of benen stap.

'Kies een matje dat vrij is,' zegt degene die ons naar de slaapzaal brengt op fluistertoon.

Ik vind een onbezet matje en ga erop liggen. Ik trek mijn legerkist uit, maar nog voor ik mijn tweede schoen uitgetrokken heb, val ik in slaap.

25

De volgende ochtend word ik vroeg wakker. Ik dacht een schreeuw te horen, maar toen ik mijn ogen opende lag iedereen nog te slapen. Mijn oogleden zijn dik van de vermoeidheid. Pal voor mijn matje zit een klein vierkant raam, dat donkerblauw schemerlicht de kamer in werpt. Ik loop op mijn tenen naar het raam en druk mijn neus op het glas. Overal is het groen. Grote bomen vol bladeren, lange en korte grassprieten die heen en weer deinen, struiken waar ik niet doorheen kan kijken, klimplanten die over struiken, bomen en het gras groeien.

Ik kieper het raam zachtjes open. De kikkers zijn gestopt met kwaken, maar ik hoor getsjirp uit de struiken komen. Het geluid komt van alle kanten.

Het wordt hoger en hoger. Oorverdovend luider, luider en ineens... stilte.

Alle insecten houden zich precies op hetzelfde moment stil. Ik doe het raam weer zachtjes dicht en kruip weer terug op mijn matje, waar ik wacht tot we moeten opstaan.

Iemand schreeuwt, alsof hij stikt. De schreeuw blijft in zijn keel hangen. Ik weet niet waar het geluid vandaan komt. Iedereen ligt doodstil.

Niet veel later klinkt het fluitsignaal. De zaal komt overeind en we trekken met dikke ogen onze kleren aan. Zoals op het kamp beginnen we de dag met het ochtendgebed. Ik vraag weer aan God of hij me alsjeblieft naar huis kan brengen. Daarna moeten we bij een grote stalen paal verzamelen waar de Sudanese vlag aan wappert.

Numeiri staat al klaar. Het woestijnzand zit nog in het profiel van mijn legerkisten en het bleke zandstof zit nog op mijn schoenneuzen. Mijn schoenen maken een smakkend geluid in de modder. De lucht is vochtig, haast alsof ik me erin kan wassen. Ik zoek bekende gezichten, en zie Ahmed staan, snel ga ik naast hem staan. We zeggen elkaar gedag door naar elkaar te knikken.

'Ik ben echt blij dat jij hier bent,' zeg ik, alhoewel ik me niet echt blij voel.

'Ik ook dat jij er bent,' zegt Ahmed, maar hij glimlacht niet.

Ik weet niet goed wat ik verder moet zeggen en ik kijk of ik Osman en Youssef zie, maar ik kan ze niet vinden.

'Goedemorgen allemaal, ik hoop dat jullie goed geslapen hebben. Vandaag gaan jullie standhouden op een plek niet ver hier vandaan. Dat gebied is veilig, jullie moeten het alleen bewaken. Als er problemen ontstaan, dan klinkt er een luchtalarm en wordt er met jullie ploegleider via een portal gecommuniceerd. Helder?'

'Ja, commandant!' klinkt er vanuit verschillende kanten in de menigte. Er zijn allemaal gezichten die ik nog nooit gezien heb.

'Iedereen die nieuw is, wordt in een groep ingedeeld. Ik noem jullie nummer op, gevolgd door het nummer van de wagen waar je naartoe moet gaan. Jullie krijgen een ploegleider waar jullie te állen tijde naar moeten luisteren. Hij is jullie aanspreekpunt en jullie bevelhebber. Als hij iets zegt, dan doen jullie dat. Helder?'

'Ja, commandant!'

Onze nummers worden opgelezen en ik moet me melden bij ene Abdullah, een man van rond de dertig met een grote zwarte snor. Hij is donker, maar zijn gezicht is smal en heeft Arabische trekken. Hij geeft me een hand. Met zijn grote vingers knijpt hij er hard in, de botjes kraken een beetje. Ik moet mijn best doen om mijn gezicht niet te vertrekken.

Na een paar minuten staan we met een groepje van acht. De meesten uit onze groep schat ik begin dertig. Ahmed zit er niet bij. Eén jongen ziet er jonger uit, hij lijkt een jaar of twintig. De anderen om hem heen wiebelen ongeduldig van het ene been op het andere, tikken gejaagd met hun vingers op hun been, slaan elkaar op de rug of porren speels met hun elleboog in de zij van hun buurman, maar hij staat er heel rustig bij. Hij heeft iets vertrouwds over zich heen, alsof hij een grote broer is, ook al weet ik dat ik hem niet ken. Ik observeer hem vanuit mijn ooghoeken, bang dat hij doorkrijgt dat ik hem in de gaten houd, maar hij lijkt me niet op te merken.

Niet veel later stappen we met onze kalasjnikovs in de truck en rijden we naar het gebied dat we moeten bewaken. Ik kan mijn ogen niet van het landschap afhouden. We passeren heuvels en bergen, die net zo groen zijn als de bomen en planten op het kamp, rijden langs kleine nederzettingen waar mensen wonen in rieten hutten, waar kuddes runderen met enorme hoorns in het zompige gras grazen.

Na een poosje gaat Abdullah langzamer rijden. We rijden over een zandweg met diepe kuilen en grote stenen. Hij remt af, stapt uit en klimt in de laadbak. Pal voor ons ligt een puntige heuvel.

'Hierachter zitten ze,' zegt Abdullah. Ik kijk omhoog, naar de top van de heuvel, en voel me ontzettend klein. Ik probeer in te schatten hoe groot de heuvel is, hoeveel kilometer de vijand van ons vandaan is. Vijf kilometer? Tien? Twintig? Ik heb geen idee. Er staat een klein bos voor, wat ik zojuist erg mooi had gevonden, maar nu zie ik het als een schuilplek voor de Sudan People's Liberation Army (SPLA) die ons zo kunnen doden als ze willen.

Ineens irriteer ik me aan de dichte struiken, de bomen die zo vol in het blad staan dat ik de takken niet eens kan zien, het riet dat tot boven mijn hoofd groeit. Er is zoveel groen, dat het lijkt of de ene plant in de andere overloopt. Ik mis de kale, zanderige vlaktes van thuis, waar op zijn best misschien een kleine dorre struik groeit, maar waar niemand zich eenvoudig kan verschuilen. Miljoenen ogen kijken me vanuit de spleten en openingen in het bladerdek aan.

Vind ons dan. Je ziet ons toch niet.

'Deze plek is in onze handen, hier zitten die kafirs niet,' zegt Abdullah alsof hij mijn gedachten kan lezen.

'Maar wat als ze hier verborgen zitten?' vraagt iemand.

'Dat zitten ze niet.'

'Maar wat moeten we doen als we aangevallen worden?'

'Dan moet je luisteren.'

'Maar wat als ze komen?'

Abdullah zucht geïrriteerd. 'Ze komen niet. Je kunt het niet zien, maar de voet van de berg wordt bewaakt door andere Sudanese soldaten.'

'Ik zou die slaven weleens willen zien,' zegt een andere jongen, terwijl hij zijn geweer op de bosjes richt. Een paar uit onze groep lachen.

'Houd allemaal je mond eens! Jij, lever je geweer in en ga naast de auto staan!' roept Abdullah.

De jongen krimpt ineen, geeft zijn geweer en springt direct de truck uit.

'Je blijft daar de rest van de dag staan zonder te bewegen!'

De jongen salueert naar Abdullah. Hij is bang voor hem, ik zie het in zijn ogen.

Abdullah pakt een witte jerrycan van de bodem, waar hij water uit drinkt en geeft hem door. Ik neem ook een paar slokken. Het water is gloeiendheet en loopt langs mijn wangen.

Ik tuur de eerste uren vrijwel onophoudelijk naar de bosjes. Bij ieder geritsel schrik ik op en leun ik zo ver mogelijk over de rand van de laadbak van de truck heen om te zien waar het geluid vandaan komt. Abdullah vertelt dat deze plek vierentwintig uur per dag bewaakt wordt, als wij klaar zijn komen er weer nieuwe groepen. Ik begrijp het nut er niet zo goed van en vind het nogal veel moeite omdat er een paar mensen hebben gezegd dat iedereen moslim moet zijn. Waarom mogen die mensen hier niet gewoon christen zijn? Ik heb er geen last van.

Ik probeer in de andere voertuigen Osman en Youssef te vinden, maar ik zie ze niet. Ahmed is er ook niet.

Ik weet niet hoelang we in de truck wachten, maar de zon zakt achter de heuvel en mijn billen zijn stijf van het zitten. Abdullah steekt een kampvuur aan naast de wagen om muggen te weren. Onze gezichten worden vager door de duisternis.

Abdullah zegt dat we moeten oppassen om niet gestoken te worden, want er zitten veel malariamuggen in dit gebied.

Ik trek mijn mouwen over mijn handen. De jongen die ik vanmorgen observeerde ziet het.

'Diesel helpt om niet gestoken te worden,' zegt hij. Hij haalt een wit zakdoekje uit zijn broekzak, steekt hem in een jerrycan die in de laadbak staat, en smeert zijn handen, nek en wangen en voorhoofd ermee in. De vlammen van het kampvuur reflecteren in het olieachtige laagje op zijn gezicht.

'Probeer maar, maar pas op met het vuur,' zegt hij, terwijl hij het doekje nog eens in de jerrycan dipt. Ik pak het aan en smeer mezelf ook in met de diesel. Ik ruik naar de jeep van abbi, mijn huid voelt vettig.

'Weet jij of er gisteren ook een Osman en Youssef zijn aangekomen?' vraag ik aan hem.

'Geen idee, er zijn meer dan driehonderd man in dit kamp.'

'Osman is een beetje stevig en heeft een rond gezicht, en Youssef is heel lang en heeft een doorlopende wenkbrauw. En hij stottert.'

'Niet bewegen!' roept Abdullah naar de jongen die naast de truck staat. De jongen verstijft en gaat rechtop staan. Hij moet er al een paar uur staan, ik zie hem bijna niet meer.

'Ik heb echt geen idee,' zegt de dieseljongen daarna.

'Osman pik je er zo uit, die is zo luid,' probeer ik nog.

'Als je ze niet meer gezien hebt, dan is de kans groot dat ze naar een andere plek gestuurd zijn,' zegt hij, terwijl hij zijn blik op het vuur gericht houdt.

Dat begrijp ik niet. Zijn er meer plekken?

'Welke plek?' vraag ik, maar ik begin me steeds onnozeler te voelen.

Abdullah springt uit de truck en verschuift wat takken in het kampvuur.

'Misschien zitten ze in Abyei, daar gaan ook veel mensen heen,' zegt de dieseljongen.

'Abyei?'

'Dat ligt hier een stuk het binnenland in.'

'Hoe ver is dat rijden?' vraag ik.

De dieseljongen haalt zijn schouders op. 'Geen idee, een aantal dagen, misschien wel weken rijden. De wegen zijn nogal slecht.'

Zijn antwoord geeft me niet veel hoop. Osman en Youssef

zijn dus misschien op een plek waar ik nog nooit van heb gehoord, en waarvan ik geen idee heb hoe ver die hier vandaan is. Het irriteert me vreselijk dat ik de hele tijd zo weinig weet, en dat wat ik weet achteraf vaak een leugen blijkt te zijn.

De zon is volledig onder. Het hele landschap is zwart. In de verte hoor ik iets wat lijkt op het gehuil van een hond, maar het klinkt woester, beestachtiger.

'Kom jij ook van het Al-Gaili-kamp?' vraag ik aan de dieseljongen.

'Nee, van Al-Ailafoon.'

Ik herinner me direct het verhaal van soldaat Jamal over dat kamp waar de mustajideen werden neergeschoten en de anderen verdronken. Omdat ik niet weet wat ik erover moet zeggen, vraag ik hem hoelang hij al in Kurmuk is.

'Een paar maanden,' zegt de dieseljongen.

'En heb je ook weleens een gevecht meegemaakt?'

'Ja, één keer.'

Ik huiver bij het idee en ben blij dat het hier nu veilig is. Ik hoop dat we hier de komende drie maanden alleen hoeven te wachten en dan naar huis mogen.

'Maak je geen zorgen, iedereen helpt elkaar,' zegt hij. Hij draait zich naar me toe en steekt zijn hand uit. Ik schud zijn hand.

'Ayman,' zegt hij.

'Abu Baker,' zeg ik.

Ik weet niet hoe laat het is als we vertrekken. Het is in ieder geval diep in de nacht. Een aantal andere groepen lossen ons af. We laten de jongen achter. Abdullah zegt tegen een andere ploegleider dat hij hem morgenochtend moet meenemen. We vertrekken, terwijl we alleen nog zijn vage schijnsel naast de vlammen zien.

26

Een paar dagen later lukt het me voor het eerst om Ahmed aan te spreken. Hij zit in een andere groep dan ik, dus we hebben andere shifts wanneer we moeten standhouden of op kamp zijn. Hij zit op de grond met een kaars in zijn handen geklemd. De stroom doet het weer niet en het is avond. Er hangen drukkende wolken in de lucht. Ze bereiden zich voor op een flinke stortbui.

Ahmed staart gebiologeerd in de vlammen. Ergens doet het me denken aan alle keren dat ik hem op het schoolplein vond, als hij in zijn gedachten verzonken met een boek of schrift bezig was, maar toen had ik het altijd leuk gevonden om hem zo te zien. Nu niet.

De kaarsvlam danst heen en weer en werpt diepe schaduwen in zijn gezicht. Ik schrik. Hij is veel afgevallen en hij heeft donkere wallen onder zijn ogen. Het dringt nu tot me door dat ik hem geen een keer met iemand anders heb zien praten. Hij zit meestal in zijn eentje. Ik voel me schuldig dat ik hem niet vaker opzoek wanneer ik de kans heb, dat ik zo druk met mezelf bezig was.

'Hoe is het?' vraag ik. Ik kijk of er geen schorpioenen of slangen op de grond zitten, en ga dan zitten.

Ahmed haalt zijn schouders op. 'Tsja, we zitten hier vast.'
'Ja, maar ze laten ons niet vechten gelukkig.'
'Nu niet nee.' Hij blijft in het vlammetje staren. Ik vraag me af wat hij erin ziet.
'Sowieso niet, dat hebben ze beloofd.'
Ik veeg het zweet van mijn gezicht. Het lijkt hier nooit echt af te koelen, dat gebeurt pas als er een zware regenbui oprukt. Ik wil dat het weer gaat gebeuren. Ik wil luisteren naar de spetters die tegen de bladeren kletteren en voelen hoe de lucht minder drukkend wordt, alsof alles schoongewassen wordt en opnieuw begint.
'Dat geloof je toch niet echt. Ze liegen over alles,' zegt Ahmed geïrriteerd.
Ik voel me opgelaten. Eigenlijk wil ik opstaan en weggaan.
'We moeten dit drie maanden uitzitten...' Ik wil hem aankijken, maar hij blijft onophoudelijk naar de kaars staren. Hij heeft me het hele gesprek nog niet aangekeken.
'Ik ga liever dood. Maar, ja, dat is toch wat er gaat gebeuren.'
'Natuurlijk niet! Over een tijdje gaan we gewoon weer naar school en dan gaan we weer verder waar we gebleven zijn. Ze begrijpen het echt wel op school.'
'Die shamasa van je, die je zo graag wil imiteren, die zouden er niet eens zijn als die verdomde oorlog er niet was.'
Ik druk mijn lippen op elkaar en staar ook in de flakkerende vlam van de kaars. In een opwelling zeg ik: 'Nou ja, als we hier doodgaan, dan zullen we dat maar moeten accepteren.' Als de woorden eruit zijn, realiseer ik me hoe slecht ze klinken, en ik schrik van mezelf dat ik dit eruit geflapt heb.
Ahmed lijkt iets te willen zeggen, maar slikt zijn woorden weer in. Die nacht regent het.

27

Op een ochtend besluit Abdullah dat we naar de plaatselijke markt van Kurmuk gaan. We hebben de hele nacht standgehouden en we zijn onderweg naar het basiskamp. Iedereen is moe. We zoeken allemaal met één oog naar de vijand die zich nooit laat zien. Ik mis het van vroeger, dat ik kon ademhalen zonder spanning te voelen. De nachten waarin ik uren achtereen in een diepe slaap was. Iedereen is nu altijd alert.

Ik vind het standhouden in de nacht het engste, als ik allerlei geluiden hoor die ik niet ken. De luide krekels, het gegrom van iets wat op een varken lijkt, het gehuil van wolven. Zitten hier wolven? Of wat zijn het voor beesten? Ik ben bang voor slangen die uit de bomen glippen en in mijn uniform kruipen.

Het is de eerste keer dat we het dorp in gaan. De eerste keer dat ik de lokale bevolking van dichtbij ga zien. De markt staat op een modderig stuk grond met diepe kuilen waarin regenplassen achterblijven. De marktkoopmannen hebben kramen gemaakt van grote takken die ze aan elkaar hebben vastgebonden. Om schaduw te creëren en regen tegen te houden, hebben ze er witte doeken overheen gespannen.

Ik zoek mijn schaduw. Hij is hier vager dan thuis, omdat het altijd bewolkt is. Hij is verbleekt, net als de posters langs de weg in Khartoem. Iedereen heeft genoeg van de warmte die op ons drukt. We wachten elke dag tot de regen komt.

Sommigen verkopen hun waren vanuit grote plastic zakken op de grond. Ze verkopen groenten, vruchten, vleeswaren en andere producten als zeep en scheermessen. Op dat laatste let ik nu, want ik heb onlangs de eerste snorharen in mijn gezicht ontdekt. Ik weet niet hoelang ze er al zitten, want ik kijk nog maar zelden in de spiegel, maar ik voelde ineens wat donzige zwarte haartjes op mijn bovenlip zitten.

De markt is rustig. De kooplui en marktbezoekers lijken midden in een zin stil te vallen. Sommigen kijken ons wantrouwend aan, anderen vertrekken gehaast. De markt is anders dan die bij ons thuis. Ten eerste is hij vele malen kleiner. Ik denk dat er misschien wel honderd van deze markten in die van Omdurman passen. Ten tweede de stilte. Er zijn geen megafoons waardoor de dagaanbiedingen worden omgeroepen, je hoort geen getoeter, motoren of uitlaten in het verkeer, en er zijn veel minder mensen.

We volgen Abdullah die langs verschillende kraampjes gaat en een praatje met wat Zuid-Sudanezen in Dinka-taal maakt. Ik versta er niks van. Hij int een zak met mango's en loopt weg zonder te betalen. Ik verwacht dat de verkoper achter hem aan gaat rennen, maar dat doet hij niet. Blijkbaar krijgen wij hier dingen gratis.

Voor me lopen twee jongens uit Al-Sagai, Aljzoly en Dafaa Allah.

'Zag je die Arabier met die zuiderling?' zegt Dafaa Allah. Hij doelt op een van de handelaren die met een Zuid-Sudanese vrouw stond.

'Ja, ongelooflijk, iemand die met zijn slaaf trouwt.'

'Het is haram, dat is het, echt haram.'

Ik mag hen niet en probeer ze zo veel mogelijk te ontwijken, maar ineens moet ik denken aan dat ik een keer met ummi op straat liep en we een oude bekende van haar tegenkwamen. Hij was heel donker, zoals de mensen hier. 'Dat is een oom van jou,' had ze gezegd toen we wegliepen. 'Dat kan niet,' zei ik. Het kwam er zo snel uit, dat ummi erom moest lachen. Ik zei dat hij een Zuid-Sudanees moest zijn, niet alleen omdat hij donkerder was dan wij maar ook omdat hij christen was en een andere familienaam had. Ummi bleef erop staan dat die zwarte man mijn oom was. Uiteindelijk vertelde ze dat ze samen op het land van haar vader woonden en dat hij en zijn familie voor grootvader werkten. Ik begrijp nu pas wat ze ermee bedoelde dat ze samen opgroeiden.

Abdullah wandelt terug naar de auto en schilt en snijdt de mango's. We krijgen allemaal een sappig stuk mango in onze handen gedrukt. Ik kauw er langzaam op, en mijn hoofd begint te tintelen van de zoetheid. Na maanden waterige linzen eten, was ik vergeten dat dingen zo verrukkelijk konden zijn. Sinds het trainingskamp ken ik de smaak van honger. Ik proef mijn lege maag de hele dag en nacht. Ik weet dat ik er zelfs naar moet ruiken.

Mijn wangen en vingers zitten onder de plak, maar dat maakt me niets uit. Abdullah geeft ons drie stukjes mango, en ik glimlach dankbaar naar hem.

Iets meer dan een week later vraagt Ayman of ik met hem mee wil naar de markt. We vragen toestemming aan Abdullah, hij vindt het goed.

'Neem wel je geweer mee,' zegt Abdullah.

Er zijn ook andere soldaten en commandanten van het kamp die naar de markt lopen met hun geweren. Zo houdt iedereen elkaar in de gaten, zodat niemand ontsnapt.

Ik vind het fijn dat Ayman me meevraagt met zulke dingen. Zijn gezelschap voelt als een veilige beschutting tegen de buitenwereld. Door hem ben ik minder bang als we 's nachts de wacht moeten houden. Sommigen op het kamp denken dat we broers zijn.

Maar hier lijkt iedereen op elkaar.

Het komt omdat we te weinig slapen en eten. Hoe grauwer en magerder we worden, hoe meer we op elkaar gaan lijken. Het ene skelet kun je niet van het andere onderscheiden. We zijn allemaal hetzelfde en tegelijkertijd zijn we niemand.

De wandeling naar de markt duurt zo'n twintig minuten en loopt over een kronkelende zandweg met aan weerszijden heuvelachtige grasvelden. Er groeien struiken met roze, rode en oranje bloemen.

'Het is hier echt anders dan thuis,' zeg ik.

'Klopt, het is veel mooier hier,' zegt Ayman.

Zou hij hier vrijwillig zijn? Of zou hij willen vluchten en doorgaan met zijn oude leven?

Ayman heeft verteld dat hij uit Khartoem komt en Geneeskunde studeerde aan de universiteit voor hij hier terechtkwam. Ik geloof dat hij uit een chic milieu komt, want zijn vader is professor aan de universiteit en zijn moeder werkt ook in het onderwijs.

'Die hutten ook...' zeg ik. Met mijn vinger wijs ik naar de rieten hutten met puntdaken. 'Maken ze die nou zelf?'

'Zeker, het is echt een ambacht,' zegt Ayman. Ik vind het fijn dat hij me nooit het gevoel geeft dat ik dom ben als ik vragen stel, zoals sommige andere mensen hier wel doen.

'Hoe was het hier eigenlijk voordat ik hier aankwam?'

'De ergste tijd uit mijn leven.'

'Echt?'

'Toen ik aankwam, was Kurmuk nog niet helemaal veroverd. Ik heb je verteld over de gevechten, toch?'

Ik knik.

'Er lagen overal dode mensen.' Hij wijst met zijn arm over de zandweg om denkbeeldige lijken aan te wijzen.

'Dode mensen?'

'Ja, soldaten, vrouwen, kinderen. Ik moest een vrouw opruimen die van achteren beschoten was. Ze lag op de grond en hield een baby vastgeklemd, maar ze was stijf natuurlijk, omdat ze dood was, dus de baby zat vast in haar armen.'

Er loopt een rilling over mijn rug. 'Wauw,' zeg ik maar omdat ik niks beters kan verzinnen. Ayman zegt een tijd niets meer en loopt met gebogen schouders verder. Na een paar minuten lopen we weer langs een paar rieten hutten. Er staat een man op het veld, omringd door een kudde runderen.

'*Chipak*,' zegt Ayman.

'Chipak,' zegt de man. Hij glimlacht zijn spierwitte tanden bloot. Het is de eerste keer dat ik hier een Zuid-Sudanees naar ons zie glimlachen.

'Ken jij hem?' vraag ik.

'Als je hier een tijd zit, dan leer je de mensen een beetje kennen,' zegt hij schouderophalend. Hij loopt een stukje voor me uit, ik blijf even naar de rieten hut staren en versnel dan mijn pas om hem weer in te halen.

'Ik ben zo benieuwd naar die hutten,' zeg ik.

'Dan vraag ik toch of we even binnen mogen kijken,' zegt Ayman vlug. Hij draait zich om en loopt terug naar de man in het veld. Ik volg Ayman en ga half achter hem staan. Ineens voel ik me heel verlegen. Ayman voert een gesprek in gebrekkig Dinka, waarbij hij naar het rieten huisje wijst. De man is ontzettend lang en ik moet mijn hoofd in mijn nek leggen om zijn gezicht te zien. Hij glimlacht opnieuw. Ik heb echt nog nooit zulke witte tanden gezien. De man loopt voor ons uit naar zijn huis en wenkt ons dat we hem moeten volgen.

De muren zijn gemaakt van klei en ze worden ondersteund door boomstammen. Ik moet bukken om naar binnen te komen, maar binnen is het dak heel hoog, zodat zelfs de man rechtop kan staan. Door de spleten van het riet komen zonnestralen naar binnen. Er hangen kleurrijke doeken die me doen denken aan de toobs van ummi. Ik vind het prachtig, maar ik krijg er ook een vreemd gevoel van in mijn maag. Als wat Ayman me zojuist vertelde klopt, dat er door toedoen van ons leger allemaal mensen hier vermoord zijn, hoe kan deze meneer dan zo aardig tegen ons doen? Ik begin te blozen van schaamte en durf niets meer te zeggen. Het liefst wil ik vertrekken.

Op de markt gedragen de mensen zich deze keer ook aardiger dan toen we met Abdullah waren. Wel krijgen we opnieuw gratis spullen mee, scheermesjes en een plastic zakje tabak.

'Dit is *toombak*,' zegt Ayman, terwijl hij de tabak tussen zijn gebit en zijn lip stopt. 'Dan gaan ze op het kamp niet zo zeuren.'

'Mag ik het eens proberen?' vraag ik. Ayman geeft me wat. Het smaakt bitter en mijn hart begint iets sneller te kloppen. Ayman stopt het plastic zakje in zijn broekzak.

'Ik rook liever dan dit, hier krijg je zo'n stinkende mond van,' zegt hij.

'Van roken krijg je ook een stinkende mond.'

'Dat is waar.'

Ik blijf nadenken over de situatie. Waarom doen de mensen zo vriendelijk? Ik ga na wat er anders is, maar buiten dat we geen uniformen dragen maar normale kleren, is er niets anders. En bovendien dragen we wel geweren.

Het brengt me in de war. Het is overduidelijk dat Ayman en ik geen Zuid-Sudanezen zijn, want we hebben een heel andere huidskleur. Ayman is nota bene nog lichter dan ik. Hij lijkt eerder een Egyptenaar. We horen bij degenen die ze moeten haten, toch? Ik heb zoveel vragen in mijn hoofd dat ik er duizelig van word, en besluit er maar van uit te gaan dat Ayman misschien een beetje overdreef in zijn verhaal. Misschien is hij toch niet zo anders dan zijn leeftijdsgenoten.

28

We moeten vertrekken naar een nieuwe plek. Ze noemen het Nasir, en het ligt nog dieper Zuid-Sudan in. Dat betekent dat we nog verder van huis gaan. Ons vertrek werd een dag van tevoren aangekondigd. Ze zeiden dat er een nieuwe lichting soldaten, zo'n driehonderdvijftig man, onderweg was naar Kurmuk en zodra zij aankomen zouden wij vertrekken.

Die nieuwe lichting is er nu, en dus zijn ze alle trucks aan het klaarmaken voor een lange reis. Ze controleren de banden, pompen ze op, vullen de tank en slaan diesel in in het dorp. Abdullah zegt dat we ons erop moeten voorbereiden dat de reis een paar dagen kan duren en dat de wegen zeer slecht zijn. We laden water, platbrood en witte plastic emmers met cassavepap in de wagen. Numeiri vertelt dat Nasir inmiddels veroverd en veilig is en dat we hetzelfde gaan doen als in Kurmuk. Ik vind het slecht nieuws dat we in plaats van naar huis gaan, nog verder het land in gaan en ik zie heel erg op tegen de dagen die nog komen gaan. Het standhouden is of heel saai of heel eng als het avond wordt, er zit niks tussen.

We vertrekken vroeg in de ochtend. Naast Abdullah, die achter het stuur zit, stapt iemand in die ik nog niet eerder heb gezien. Ik weet zijn naam niet, maar hij vertelt ons dat hij een mijnenexpert is en meegaat om te navigeren en te controleren of de weg veilig is. Iedere truck heeft een eigen mijnenman. Ik geloof dat hij bevriend is met Abdullah, want ze slaan elkaar vriendschappelijk op hun schouder en lachen met elkaar. Zo heb ik Abdullah nog niet eerder gezien, hij is meestal heel stil en serieus.

We moeten allemaal opletten voor mijnen of opvallende zaken, benadrukt de mijnenman.

Wij beloven dat we dat zullen doen. Ik smeer mezelf in met diesel en ga naast Ayman zitten. Ik wil niet naast Aljzoly en Dafaa Allah zitten.

We rijden sukkelend weg in een enorme karavaan van open trucks. Ik zit op de bodem van de laadbak en kijk naar achteren, het kamp wordt steeds kleiner. De weg, voor zover het een weg te noemen is, zit vol kuilen. Het zijn littekens in de grond die de banden van onze voorgangers hebben achtergelaten. Ik moet me goed vasthouden, want ik kan me flink bezeren aan die kuilen. Abdullah doet zijn best om zo goed mogelijk om de kuilen heen te rijden, maar toch ontkomen we er niet altijd aan.

In de uren die volgen komen we geen enkel dorp tegen. De weg staat blank, en de modderige regenplassen zijn zo groot dat sommige van de weg af lopen en kleine riviertjes worden. De mijnenman steekt continu sigaretten op. Dat kan ik natuurlijk niet zien, maar ik ruik ze en ik zie de peuken die hij uit het raam schiet. Ayman zit met zijn ogen dicht, en ik besluit mijn ogen ook te sluiten zodat het wat sneller gaat.

Ik word wakker omdat mijn been slaapt en ik ontzettend nodig moet plassen. Het landschap is een stuk droger dan in Kurmuk. Ik zie alleen maar uitgestrekte vlaktes, met zanderige gronden. Ayman is wakker en staart naar voren. Ik probeer het nog een tijd op te houden, maar het drukt steeds meer op mijn blaas.

'Denk je dat we zo mogen plassen?' vraag ik.

'Geen idee. Dat moet je aan Abdullah vragen,' zegt Ayman.

Ik tik op het dak van de auto en hang daarna mijn hoofd bij het raam van Abdullah.

'Wat is er?' vraagt hij, terwijl hij zijn ogen op de weg houdt.

'Ik moet plassen.'

'We gaan over twee uur rust houden.'

Twee uur! Ik weet niet of ik dat volhoud, maar ik wil niet met hem in discussie gaan. Ik klem mijn benen over elkaar en probeer ergens anders aan te denken.

Een poos later, als ik honderd pogingen heb gedaan om niet aan mijn blaas te denken, klinkt er geritsel in de bosjes. Ik zie takken zwiepen en zwaaien en ik schrik.

Zijn dat Zuid-Sudanezen? Komen ze ons vanuit de bosjes aanvallen?

Een paar tellen vergeet ik mijn blaas, maar dan zie ik dat het apen zijn. Ze springen van de ene op de andere tak, zitten langs de weg en steken de straat over. De mijnenman steekt zijn hoofd uit het raam.

'Soms vangen we die beesten om mijnen op te sporen,' zegt hij.

'Hoe dan?' vraagt Aljzoly.

'We laten ze los in een gebied waarvan we denken dat er mogelijk mijnen zitten. Ze springen door het hoge gras en dan bóém.' Hij heft een arm op om een explosie uit te beelden. 'De andere apen weten dan dat er gevaarlijke dingen zitten en letten beter op. Zo zien we waar het veilig is.' Zonder een reactie af te wachten duikt hij weer in de auto.

We zien daarna nog meer beesten. We rijden langs een

kudde antilopen, die door het hoge gras springen, en zebra's die onder de bomen in de schaduw staan.

Mijn blaas begint weer op te spelen, en ik let op de oranje vlaggen die door het leger langs de weg zijn neergelegd om aan te tonen dat het veilig is. Elke keer als ik een nieuwe vlag zie, ben ik blij, want dat betekent dat we weer iets dichter bij de rustplek zijn.

Na de langste twee uur uit mijn leven, stoppen we eindelijk met rijden. Ik ren de bosjes in.

'Niet te ver gaan,' roept Abdullah me na, 'er kunnen slangen zitten!'

'Nee, nee,' roep ik.

Ik ga achter een boom staan en kijk eerst of er geen enge beesten zitten. Ik doe mijn rits open, controleer nog eens of er niet een slang in de bosjes of bomen zit en begin dan aan de langste plas van mijn leven.

We blijven een paar uur op deze plek, drinken wat water en eten de cassavepap met platbrood. Om ons heen liggen grote en kleine modderplassen. Door de grond zijn ze rood als bloed. Ik kan me niet meer herinneren hoelang we al geen andere mensen buiten onze eigen stoet hebben gezien. Het is hier volledig niemandsland.

Nu ik de kans weer heb, besluit ik Ahmed even op te zoeken. Ayman loopt met me mee en we zoeken naar de truck van zijn groep.

Onderweg vang ik wat vlagen van een gesprek op.

'Hij trilt helemaal,' zegt een soldaat.

Een andere soldaat wrijft over zijn eigen armen, alsof hij het koud heeft. Wat vreemd is, want het is ontzettend warm.

'In de gaten houden,' zegt een ploegleider. Ik let er verder niet echt op, want ik zoek Ahmed.

We vinden Ahmed een eindje verderop, maar ik schrik als

ik hem zie zitten. Zijn haar is weer aangegroeid en plakt in vettige slierten op zijn hoofd. Hij ruikt naar zweet en hij ziet eruit alsof hij zich dagen niet heeft gewassen.

'Hé Ahmed,' zeg ik.

Zonder op te kijken draait hij zijn hoofd weg. Zijn gelaat is scherp en zijn ogen liggen diep in zijn oogkassen. Het is net alsof het hem is en tegelijkertijd alsof hij het niet is.

'Ahmed,' zeg ik nog eens.

Hij draait met zijn rug van me af.

'Ahmed!'

Hij schudt met zijn hoofd.

'Ahmed!'

Ayman trekt me weg. 'Kom, hij wil niet praten, laat hem maar,' zegt hij.

29

Er zijn geen vlaggen meer. Het is diep in de nacht. Het licht van de koplampen glijdt over de diepe kuilen in de wegen, de struiken, de berm en het gras, maar we kunnen niet meer dan een paar meter voor ons uit kijken. We hebben weer uren gereden, uren over de weg die onophoudelijk kronkelde als het lijf van een slang. Ik moet steeds aan Ahmed denken. Ik begrijp niet waarom hij niet meer met me wil praten.

De voorste ploegleiders roepen door hun portal om dat het risico om door te rijden te groot is. We gaan hier overnachten tot het zicht beter wordt en dan rijden we verder.

Hoelang zijn we al onderweg? Ik voel me ontregeld door al die uren achter in de auto. Abdullah zegt dat we in het gras moeten gaan liggen en wat slaap moeten pakken, maar ik durf niet. Ik ben bang voor schorpioenen en slangen die in mijn kleren zullen kruipen. Ook al is mijn huid nog vettig, ik smeer mezelf weer in met diesel. In de bosjes hoor ik de insecten weer zingen. Abdullah heeft gezegd dat er in Nasir waarschijnlijk veel sprinkhanen zitten, die ook geluid maken. Hij zei dat er soms zoveel zijn, dat ze hele oogsten opeten en dat je niets anders meer ziet en hoort dan sprinkhanen. Een haboob van sprinkhanen, denk ik griezelend.

De hemel is helder. Als ik mijn hoofd in mijn nek leg, zie ik ontelbaar veel lichtgevende stipjes. Ik kijk er een tijd naar, tot ze voor mijn ogen beginnen te dansen en mijn oogleden zwaar worden, maar ik wil niet slapen. Als ik slaap kan ik de beesten en insecten niet in de gaten houden. Ik tuur een tijd naar de zwarte duisternis, die alle bomen, planten en beesten geabsorbeerd heeft.

De krekels vallen stil. Ik hoor zwaar gehijg. Ik schrik op. Waar komt het geluid vandaan? Was het er de hele tijd al?

Iemand huilt en ik hoor de stugge stof van het uniform over het gras schuiven. Heel kort, heen en weer, onophoudelijk, alsof iemand heel erg beeft. Ik ruik diarree.

'Hallo? Waar is de medische staf?' vraagt een gedempte stem. Een stof kraakt, iemand staat op.

'Ik zoek de medische staf,' zegt de stem herhalend bij iedereen die hij passeert.

Iemand geeft over. Ik ruik de zure lucht en steek mijn neus in mijn legerhemd. Hij begint weer te huilen, deze keer met nog hardere uithalen. De krekels beginnen weer met hun gezang.

'Rustig, rustig,' zegt een nieuwe stem, maar ik kan hem bijna niet meer verstaan. Het getsjirp wordt hoger en luider.

Een zaklamp wordt aangeklikt. De zaklamp rent naar een truck, waar even in gerommeld wordt. Het oorverdovende, onzichtbare krekelkoor sluit ons volledig in. Ze zitten overal in de verstikkende duisternis. De zaklamp loopt in snelle pas naar de zieke. Hij schijnt op zijn gezicht. Ik ken hem niet. Er zit slijm op zijn wangen en een slijmdraad verbindt zijn mondhoek als een spinnenweb met zijn hand. Zijn bleke gezicht glimt van het zweet, hij ligt ineengekrompen rillend op de grond. Ik zie dat hij wat zegt, maar ik versta hem niet. De zaklamp wordt op de grond gelegd. De zieke nipt wat water. Iemand legt een vochtig doekje over zijn voorhoofd. De zieke sluit zijn ogen en legt zijn armen kruislings over zijn schouders.

De krekels stoppen, maar het hoge geluid suist nog na in mijn oren.

'Malaria?' hoor ik iemand vragen.

'Waarschijnlijk,' zegt de zaklamp.

Er wordt een deken over de zieke gelegd.

'Probeer te slapen en blijf drinken,' zegt de zaklamp. De zaklamp wordt opgepakt en vertrekt weer. De rest van de nacht houd ik de jongen in de gaten. Ik ben heel bang dat hij doodgaat.

Het wordt lichter. De jongen ligt roerloos onder de deken in het gras. Zelfs zijn gezicht is ingepakt. Ik weet niet of het een goed teken is dat hij gestopt is met beven. De fles water naast hem is leeg. Een van zijn buren trekt de deken van zijn gezicht en houdt zijn hand onder zijn neus.

'Hij ademt nog,' zegt hij. Een ander haalt water uit de truck en legt het bij de zieke neer.

Door het portal zegt een ploegleider tegen Abdullah dat ze de vlaggen weer gevonden hebben. Wij drinken ook nog wat water, plassen en poepen in de bosjes, en stappen weer in de wagens. Iemand helpt de zieke om erin te klimmen. Hij heeft de deken over zijn hoofd geslagen. Ze leggen hem op de bodem van de laadbak. We gaan vertrekken.

Na ongeveer een halve dag rijden verandert het landschap in moerassen. Zo ver als ik kan kijken, zie ik rivieren en hun uitlopers, meren, lagunes en plassen waar groene planten in dikke tapijten op drijven. Ik kan niet goed zien wat nog land is en wat water is, alles klontert samen tot een groene, zompige brij. Een groep vogels vliegt krijsend de lucht in.

'Wist je dat hier krokodillen zitten?' zegt Ayman.

Ik schud van niet.

'Het zijn echt gigantische monsters, die je haast niet kunt zien.' Hij wijst naar iets in de verte. 'Het kan een boomstronk zijn, maar ook een krokodil. Het is heel slim, want soms landen vogels even en dan háp, dan eet de krokodil de vogel op.'

Ik kijk naar een rivierstroom die naast ons loopt, en ik zie er inderdaad hout in drijven. Of een krokodil. Misschien is dit een les van de natuur, dat ik nooit iets of iemand moet vertrouwen.

De wegen worden drassiger en de trucks komen nog maar stroperig vooruit. Het ruikt hier nog meer naar schimmel en aarde dan in Kurmuk. We trekken steeds dieper de moeraslanden in. Hoe dichter we bij Nasir komen, hoe minder dieren we zien. Geen kuddes met antilopen of zebra's meer. Alsof ze allemaal weggevlucht zijn van die plek. Ook de laatste nederzetting ligt al dagen achter ons.

Na een rit van vier dagen bereiken we eindelijk Nasir, maar ik weet niet of ik opgelucht of bang moet zijn.

30

Ayman laat zich drijven in het bruine water van de Sobat. Hij heeft zijn armen uiteen gespreid. Zijn lichaam verdwijnt in het water, alleen een deel van zijn gezicht is nog boven water. Er glijden waterplanten tegen hem aan die meedrijven met de stroming. Het zonlicht schittert in de golfjes van het water. Net duizenden sterretjes om Ayman heen. Ik moet mijn ogen dichtknijpen om niet verblind te raken van het felle zonlicht.

'Kom ook!' roept Ayman naar me, maar ik durf niet zo diep te gaan. Ik kan niet goed zwemmen en ik ben nu bang voor krokodillen, dus ik sta tot mijn heupen in het water. Mijn voeten zakken weg in het gladde slib van de bodem en er danst wier tegen mijn voeten en onderbenen. Het kriebelt en ik trek mijn voet van de grond om los te komen.

'Ik durf niet!' roep ik terug. Ayman zwemt naar me toe, hij spettert water over me heen.

'Hou eens op!' zeg ik, en ik zwaai met mijn arm door het water om hem nat te spetteren. Hij zwemt lachend naar achteren. Ik zak door mijn knieën en ga op mijn hurken met mijn hoofd onder water. De wereld verstilt. Ik blijf zo lang mogelijk zitten met ingehouden adem en luister naar het suizen van de rivier. Het voelt veilig hier.

Ik kom weer boven water. Mijn haren plakken op mijn voorhoofd. Ze zijn weer aangegroeid, maar ik denk erover ze weer af te scheren. Het is te warm.

Ik stap het water uit en pak mijn uniform dat ik in het water leg om het schoon te maken. De stof verdwijnt onder het bruine water, maar als ik het pak naar boven haal, wordt het water doorzichtig.

Het basiskamp van Nasir ligt aan de Sobat. Het dorpje ligt op een droger stuk grond, maar eromheen is het een aaneenschakeling van drassige moeraslanden. De omgeving hier is onvast. Soms is het land, soms is het water. De moerasmensen veranderen mee met de omgeving. Ze zijn het gewend om tot hun knieën in het water te staan en op het droge zitten hun blote voeten onder de aarde. Om hun nederzettingen bouwen ze dammen van klei en soms eten ze lotussen als hun oogsten verpest zijn.

Het kamp is anders dan in Kurmuk en het trainingskamp. We moeten hier in donkergroene tenten slapen en er zijn geen wc's of doucheruimtes. We hebben met takken en doeken een ruimte gebouwd waar we ons met een emmer water kunnen wassen. Poepen en plassen doen we in de bosjes. 's Avonds durf ik niet meer te gaan, vanwege de beesten.

Ik haal mijn uniform uit het water en leg het aan de waterkant te drogen. Ayman blijft in de rivier staan. Hij praat met Abdullah, die ook aan het zwemmen is. Ik weet niet waar ze het over hebben, ik zie alleen hun monden bewegen.

Ik stap weer het water in, maar blijf in mijn eentje staan. Er drijven matten van planten aan de waterkant. Een visser peddelt met zijn boot over het water. Zijn boot laat kleine golven achter. De planten golven mee op de bewegingen van het water.

Ik staar in de verte. Er komen kleine paarsblauwe bloemen

mijn kant op gedreven. Het zijn lotussen. Ze drijven aan ons voorbij, rustend op hun groene bladeren, aan niets anders dan zichzelf verbonden. Ze kunnen niets anders dan meegaan met de stroming van het water, want ze hebben geen wortels die ze aan de grond verbinden. Ik vind ze mooi, mooi in hun eenzaamheid.

Het voelt hier veilig, net als in Kurmuk. We staan elke ochtend op met het gebed, waarbij ik nog steeds aan God vraag of hij me naar huis kan brengen, we houden stand, eten dezelfde waterige linzen met brood en wassen onszelf en onze uniforms in de Sobat.

Als we vrij zijn, zwemmen we of maken Ayman en ik wandelingen langs de rivier. Ik denk dat we allebei niet stil willen zitten of alleen willen zijn. Als ik stilzit, dan probeert mijn binnenwereld zich naar buiten te dringen, dan krijgt hij me in zijn greep en dan draai ik door. Dan denk ik aan mijn familie, aan dat we hier vastzitten en nergens heen kunnen, dat we gedood zullen worden als we proberen te ontsnappen, dat het allemaal misschien wel erger gaat worden dan nu, dat we moeten gaan vechten en nooit meer weg mogen tot we doodgaan. Ik denk dat dat met Ahmed gebeurd is, die als een spook rondloopt en met niemand wil praten. Het is eenvoudiger om pijn direct de mond te snoeren, weg te drukken naar de plek waar het vandaan kwam, dan het naar buiten te laten komen. Zolang die pijn in je diepste zelf blijft, geef je de binnenwereld geen kans. Op die plek, diep verscholen, heb ik mijn familie verstopt. Ik weet nu dat ik uit twee delen besta. Dat wat er binnen in mij zit, en dat wat ik naar buiten laat komen.

Als we ver genoeg lopen, wordt de Sobat wit van alle klei die uit de moerassen is meegedreven. De witte klei drijft helemaal door tot de Sobat in de Witte Nijl overloopt. Daar komt de naam vandaan, heeft Ayman mij verteld.

We lopen langs de vissers in hun houten boten, langs huisjes van tinnen platen, langs mannen op volbepakte kamelen, en langs honderden koeien. Op verschillende plekken, waar de grond hoger ligt en de aarde nog droog is, branden kleine vuurtjes. De mensen hier smeren hun gezichten in met witte as, waardoor die op opgedroogd aardewerk lijken.

Ayman zegt dat ze dat doen om de vliegen te weren.

Wij moeten van klei worden, als steen, denk ik dan in gedachten. Niet meer voelen, niet meer denken, stijf worden. Wie niets meer voelt, kan het hier uithouden.

Maar klei kan ook breken.

Soms probeert mijn binnenwereld mijn gedachten over te nemen, en dan word ik bang, bang voor wat er kan gaan gebeuren. Dingen die anderen misschien al weten, maar ik nog niet.

'Denk je dat ze ons gaan laten vechten?' vraag ik tijdens een van onze wandelingen aan Ayman.

Hij lijkt even na te denken, ik zie hem niet vaak twijfelen. 'Ik weet het niet... Het kan ineens gebeuren,' zegt hij.

'Ik hoop het echt niet,' zeg ik.

'Ik ook niet. Ik weet niet hoeveel gevechten ik nog aankan.' Hij kijkt ernstig. Ayman is nog als zachte klei, elke dag zie ik er meer vingerafdrukken bij komen.

Ik vind het fijn om met Ayman te dromen over een toekomst waarbij we vrij zijn van het leger, zo probeer ik de vingerafdrukken weg te poetsen. Ik stel me voor dat hij met zijn ouders in een chic paleisachtig huis woont, met grote pilaren en veel gouden versieringen.

'Ik weet zeker dat je de beste chirurg van Khartoem wordt,' zeg ik tegen Ayman. Ik overdrijf niet. Ayman heeft lange vingers waar hij heel beheerst mee omgaat. Als hij een kalasjnikov in en uit elkaar haalt, werkt dat haast hypnotiserend om naar te kijken. Hij maakt nooit fouten, hij is net een machine. Hij is ook de snelste van onze groep, en ik weet bijna zeker dat hij de snelste is van het hele kamp.

'Dan word jij de beste regisseur, Bakri *sehir*, kleine Bakri,' zegt Ayman. Dat vind ik leuk om te horen, ook al heeft hij nog nooit een stuk van mij gezien.

Ik ren voor hem uit en imiteer een dronken man. Ik zwalk met mijn benen, houd mijn armen zwabberend langs mijn lichaam en hang met mijn rug een beetje naar achteren. Ayman lacht. Ik kijk hem aan, en in zijn blik, zijn lachende gezicht, zie ik heel even een glimp van wie ik ooit was.

Ik weet dat we maar doen alsof.

We zijn de leeftijd die we nu hebben en tegelijkertijd zijn we leeftijdsloos. Want we zijn niemand meer en we weten dat hierna niets meer komt. We zitten hier vast, worden steeds dieper de moeraslanden in gezogen, tot we uiteindelijk echt verdwijnen.

31

Soms gaat Abdullah ook mee wandelen, want hij kan het goed vinden met Ayman. Ik ben altijd gespannen als hij meegaat. Meestal zegt hij niet veel, maar na een stuk of vijf wandelingen vertelt hij Ayman dat hij uit Shendi komt, een stad aan de Nijl een stuk ten noorden van Khartoem.

'Het is er anders dan bij jullie,' zegt hij.

'Hoezo dan?' vraagt Ayman. Ik vraag Abdullah nooit iets, dat durf ik niet.

'Het is...' Hij denkt even na. 'Het is wat ruwer. Als een man gaat trouwen, bijvoorbeeld, dan trekt hij zijn bovenkleding uit en dan laat hij zich veertig keer met een zweep slaan.'

Ayman moet lachen en zegt dat hij het belachelijk vindt. Ik lach voorzichtig mee, maar meer van de spanning.

'Bij ons is het normaal,' zegt Abdullah.

'Heb jij dat ook gedaan?' vraagt Ayman.

Hij schudt zijn hoofd. 'Ik heb geen vrouw,' zegt hij. Ik kan Abdullah niet goed peilen, ik weet niet of ik hem aardig of gevaarlijk moet vinden.

Er werkt een aardige commandant op het kamp van Nasir en hij heeft een leuke hond die ik mag aaien. Zijn hond zit altijd naast hem. Hij zegt dat de hond een *salugi* (een saharahond) is en dat hij getraind is om mijnen op te sporen. De hond ziet er mager uit, maar als ik zeg dat de hond meer moet eten zegt de commandant dat dat bij zijn ras hoort.

De commandant voert soms een kort gesprekje met me als ik zijn hond aai.

Maak je geen zorgen, zegt hij steeds. Jullie hoeven alleen maar stand te houden in veilige gebieden.

Hij vertelt me ook dat als ik weer terug naar huis ga, dat mijn leven heel makkelijk gaat worden. Dat jongens zoals ik hogere cijfers op school krijgen en sneller mogen doorgroeien binnen bedrijven. Ik vind dat niet eerlijk, maar hij zegt dat we dat verdienen.

Op een dag vertel ik hem dat ik ben ontvoerd en hier tegen mijn zin ben. Ik weet niet waarom ik hem dat vertel en ik wil mijn woorden eigenlijk direct inslikken.

'Ik adviseer je om dit verder tegen níémand te zeggen,' zegt hij ineens heel streng. Ik schrik van zijn reactie.

Maar waar ik nog meer van schrik, is wat hij later tegen me zegt. Na iets meer dan een maand wordt aangekondigd dat we naar de volgende plek gaan, Pibor. Het ligt nog een stuk zuidelijker dan waar we nu zijn. We voeren hetzelfde ritueel uit als toen we van Kurmuk naar Nasir vertrokken: we controleren de banden, pompen ze op, slaan diesel en voedsel in, en laden de trucks in. Het wordt weer een reis van meerdere dagen, zegt Abdullah.

Als de nieuwe lichting is aangekomen, en wij klaar zijn voor vertrek, ga ik naar de commandant toe om afscheid te nemen. In een opwelling geef ik hem een knuffel en hij houdt me stevig vast. Het duurt een paar seconden en dan laat hij los.

'We moeten allemaal op enig moment terugkeren naar God,' zegt de commandant. Hij heeft tranen in zijn ogen.

De hele reis naar Pibor slaap ik niet.

32

Als eerste kwam de geur.

De geur trekt overal doorheen, als een zware mistdeken die op het land drukt. Het hangt ook om mij heen. Ik heb nog nooit zoiets geroken. Als het leven verdwenen is, dan blijft de geur over. De adem van de dood.

Vanmorgen bij de ochtendbespreking zei de kampofficier van Pibor dat we een drukke dag voor de boeg hadden. Het is onze eerste dag hier. Er zijn gevechten geweest en we moeten het dorp nu schoonmaken.

'Zo snel mogelijk, vóór de regen komt,' zei hij.

Er liggen scheppen in onze laadbak. Het is broeierig warm, het drukt op ons en het geeft het landschap een grauwe sluier. Er lopen druppels zweet langs mijn nek en over mijn rug. Niemand zegt iets in de auto, iedereen kijkt gespannen naar voren. Ik staar ook naar het lege landschap. Er lopen hier geen mensen op straat. De vissersbootjes zijn leeg. Er hangt nog was te drogen, maar de huisjes zijn verlaten. Op de weg zie ik glimmende kogels liggen.

De geur wordt steeds sterker. Het bijt zich vast in mijn neus, mijn ogen, mijn mond en wikkelt zich om me heen. Ik voel dat deze geur me nooit meer zal loslaten. Geen enkele rivier of douche kan dit van me afwassen. Mijn ogen tranen ervan en ik trek mijn kraag over mijn neus heen, maar de geur dringt erdoorheen.

Er zijn gieren, ze zitten op de takken van de verbrande bomen en kijken afwachtend naar ons, in spanning of wij hun voedsel gaan wegnemen.

En dan zien we het eerste lichaam.

Hij ligt langs de berm van de weg. Zijn gezicht is weggeschoten. De wagen rijdt door. Er zijn er nog veel meer, er zijn opengeschoten borstkassen, overreden onderlichamen, lichamen die ledematen missen. Het zijn dorpelingen en mensen van het leger. Zuid-Sudanezen en Noord-Sudanezen. Hutten zijn verbrand en bomen zijn zwartgeblakerd. Koeien, geiten en honden liggen dood op de grond.

Niets leeft meer, behalve gieren en vliegen. De vliegen landen op mijn hoofd en handen en zoemen langs mijn oren. Onze oorlog is hun voedsel.

Abdullah parkeert de auto en stapt uit. Hij kijkt ernstig. Ik glijd naar binnen, weg van de buitenwereld. De vliegen blijven rondom mijn oren zoemen.

Uitstappen en de scheppen uitladen. Zijn stem is zacht en ver weg, ik hoor hem bijna niet. Het voelt als een droom.

Ergens in een grasveld moeten we een diepe kuil graven.

Ongeveer één meter diep.

Ik pak een schep en begin te graven. Ik steek mijn schep zo diep als ik kan en graaf snel. Ik wil dat mijn lichaam pijn doet, zodat ik niet meer kan denken aan wat er om me heen is. Dat ik niks anders meer kan voelen.

Miljoenen stipjes dansen voor mijn ogen, ze smelten samen tot witte vlekken en spreiden dan weer uit elkaar.

Het leger heeft het goed gedaan met deze slaven.

Wie zegt dat?

De woorden blijven in mijn hoofd echoën.

We graven door tot Abdullah zegt dat we mogen stoppen. *De kuil is diep genoeg.* Hij pakt me bij mijn schouders vast en neemt me ergens mee naartoe. Mijn benen zijn wankel en ik ben bang dat ik erdoorheen ga zakken. Er ligt iemand voor me, een lijk, maar ik zie hem bijna niet. Het lichaam is in minder slechte staat dan de andere. Ik zie mijn armen naar het lijk toe bewegen, maar ze voelen niet als mijn armen. Er stijgen vliegen op, ze vliegen tegen mijn gezicht.

Het leger heeft het goed gedaan met deze slaven.

Mijn armen tillen de benen op, ik zie hoe mijn handen om de dode zwarte enkels klemmen. De benen zijn stijf. Iemand anders tilt het lijk bij de schouders op. Ik weet niet wie dat doet. We leggen het lichaam in de kuil die we net gegraven hebben. Er liggen al meerdere lichamen naast elkaar.

Abdullah neemt me weer mee. De grond onder me beweegt, alsof ik op een moeras probeer te staan. Ik probeer te blijven staan, niet te vallen.

Deze wereld is niet echt, denk ik. Dit kan niet echt zijn.

Ik voel Abdullahs handen om mijn armen klemmen. Er ligt weer een lijk voor me, een Zuid-Sudanese soldaat. Er steekt een foto uit zijn borstzak. *Kijk, Abdullah, een foto. Een vrouw en een kind.*

Abdullah steekt de foto in zijn zak. *Ik ga ze opsporen, als de oorlog voorbij is, zal ik ze vinden.*

Mijn lichaam tilt het lichaam van de soldaat op en legt het naast dat van de anderen in de kuil. Ik til er nog meer, tot alle zwarte lichamen in de donkere aarde liggen. We scheppen zand over ze heen. Eerst schep ik zand over de gezichten, daarna over de rest van hun lijf. Ze verdwijnen in de aarde.

Alles moet schoon zijn, vóór de regen komt. Zal de regen het zand wegspoelen en ze weer terug naar deze wereld brengen?

We graven nog meer kuilen, deze keer zijn ze klein. Precies groot genoeg voor één persoon.

Moslims krijgen een eigen graf. Ik zie witte lakens. Deze lichamen worden in witte lakens gewikkeld en in de kleine graven gelegd. Iemand spreekt het dodengebed uit.

De anderen kregen geen woorden of witte lakens. Zij kregen alleen zand. Zwarte wolken drijven in de lucht, maar het regent niet.

33

Terug in het kamp rennen we direct naar de regentonnen. Ik gooi mijn uniform van me af. De geur is er nog steeds, hij heeft zich met zijn giftanden vastgebeten in mijn poriën. Ik kan mijn handen niet meer zien, die vuile handen waar ik van walg. Ik steek ze in het water en wrijf mezelf met de natte handen in. Ik huiver. Ze voelen als handen van een vreemde. Ik wil ze niet meer, ik wil ze kwijtraken. Ik haat ze! Nog nooit heb ik ergens zo'n diepe haat voor gevoeld als nu. Ik steek mijn uniform in de regenton en laat de stof weken in het water. Het liefst verbrand ik de stof direct samen met mijn handen.

Die nacht kan ik niet slapen. Ik lig op mijn matje in de grote tent en kan alleen maar aan de lichamen denken. Ik zie ze als ik met mijn ogen knipper. Ik zie ze in mijn ooghoeken. Ik zie ze als ik mijn ogen sluit. Ik zie ze als ik naar mijn handen kijk. Ik zie ze overal.

Iemand schreeuwt in zijn slaap. Ik ga rechtop zitten.

'Aahahaa!' Nog een schreeuw. Het klinkt alsof de schreeuwer stikt, alsof zijn keel wordt dichtgeknepen door onzichtbare handen.

En nu weet ik wie het is. Het is Ayman. Hij is de schreeuwer. Hij gaat rechtop zitten en hij huilt, heel zacht. Niemand anders kan het horen, maar ik zie zijn schouders heel voorzichtig in het donker schokken.

Hij ziet ze ook, weet ik.

Ik wil naar hem toe gaan, maar ik durf het niet, want ik weet niet wat ik moet zeggen. Ik houd mijn adem in. Na een paar minuten gaat hij weer liggen en durf ik weer opgelucht adem te halen.

De witte stipjes dansen nog steeds voor mijn ogen. In de duisternis zijn ze nog duidelijker. Ze smelten samen tot de lijken, ze zweven door de lucht van de tent. Zijn het hun geesten? Ze schreeuwen tegen me. *Binnenkort ben jij een van ons.*

Ik knijp mijn ogen dicht, maar ik zie ze nog steeds. Ze verdringen elkaar om gezien te worden. *Sorry*, fluister in gedachten tegen ze. *Sorry. Het spijt me echt.*

Binnenkort ben jij een van ons.

Ik begin te beven, maar ik kan niet huilen. Ik ben maar één minuscuul, onbeduidend schakeltje in de eindeloze ketting van soldaten. Onze enige waarde is dat we nog leven. Verder zijn we niets. Als ik doodga, komen er weer driehonderd nieuwe jongens, die mijn graf graven en me in een wit laken wikkelen.

Na twee dagen komt de regen. Het is laat in de nacht. Het onweert. Flitsen lichten de tent op, de aarde onder ons trilt van het oorverdovende gedonder. Ik ben bang. Ik wil mijn ogen sluiten, maar dan nog kan ik ze niet buitensluiten. Ze zijn er nog steeds. Hun dode gezichten zitten in de lichtflitsen. Hun handen in de aarde die trilt. Hun bloed in het water dat uit de hemel komt. Zij zijn overal, altijd. Ik ben bang dat de aarde van de grond wegspoelt en hun lichamen weer terug naar de oppervlakte brengt.

En dan pas huil ik voor het eerst.

34

Bor, een maand later

Hij heeft de woorden heel langzaam uitgesproken. Maar bij het woord 'kip' verhoogde zijn stem en legde hij er extra nadruk op. 'Ik wil geen kip meer in leven zien.' Dat zegt de commandant bij de ochtendverzameling van het kamp in Bor, de nieuwe locatie waar we zitten. Het is nog donker buiten, de blauwe schemer wordt langzaam paars en roze. De knipperlichten van de trucks staan aan, ze flikkeren op de grond. Net alsof de aarde vol oranje vlammen staat.

We moeten naar een plek naar het noorden, waar gevechten aan de gang zijn. Verder vertellen ze niets. Er komen ook soldaten van andere plekken naartoe, ter versterking. Alle gezichten staan gespannen. Het mijne ook. Ik kan nog wel ademen, maar er komt geen lucht in mijn longen. Het voelt alsof ik stik.

De commandant zet een *nasheed* in, wij volgen zijn lied met onze kalasjnikov in de hand. '*Allah is de meest genadige.*' We steken onze geweren de lucht in. De meesten steken ook hun wijsvinger op. '*Er is maar één God*,' zingen we. Er schieten sprinkhanen van de grond, alsof ze uit de vlammenzee schieten. Ik word gek van die beesten, ik haat hun onvoorspelbaarheid. '*We hebben niets anders nodig.*' Alle armen zijn in de lucht.

We bewegen onze tongen heen en weer. '*Lulululu!*' Het klinkt als kukelende kippen, en dan denk ik aan de woorden van de commandant.

Misschien zijn wij wel de kippen.

We rennen met onze kalasjnikovs naar onze trucks. Het is de eerste keer dat we met zoveel man naar een plek gaan. Abdullah en Ayman tillen zwijgend de stalen kist waar onze munitie in zit in de laadbak. Ik probeer hun gezichten te lezen, maar het geeft me niet veel vertrouwen. Dafaa Allah zegt tegen Aljzoly dat God hen zal beschermen. Aljzoly zegt '*insjallah*'. We stappen in.

Ik zit achterin op de rand van de laadbak. Met een been hang ik buiten de auto. Ik houd mijn geweer tussen mijn benen geklemd. We voelen allemaal dat ons iets te wachten staat. De lucht wordt oranje, de bomen en onze gezichten liggen nog in de schaduw. De weg is niet meer dan een uitgediept bandenspoor dat gevuld is met regenwater. Ertussen groeit gras tot kniehoogte. Ik moet oppassen dat ik niet uit de auto val. We rijden door heuvels. De begroeiing is dicht, ik kan er niet doorheen kijken. Abdullah rijdt door een diepe plas. Er spettert modder op mijn benen.

Even schiet er door mijn gedachten heen om uit de auto te springen en weg te rennen.

Maar wat dan?

Zouden Abdullah of de anderen me neerschieten? Ayman niet, dat weet ik zeker. Maar al ontkom ik aan hun schoten, dan is er in de wijde omgeving geen leven te bekennen, geen mensen, geen dorpen. De dichte begroeiing loopt over in moeraslanden. Ik heb geen idee waar ze beginnen en eindigen.

Onder iedere stap kan een onzichtbaar moeras schuilgaan. Oneindig diep drijfzand, waarin ik wegzak tot ik stik, planten waarin ik verstrikt raak, waar ik nooit meer uit kan loskomen. Ik ben niet opgewassen tegen deze omgeving. Ayman vertelde me dat hier een van de grootste moerassen ter wereld zit. Misschien zelfs wel de grootste. Er zijn al velen verdwaald geraakt en nooit meer teruggekeerd.

Ik blijf zitten. Na een poos hoor ik een luchtalarm in de verte loeien. Er klinken hoge geluiden en doffe klappen alsof iemand tegen een stalen plaat slaat. En dan worden al deze geluiden overstemd door een immens kabaal. Een F16 vliegt over. Ik wil mijn oren vol met watten stoppen en mijn handen op mijn oren drukken. Hoe meer meters Abdullah aflegt, hoe luider alles wordt. Maar ik zie er niks van. Ik zie alleen maar hoog gras, bomen en heuvels.

Er staan al trucks geparkeerd. Abdullah en de andere ploegleiders parkeren hun wagen ernaast op het grasveld. Hij praat door zijn portal met iemand.

'Helder, over,' zegt hij. Abdullah stapt uit. Zijn gezicht is serieus. Het valt me nu op dat er grijze haartjes tussen zijn zwarte snorharen zitten. Ze glinsteren een beetje.

'Luister allemaal goed,' roept hij boven alle lawaai uit. 'We moeten naar voren trekken. Maak je klaar om te gaan schieten.'

Mannen die er al zijn roepen vrijwel onophoudelijk: 'Allah akbar!'

Er trekt zweet in mijn oksels en ik krijg het gloeiend warm. Ik kijk naar Ayman, die bleek is weggetrokken. Binnenkort zijn wij een van hen, denk ik. Het luchtalarm blijft loeien. We springen een voor een uit de laadbak.

Dafaa Allah en Aljzoly roepen 'Allah akbar' en steken hun wijsvinger in de lucht. Er raast weer een F16 over, het lijkt alsof hij tegen ons aan komt vliegen. Abdullah loopt voorop.

'Lopen, lopen, lopen!' roept hij, terwijl hij ons vlug met een hand wenkt. We rennen een stuk door het hoge gras. Sprinkhanen schieten uit het gras. Ik wil ze wegschoppen. Ik haat jullie!

De geluiden worden steeds luider. We komen dichterbij. Er liggen een paar honderd meter verderop al mannen op de grond in het gras, ze zijn aan het vuren.

'Laag, en oplijnen en vuren als ik het zeg!' roept Abdullah. We tijgeren door het gras, met gebogen armen en uitgespreide vingers als gekko's, tot we bij de anderen aankomen.

'Oplijnen!' roept Abdullah. Zijn ogen staan angstig, zijn mondhoeken hangen omlaag.

Ik laat me vallen op de grond en druk mijn kin in het gras. Het is nat en mijn buik zakt weg. We banen ons een weg door het gras en de modder. Alles wordt bruin. Hoge geluiden snijden door de lucht heen. Zijn dat kogels? Het ruikt naar kruit.

Ik zie geen Zuid-Sudanezen. En geen blauwe tonnen waar we op moeten mikken. Dat wat we moeten raken bestaat niet. Ik zie alleen maar gras. Als we mensen doden, zullen we het nooit weten.

'Schieten!' roept Abdullah. Ik voel paniek in zijn stem. De jongens om me heen beginnen te vuren. *Rat, rat, rat, rat!*

Ik leg mijn vinger op de trekker en schiet. Er is niemand. Waar schieten we op? Wie schiet er op ons?

Wie moeten we doden?

Kogels suizen langs mijn oren. *Laag blijven. Als je opstaat ga je dood.* De wereld verandert weer in wolkerige vlekken. Ze dansen voor mijn ogen, ik kan bijna niets zien.

Ik ga dood. Ik ga dood. Ik ga dood.

Een hoge piep suist in mijn oren. Zelfs mijn eigen geweerschoten hoor ik niet meer. Waar zijn de geluiden gebleven?

Mijn vinger voel ik vaag op de trekker zitten, alsof hij niet van mij is maar ik over de schouder van iemand anders meekijk.

Allah akbar!

De grond golft onder me, ik lig weer op een bed van moerasplanten. Alles kolkt en woelt. Ik zak weg in de bodem.

Mijn geweer is stil. Ik druk nog eens op de trekker. De natte, zwarte aarde trekt me naar binnen, naar het duistere binnenste. Naar de enige plek waar het veilig is. *We moeten allemaal op enig moment terugkeren naar God.*

Ik druk nog eens. Niets.

Mijn kogels zijn op. Ik zie mijn armen en benen naar de truck tijgeren en mijn kalasjnikov herladen.

Sneller, sneller! Schiet op!

Ik kan niet sneller! De plakkerige klei, de sterke wortels, ik wil loskomen, maar de grond heeft me in zijn greep.

Abdullah wijst. *Daarheen!*

Zijn mond beweegt langzaam. Hij kijkt bang. Zijn mond valt stil, midden in een zin. Hij beweegt niet meer. Ik hoor alleen nog maar die piep.

Ik ben bij de truck. Mijn handen laden mijn geweer.

Naar achteren! Naar achteren!

Ik kruip erheen, druk mijn lichaam zo diep mogelijk op de grond. Mijn hand gaat weer op de trekker en vuurt tot het geweer opnieuw leeg is. Ik heb geen idee waar ik op richt.

Ineens is het doodstil.

Ik weet niet hoelang het duurt, en ik weet niet of de geluiden langzaamaan verdwenen of dat de schoten plots ophielden.

Leef ik nog? Zou ik het merken als ik dood ben?

De vlekken trekken weg uit mijn zicht. De wereld wordt iets scherper, ik kom weer uit de aarde.

Ik denk dat ik nog leef.

Mijn kin drukt op het gras en ik beef onophoudelijk, ik heb het koud. Mijn broek is nat, de stof plakt tegen mijn benen. Ik heb erin geplast. Mijn handen zijn rood, ze voelen alsof ik ze op een gloeiende plaat heb gelegd. Het geweer is bloedheet.

Ik hoor geen mensen, geen voertuigen, en zelfs geen insecten meer. Nog nooit heb ik meegemaakt dat het ergens zo stil is.

'Niemand opstaan!' zegt Abdullah. We blijven een tijd bewegingsloos liggen. Er is niks meer.

'Allah akbar!' roept iemand in de verte.

'Is iedereen oké?' vraagt Abdullah. Er worden duimen opgestoken, Ayman kijkt ook om naar Abdullah. Voor zover ik kan zien leeft iedereen nog.

Ineens voel ik een kloppende pijn op mijn scheenbeen. Ik draai me op mijn rug en zie dat er een rode vlek op mijn broek zit en de stof gescheurd is.

'Abdullah, ik bloed!' roep ik. Hij wenkt dat ik naar hem toe moet komen. Ik tijger over de grond, nu pas voel ik dat mijn been pijn doet.

Abdullah trekt de stof een beetje uit elkaar.

'Je bent geraakt,' zegt hij.

'Geraakt?' vraag ik geschrokken.

'Ja, niet direct, er is een kogel langs je been geraasd. Je hebt geluk gehad. Blijf liggen, ik haal de medische staf.' Hij tijgert weg over grond.

Geluk. Niets aan deze situatie voelt als geluk.

35

Een man schreeuwt.

De medische staf heeft me naar de ziekenzaal gebracht. Deze is in een losstaand betonnen gebouw op hetzelfde terrein. Vroeger moet het een schoolgebouw zijn geweest. We slapen in oude klaslokalen.

In die ziekenzaal liggen we op matjes op de grond. Mijn groep is weer terug naar het front, daar blijven ze een paar dagen. Ik bid dat ze veilig terugkeren. Ayman kwam nog even kijken hoe het met me ging, en daarna vertrokken ze.

De man schreeuwt weer. Hij schreeuwt zo hard en met zulke lange halen dat ik bang ben dat zijn stembanden zullen scheuren. Zijn been is zwaargewond geraakt tijdens het gevecht. Ik keek per ongeluk zijn kant op en toen zag ik een stuk bot uitsteken. De medische staf zegt dat zijn been geamputeerd moet worden, maar dat ze dat hier niet kunnen. Ze kunnen hier alleen kleine verwondingen hechten. Hij moet wachten tot er een helikopter komt die hem naar het militaire ziekenhuis in Khartoem brengt.

Hij blijft maar schreeuwen, ik wil het niet horen. Ik wil dat hij ermee stopt, en ik voel me schuldig dat ik dat denk. De zaal ruikt naar wonden, er hangt een vlezige, weeïge stank. Het komt uit het been van de man.

Naast me ligt iemand met een dik verband om zijn voorhoofd. Onder het verband zit een flinke zwelling en op de zwelling zit een lichtroze bloedvlek. Hij ziet dat ik ernaar kijk.

'Het komt door de terugslag van mijn geweer, die knalde zo tegen mijn kop,' zegt hij. 'Niet heel stoer, ik heb het zelf veroorzaakt.' Hij lacht een beetje en ik zie dat hij kleine rechte tanden heeft.

'En hoe zit het met jou?' Hij knikt naar mijn been dat in het verband zit.

'Er is een kogel langs mijn been geraasd.'

'Zo, dan heb je geluk gehad.'

'Dat zegt iedereen, ja.'

Hij steekt zijn hand uit. 'Ik ben Ismaël uit Darfur.'

'Abu Baker, uit Omdurman.'

'Hopelijk mogen we gauw onze broeders weer helpen,' zegt Ismaël. Zijn ogen fonkelen.

'We zullen zien,' zeg ik. Vanbinnen wens ik dat ik nooit meer terug hoef.

De volgende ochtend is de zaal voor de helft leeg. De zwaargewonde man is ook weg. Ik heb er niets van gemerkt, maar dat kan komen door de pijnstillers die ze me geven.

'Waar zijn al die mensen heen?' vraag ik aan Ismaël.

'Geen idee, naar Khartoem denk ik.'

Naast mijn matje ligt een houten kruk die ik van de medische staf heb gekregen. Ismaël werpt er een blik op. 'Zullen we even een stukje gaan lopen? Dan kan jij even oefenen.' Ik zeg dat dat goed is, en hij helpt me overeind komen en geeft me de kruk aan. We lopen over het basiskamp. Ismaël vertelt dat hij zich vrijwillig heeft aangemeld voor het leger.

'Die oorlog, weet je, die is er natuurlijk met een reden,'

zegt hij. Er lopen bewakers langs ons met een geweer om hun schouder. Anderen, die vanavond stand moeten houden spelen siga in het zand.

'Ja, dat weet ik,' zeg ik een beetje stellig.

Ismaël trekt zijn wenkbrauwen op, waardoor zijn puntige neus een stukje groter lijkt te worden. 'O ja?' vraagt hij, en zonder een antwoord af te wachten zegt hij: 'Het is toch niet eerlijk dat die slaven al die olie voor zichzelf willen houden. Zij hebben hier gronden waar van alles op groeit, en wij hebben alleen een dorre woestijn.'

Dit is de eerste keer dat ik iemand over olie hoor praten. Het ging er toch om dat de Zuid-Sudanezen onze huizen gingen innemen, onze vrouwen zouden verkrachten en van Khartoem een verdorde plek vol alcohol zouden maken?

'Die zuiderlingen denken dat omdat de Dinka's en de Nuer op die grond geboren zijn, dat de olie van hen is. Ze beginnen nu zelfs elkaar af te maken! Wist je dat? Die slaven maken elkaar gewoon af! Gelukkig probeert onze overheid het eerlijk te verdelen.'

Ik geloof niet wat hij zegt, ik denk dat de werkelijkheid anders is dan hoe hij hem ziet, maar dat zeg ik niet.

Ismaël verheft zijn stem. 'Als ze nou gewoon meedoen met de verkiezingen in plaats van ons aan te vallen... Komt allemaal door die kafir John Garang, die leider van ze, die er een land vol ongelovigen van wil maken.'

Ik herinner me dat abbi vaak over John Garang sprak en hem juist een held vond. Hij is net als Nelson Mandela, zei abbi. Als meneer Garang president zou worden, dan hebben we vrijheid en zijn we allemaal gelijk. Maar dat kan niet, want de partij heeft alle andere partijen verboden en alle verkiezingen zijn alleen maar voor de schijn.

'We zijn echt met iets goeds bezig,' zegt Ismaël.

‘Ja,’ zeg ik zacht.

‘En, bovendien, we gaan toch allemaal een keer dood. Dan is er toch niets beters dan sterven voor Sudan en naar het paradijs gaan. Dan zien we vanzelf onze familie weer, én een heleboel maagden.’

Ismaël knipoogt naar me, maar ik hoef helemaal geen maagden.

36

Na drie dagen is mijn groep weer terug op het basiskamp. Ik hoor motoren van de trucks als ze aan komen rijden. Een paar minuten later loopt Ayman de ziekenzaal binnen. Zijn huid is grauw en hij heeft dikke grijze wallen onder zijn ogen. De lijnen van zijn gezicht zijn scherp en hoekig als een houtsnede. Zag hij er altijd al zo uit?

Hij gaat op het matje van Ismaël zitten, die even een stukje aan het wandelen is. Ismaël gaat vaak zonder mij wandelen. Als hij terugkomt draagt hij een zonnebril en heeft hij een vreemde glimlach op zijn gezicht. Soms zet hij zijn bril even af en dan zijn zijn ogen glazig en rood.

Ayman vraagt hoe het met me gaat.

'Best, het doet niet meer zo'n pijn,' zeg ik.

'Mooi,' zegt Ayman. Hij probeert te glimlachen, maar het lukt hem niet.

'Hoe was het bij jullie?' vraag ik dan. Ik kan ook niet meer glimlachen. Mijn gezicht is stijf en mijn mondhoeken hangen naar beneden.

'Best,' zegt Ayman.

Ik wacht even tot hij er iets over gaat vertellen, maar hij zwijgt. De sfeer is ongemakkelijk, alsof we elkaar niet goed kennen. Ik mis de tijd dat het voelde alsof we broers waren.

'Was het rustig?' vraag ik uiteindelijk.

Ayman blijft weer stil. Hij kijkt naar beneden en ik zie dat zijn oogleden rood zijn. Ik vraag me af hoelang hij al niet geslapen heeft. We praten nooit over onze nachten.

En dan haalt hij diep adem. 'Ken je die hele kleine jongen, die uit Atbara komt?'

'Ik geloof dat ik weet wie het is,' zeg ik.

'Hij lag op de grond, hij bewoog niet meer. En toen de gevechten stopten is hij niet meer teruggekeerd. Ik vroeg aan Abdullah waar hij was, en toen zei hij dat hij spoorloos is. Iedereen die hier doodgaat noemen ze spoorloos, omdat ze onze eigen lijken laten verdwijnen. Spóórloos! Alsof hij vertrokken is!'

'Weet je zeker dat hij dood was?'

'Natuurlijk was hij dood. Ik heb het met mijn eigen ogen gezien.' Ayman zucht geërgerd. 'Ze liegen tegen ons, de hele tijd. Hij is echt dood, niemand komt hier levend weg. We doden mensen zonder iets of iemand te zien, ik heb nog geen enkele soldaat van de SPLA gezien, en toch zijn er steeds weer nieuwe lijken. En in onze eigen groepen verdwijnen er mensen alsof ze nooit bestaan hebben. Ik mocht ook niet terug om te kijken of hij er lag. Ze hebben anderen de lijken laten opruimen.' Zijn wangen lopen rood aan.

'Ik hoop dat hij ontsnapt is,' zeg ik, ook al weet ik dat het niet zo is.

'Hij is niet ontsnapt,' zegt Ayman. Ik ben bang dat hij boos op me wordt. Ik wil hem graag geruststellen, maar ik weet niet hoe.

Hij staat op. 'Ik ga even liggen, ik wil niet meer,' zegt hij en hij loopt de ziekenzaal uit.

37

Twee weken.

Zo lang hebben ze me gegeven om te herstellen. Ze zeggen dat ik er klaar voor ben om weer met de groep mee te gaan. Het hechtdraad is net uit mijn scheenbeen, en het doet pijn als ik er te lang op sta. Dan begint de wond te trekken, alsof mijn huid op springen staat.

Ik wil niet meer mee. We zijn schapen, wachtend op de slacht met een mes op onze nek gedrukt. Niemand weet wanneer het mes onze keel door zal halen. Ik haat het.

Abdullah ziet het aan mijn gezicht.

'Het gebied is nu veilig,' stelt hij me gerust, maar ik weet niet of ik hem moet geloven. Soms ben ik bang dat ze zulke dingen zeggen zodat we minder tegenwerken. Ik weet nooit wat ik precies kan verwachten.

We vertrekken. Ayman zit tegenover me in de truck. Ik glimlachte vanmorgen naar hem toen we moesten verzamelen, maar hij keek dwars door me heen. Zijn ogen waren groot en leeg, als glazen bollen. Volgens mij zag hij me niet eens.

Hij negeert me al een paar dagen, precies zoals Ahmed een tijd geleden is gaan doen. Af en toe zie ik Ahmed langslopen, als we toevallig tegelijkertijd in het kamp zijn. Hij negeert me, alsof we vreemden van elkaar zijn. Misschien is dat ook wel zo. Ik ben zelfs een vreemde van mezelf geworden. De enige met wie ik nog kan praten, is met God. Ik praat in de nachten tegen hem, als ik niet kan slapen. Elke keer vraag ik hem hetzelfde. Elke keer vraag ik of hij ons hier weg kan halen.

Ik wil graag met Ayman praten, maar ik kan geen contact met hem krijgen. Met Abdullah praat hij ook niet meer. Ik denk dat dat komt door de jongen die verdwenen is.

Ayman staart recht voor zich uit, maar hij kijkt niet naar het landschap. Zijn mondhoeken hangen omlaag. Hij zit in zijn eigen wereld en maakt geen contact meer met de onze.

Het begint te regenen. Ik houd mijn arm boven mijn hoofd, om de druppels uit mijn gezicht te houden. De hemel stort naar beneden, de weg staat blank. We raken doorweekt, krullen veranderen in plakkerige slierten. De stof van mijn uniform glimt en schuurt tegen mijn huid. Mijn broek plakt vast aan mijn benen. Ayman beweegt niet. Hij lijkt het niet te voelen, hij veegt het water niet eens uit zijn ogen.

Ik probeer oogcontact met hem te zoeken, om naar hem te glimlachen, maar hij voelt mijn blik niet. Ik tik met mijn schoen tegen die van hem, maar er komt geen reactie. Alles glijdt van hem af zoals de waterdruppels op zijn gezicht.

Er ligt een uitgemergelde hond langs de weg. Zijn lijf zakt weg in de modder. Ik denk dat hij is achtergebleven nadat zijn baasjes gedood of vertrokken zijn. Hij ademt nog, dat zie ik. Het dier is niet meer dan een kadaver met vacht, nog even en hij blaast zijn laatste adem uit.

Er klinkt een schel gekras, als takken die breken. Het geluid van gieren. Ze cirkelen aan de hemel boven de hond, ze wachten tot het zover is. De regen deert hen niet, zolang ze maar te eten hebben.

Op de plek waar we de wacht houden horen we alleen de regen. Er zijn geen schoten, geen raketten, en geen luchtalarmen. De dag duurt eindeloos lang. Ik wil dat Ayman iets tegen me zegt, maar Ayman praat met niemand. Ik vraag me af of hij überhaupt nog met zijn ogen knippert.

Hij beweegt niet, hij is van steen geworden.

Op zijn schoot ligt zijn kalasjnikov en hij staart onophoudelijk naar de bodem van de laadbak. Net als Ahmed die in de vlammen staarde. *Knipper eens. Laat alsjeblieft zien dat je er nog bent.*

Ayman reageert niet als Abdullah iets tegen hem zegt. Abdullah vindt het vervelend, dat zie ik, maar hij laat hem verder met rust.

En dan knippert Ayman alsnog.

Het voelt alsof zijn geest hem verlaten heeft, en alleen zijn omhulsel er nog is.

38

Ayman mag al een paar dagen op het basiskamp achterblijven. De medische staf zegt dat hij koorts heeft, maar ik denk dat zijn pijn hem vanbinnen verteert. Hij ligt op zijn matje in de slaapzaal en reageert niet als ik binnenkom. Hij heeft zijn hoofd van de deur afgewend, en ik zie zijn kruin waar kale plekjes op zitten. Zijn magere arm hangt buiten het matje. Hij is al een tijdje geleden gestopt met eten.

Ik loop om hem heen en ga op het matje naast hem zitten. Hij geeft geen kik. Ik pak zijn schouder vast en voel hoe zijn botten door zijn shirt heen komen.

'Hé Ayman, ik ben het,' zeg ik. Hij reageert niet.

Ik schud zachtjes aan zijn schouder.

'Ayman, alles komt goed, we gaan hieruit komen.'

Niets.

Zijn gezicht glimt van het zweet en zijn huid is doorzichtig. Ik leg mijn hand op zijn natte voorhoofd. Het gloeit.

Ik probeer hem in zijn ogen te kijken, maar ze zijn troebel en donker, als zwarte aarde. Er hangt een vuile geur om hem heen.

Ik begin te huilen, nog nooit heb ik me zo wanhopig gevoeld.

'Alsjeblieft, we moeten elkaar steunen,' huil ik. De tranen lopen over mijn wangen. Ik pak zijn dunne pols vast, die slap in mijn hand hangt.

Het enige antwoord dat ik krijg, is de trage hartslag in zijn pols, die me vertelt dat hij nog leeft.

Die avond denk ik na over Ayman. Ik ben bang om Ayman alleen te laten, ik wil bij hem blijven. In het donker loop ik naar de medische staf. Ik herken ze aan hun rode band om hun arm.

'Ik ben ziek,' zeg ik tegen een van hen.

'Wat heb je dan?' vraagt de man.

'Buikpijn,' zeg ik met een gespeeld gepijnigd gezicht.

De medicus kijkt me even onderzoekend aan en ik ben bang dat ik door de mand val. 'We hebben nu geen tijd voor je, we hebben ernstigere zieken. Morgenochtend voor je naar het front moet, zullen we je onderzoeken.'

De volgende ochtend zoekt hij me op. Hij neemt mijn temperatuur op en controleert mijn pols. 'Je hebt geen koorts,' constateert hij. 'Weet je zeker dat je ziek bent?'

'Het is al minder geworden...' beken ik.

'Je bent fit genoeg. Je gaat gewoon met je groep mee vandaag.'

Verslagen stap ik weer in de wagen en kijk ik naar de lege plek in de laadbak. Ik voel me nerveus, mijn hart klopt gejaagd. Ik hoor het niet als er iets tegen me gezegd wordt.

'Blijf erbij, Bakri sehir,' zegt Abdullah.

Ja, ja. Maar het lukt me niet om erbij te blijven. Ik heb een knoop in mijn maag en bij elke ademhaling draait de knoop strakker aan. In de auto is een blaadje gewaaid, hij ligt tegen mijn schoen aan. Ik heb de kracht niet om het op te rapen, alsof ik verlamd ben, maar ik tuur naar de aderachtige structuur. Ik volg de lijnen op de oppervlakte met mijn ogen. Hoe langer ik ernaar kijk, hoe meer vormen ik erin zie. De witte stipjes komen weer terug, ze dansen op het groene blaadje, en veranderen weer in wolken.

Mist.

Ik krijg een stekende hoofdpijn. Misschien gaat het straks beter met Ayman als we terugkeren, dat hoop ik, maar ik geloof mezelf niet eens. Met iedere ademhaling zuig ik meer spanning naar binnen, die me meer en meer verlamt. Ik wil slapen en niet meer wakker worden. O, wat verlang ik naar een geluidloze, donkere kamer. Met een bed waarin ik kan opkrullen, zo lang tot de wereld om me heen verdwijnt en ik alles kan vergeten.

Zou Ayman nu slapen?

Abdullahs mond beweegt. Ik probeer te luisteren, maar de wolken veranderen in watten en de watten kruipen in mijn oren.

Zei hij nou iets?

Ik weet het niet.

Abdullah, hoe laat mogen we gaan?

Nog een paar uur.

Een andere auto van ons basiskamp komt aanrijden, ze lossen ons af.

Er is iets gebeurd op het kamp. Ze kijken angstig, ze hebben grote holle ogen.

Abdullah springt achter het stuur. Hij rijdt sneller dan normaal en botst tegen verschillende stenen die op de weg liggen. Het is heel snel donker geworden en het regent zachtjes. Mijn hart bonst.

Als we aankomen bij het kamp, zien we soldaten en commandanten gehaast rondlopen. Abdullah springt uit de auto en stapt op een commandant af. De regen tikt op de motorkap. Het is nog steeds heel warm.

Hij heeft zichzelf opgehangen bij de wc's.

Wie?

Die jongen uit jouw groep.

Abdullah begint te huilen.

Ayman?

Zijn naam schiet als een elektrische schok door mijn lichaam. Het wordt zwart voor mijn ogen, mijn keel wordt dichtgesnoerd.

Misschien is het iemand anders, misschien hebben ze het mis. We lijken hier allemaal op elkaar.

We lopen naar een kantoor toe. Alles is nat. Ik weet niet meer wat regen, zweet of tranen is. De teerachtige aarde zuigt mijn voeten vast. Iemands hand houdt mijn arm in zijn greep. De grond pulseert, hij ademt. Mijn benen zwabberen. Een hand klemt om mijn arm en tilt me omhoog. De modder zuigt mijn voeten vast, zuigt me het drijfzand in.

Misschien is het iemand anders, misschien hebben ze het mis, fluister ik.

We lopen verder, zo snel als we kunnen. De aarde kleeft aan mijn schoenen. Ik zie het huisje van de commandant.

We zijn er bijna.

Er staan mensen voor de deur te wachten, anderen lopen huilend weg. Het is er druk, ik kan de deur bijna niet zien. Het blijft maar regenen. We zijn er. De deur staat op een kier. Een hand doet hem verder open. Lopende benen blokkeren mijn zicht.

En dan zie ik hem tussen de benen door.

Ze hadden het niet mis. Ik stort in, mijn knieën vallen op de grond.

Daar ligt hij, zijn lichaam gewikkeld in een wit laken. Zijn ogen gesloten en zijn huid blauwpaars als dat van de lotussen.

Hij zal voor eeuwig alleen blijven drijven.

39

Ik wil echt niet, maar ik kan het niet langer ophouden.

Mijn buik doet pijn. Misschien moet ik voor altijd stoppen met eten en drinken, dan hoef ik niet meer naar die plek toe. Dan gaat alles vanzelf voorbij. Ik kan niet meer.

Ik haal diep adem en sta op van mijn matje. Buiten loop ik richting de plek. Het is rustig in het kamp. De meesten zijn naar het front toe. Ze hebben mij vrijstelling gegeven vanwege wat er met hem is gebeurd.

Ik zie het wc-gebouw. Daar is het gebeurd. Daar in het witte, kleine betonnen gebouwtje hing hij zichzelf op. Ik wil er niet naar kijken. Ik loop nu waar hij toen gelopen heeft, mijn voeten zakken weg in zijn sporen. Hier liep hij met het laken in zijn handen. Het laken dat hij strak ineenrolde om er een touw van te maken. Ik voel het laken in mijn handen branden en ik zie Ayman. Ik zie hem door de muren heen. Zijn laatste minuten. Zijn laatste ademhalingen. De laatste regendruppels op zijn hoofd.

Het bonkt in mijn hoofd. Ik voel Aymans duistere gedachten. Ik wil hier niet meer zijn. Ze hebben ons hiernaartoe gebracht om te sterven.

Is hij nu eindelijk vrij?

Moet ik hem achternagaan?

Ayman werd dezelfde dag nog begraven. Ze brachten zijn lichaam naar een begraafplaats in de buurt. Ik herinner me er niet veel meer van, behalve dat het maar bleef regenen. Overal lagen modderplassen. De aarde die hem moest begraven was modder geworden.

Ik kan het gebouw niet in, ik durf het niet. Ik weet dat hij er niet is, maar toch ben ik bang hem tegen te komen. Hem te zien hangen. Ik loop naar de achterkant, naar een stuk gras tussen de zijkant van het gebouw en de ommuring van het terrein. Een stuk van de muur is afgebroken, waardoor hij niet zo hoog is als de rest. Ik trek mijn broek omlaag en ga op mijn hurken zitten.

Die middag komt Abdullah voorzichtig de slaapzaal binnen. Hij heeft eten bij zich, slijmerige linzen, de geur maakt me misselijk. Ik lig op mijn matje en staar naar de deur zonder hem echt aan te kijken. Het matje van Ayman aan de andere kant is leeg, maar ik ruik zijn pijn nog steeds. De afgelopen drie dagen heb ik vrijwel onophoudelijk naar de deur zitten staren alsof hij weer naar binnen zou lopen. Ik kan niet meer slapen, maar ik ben ook niet echt wakker. Ik denk dat ik nooit meer kan slapen zoals vroeger.

'Ik ben het,' zegt Abdullah zacht.

Dat zie ik, wil ik zeggen, maar ik reageer niet.

Waarom heeft Ayman me alleen gelaten? Waarom heeft hij me niet meegenomen?

'Je moet wat eten, Bakri sehir,' zegt Abdullah. Hij zet het bord naast me op de grond en gaat zitten.

Ik schuif het bord zijn kant op. 'Ik heb geen trek,' zeg ik.

'Je bent al veel te veel afgevallen.'

'Nou en.'

'Niks nou en. Ayman is er niet meer, straks loopt het met jou hetzelfde af.'

'Dat maakt me niet uit,' zeg ik.

Abdullah staart naar het bord met linzen. Hij heeft ook grijze wallen, zie ik, net zoals Ayman. Zijn ogen worden rood en zijn lip trilt.

'Het komt goed,' zegt hij heel zacht, bijna fluisterend. Zijn stem slaat over.

'Die leugen vertellen jullie ons elke keer. Volgens jullie komt alles goed,' zeg ik. Nog niet eerder ben ik zo tegen Abdullah ingegaan. Het maakt me niet meer uit. Het liefst heb ik dat hij zijn geweer pakt en er een einde aan maakt.

Ik wacht tot hij boos wordt, tot hij gaat schreeuwen. Maar dat doet hij niet.

Abdullah legt het bord achter hem. 'Ik wil dit ook niet meer,' mompelt hij bijna onhoorbaar.

Wat bedoelt hij daarmee?

'Ik geloof je niet,' zeg ik.

Er vliegt een vliegtuig over. Ik krimp ineen, het litteken op mijn scheenbeen begint te kloppen.

Abdullah legt zijn hand op mijn schouder. 'Ik ga kijken hoe we hier weg kunnen komen.'

Ik kijk hem een tijd aan, probeer te lezen of het een leugen is.

'Dat meen je niet,' zeg ik uiteindelijk, maar mijn hartslag slaat op hol.

'Jawel.'

'Je zegt dit zodat ik weer ga eten.'

'Ik zou hier nooit over liegen,' zegt hij ernstig.

Voetstappen. Gepraat. Het komt dichterbij. Abdullah legt zijn vinger op zijn lippen. Er lopen een paar mannen langs de slaapzaal. We blijven even in stilte zitten. Ik houd mijn adem in. Het geluid verstomt.

'Ik ga een plan verzinnen, en als het zover is dan hoor je

het. Maar je houdt dit tussen ons, je mag hier met niemand over praten. Echt met níémand, hoor je me? En ik haal je alleen hier weg als je weer gaat eten en drinken, want anders ben je niet sterk genoeg.' Hij pakt het bord en legt het weer bij mijn matje.

'Oké,' zeg ik, heel erg in de war of ik het nu moet geloven of niet. Abdullah staat op. 'En wanneer dan?'

'Als het zover is, dan kom ik je halen.'

'Oké,' zeg ik opnieuw. 'Maar nog één ding...' begin ik.

'Wat?'

'Als je mij meeneemt, wil ik dat je Ahmed ook meeneemt.'

Hij knikt naar me en dan loopt hij vlug de zaal uit. Buiten hoor ik hem met iemand praten alsof er niets aan de hand is.

De dagen die volgen kan ik de spanning nauwelijks onderdrukken. Soms ben ik bang dat ik gek word. Als ik te lang aan Ayman, de lijken of het gevecht denk, dan wil ik schreeuwen en mijn ogen dichtknijpen. Maar juist als ik mijn ogen dichtdoe, zie ik alles heel helder. De gebeurtenissen achtervolgen me overal. Het is een wervelwind van nachtmerries die constant aanwezig is.

Om mezelf af te leiden, help ik mee op de ziekenafdeling. Ik breng gewonden wat te eten en te drinken en maak af en toe een praatje of een wandeling met ze.

Een jongeman die op de afdeling ligt is zijn been verloren en wacht op de helikopter om naar Khartoem gebracht te worden. Zijn droom was om voetballer te worden, vertelt hij me. Ik vraag me af hoeveel dromen er hier al vervlogen zijn en hoeveel er nog gaan vervliegen. Hij zegt me dat ik hoop moet houden, dat ik misschien word afgelost als de helikopter komt. Maar niemand wordt hier afgelost, alleen een amputatie of de dood krijgt je hier weg. Ik denk dat hij zelf ook wel weet dat dat niet het geval is, dat ik niet afgelost ga worden. Ik denk dat hij het zegt omdat zijn woorden een minuscuul klein beetje hoop bieden en dat is het enige wat we hier hebben. Leugens in de vorm van hoop. En door tegen mij te liegen, wordt zijn eigen realiteit ook wat zachter.

Elke keer als mijn groep terugkeert van het standhouden, wacht ik tot Abdullah me opzoekt. Maar dat doet hij nooit.

Ik doe mijn best om hem zogenaamd per toeval tegen te komen op plekken waar even niemand anders is, zoals bij het washokje of waar we de woedoe doen. Dan trek ik mijn wenkbrauwen op, waarmee ik wil vragen: *En? Weet je het al? Heb je al nieuws?* Maar elke keer schudt hij zijn hoofd en loopt hij gauw door. Als ik hem met soldaten of commandanten zie zitten, heb ik niet het gevoel dat hij ergens mee bezig is.

Ik ben bang dat hij tegen me gelogen heeft.

40

'Wakker worden,' fluistert een stem heel zachtjes. Ik draai me om, mijn matje kraakt. Een kneepje in mijn arm.

'Wakker worden.' Ik word voorzichtig heen en weer geschud. Mijn oogleden voelen als lood, ik kan niet wakker worden. Laat me alsjeblieft slapen, eindelijk slaap ik weer.

'Hé Bakri sehir, word eens wakker.'

Het lukt niet, denk ik in mijn slaap, de slaap is te sterk. Weer schudt iemand aan mijn schouder, heel voorzichtig, alsof ik breekbaar ben als een van de dure glazen uit ummi's vitrinekast.

De stem wordt lager en het geschud iets hardhandiger. 'Kom op, wakker worden.'

Traag open ik mijn ogen, maar het is donker. Ik zie een vage witte schim naast me, maar geen gezicht of armen. Het is net een zwevend T-shirt. Ik knipper met mijn ogen en veeg de slaap weg.

'Kom, en neem je schoenen mee,' fluistert het zwevende T-shirt, het vliegt de lucht in. Ik hoor rustig gesnurk in de zaal, niemand anders is wakker. Wat gebeurt er?

'Wie is dit?' vraag ik zacht.

'Ik ben het.' Nu herken ik de stem, het is die van Abdullah. Hij pakt mijn hand vast. Ik klem mijn vingers om zijn hand heen en sta op. Hij loopt voor me uit zonder een enkel geluid te maken. Ik pak mijn schoenen die aan mijn voeteneind staan en loop op mijn tenen achter hem aan de tent uit. Iemand draait zich om in zijn slaap en kreunt een beetje. Ik schrik en blijf stilstaan. Abdullah is de zaal al uit. Na een paar tellen gok ik dat hij nog slaapt, en loop ik stilletjes de zaal uit.

Buiten is het nog donker. Alleen de sterren en de kille tl-lichten die op de gebouwen schijnen zijn er nog. Ik kan niet verder dan een paar meter voor me uit zien, maar ik zie geen bewakers. De krekels zingen weer. Abdullah loopt vlug en wenkt me zonder iets te zeggen. Ik schiet gauw in mijn schoenen en loop zonder ze te strikken achter hem aan. De veters worden nat in het hoge gras en tikken tegen mijn blote enkels. Ik draag mijn witte pak, het voelt alsof ik licht geef in de duisternis en ik wil juist onzichtbaar zijn. Ik zie Abdullah voor me uit lopen, maar ik hoor niets. Hij is net een geest in de nacht. Ik versnel mijn pas en probeer hem in te halen.

'Waar gaan we heen?' fluister ik als ik hem heb bijgebeend. Hij drukt zijn wijsvinger op zijn lippen en zegt niets. We lopen richting het wc-gebouw. Niet aan Ayman denken. We gaan langs de deur en om het gebouw heen. Ik ben blij dat we er niet naar binnen hoeven.

'Hier blijven stilstaan,' fluistert Abdullah als we aan de achterkant van het gebouw staan. Er zijn anderen, ik zie ze niet, maar ik hoor nerveus gehijg en angstig gefluister waarvan ik de woorden niet kan verstaan. Vlug strik ik mijn veters. De onderkanten van mijn broekspijpen zijn ook vochtig geworden. Ik kijk naar de hemel, die nog steeds zwart als inkt is met duizenden witte stipjes. De maan is maar een dun streepje. Hoe laat zou het zijn? Ik vraag me af wie er nog meer zijn en met hoeveel we zijn. Zou Ahmed ertussen zitten?

Een zaklamp klikt aan en werpt een schijnsel op een afgebrokkelde muur. Het laagste stuk van de muur komt ongeveer tot mijn schouders.

'We gaan hier overheen,' fluistert Abdullah. Hij gaat naast de muur staan en schijnt de zaklamp op de grond, zodat er een klein beetje licht op de muur valt. Er gaan een paar anderen voor me. Ik leg mijn handen op de scherpe steentjes en hef mezelf omhoog. Abdullah duwt mijn voet met zijn handen omhoog. Ik klim eroverheen en spring aan de andere kant ervanaf. Na een korte poos staat iedereen achter de muur en klimt Abdullah met zijn zaklamp eroverheen. We staan aan de rand van een bos.

'Kom! Kom! Kom!' zegt Abdullah en hij rent voor ons uit het bos in. Zijn zaklamp beweegt gejaagd over de grond.

We rennen achter hem aan. Ik moet goed opletten dat ik niet struikel. Op sommige plekken is de aarde heel zacht. Ik kan niet zien waar de modder begint en eindigt, ik voel de modderspetters op mijn gezicht en armen komen. Ik ben bang dat we sporen achterlaten. Takken breken onder onze voeten. Er fladdert iets pal voor mijn gezicht uit een boom en vliegt een andere boom in. Blaadjes ritselen.

Iets later komen we bij een zandweg aan. De zaklamp schijnt op drie legertrucks, die aan de rand van de weg in de modder geparkeerd staan. Abdullah stopt met lopen. Hij schijnt met zijn zaklamp in de laadbak en zegt dat we daar moeten gaan zitten. Er liggen twee jerrycans met water en een jerrycan met diesel op de bodem. We klimmen de laadbak in van onze truck, niemand gaat in een van de andere wagens zitten. De grotere mensen zitten op de randen aan de zijkanten en de kleinere op de bodem van de laadbak. Ik zit tussen knieën ingeklemd. We zijn met veel te veel voor de ruimte, maar niemand klaagt. Er wordt stilletjes opzijgeschoven.

'We moeten hier wachten,' zegt Abdullah.

Waarop? Hoelang? We moeten maken dat we wegwezen!

We wachten een poosje, iedereen wordt onrustig. Knieën tikken vlug op en neer, nekken draaien naar het bos en weer naar de auto. Ik word verzwolgen door een zee van ledematen. Dat en de lucht is het enige wat ik kan zien. Niemand weet waarop we wachten. Abdullah zit al klaar op de chauffeursplek. Waarom vertrekken we niet?

Ik ben heel bang dat de kampbewakers komen. Ik weet zeker dat ze ons direct neerschieten als ze ons hier zien. Wij hebben geen wapens mee, we hebben niets behalve de kleren op ons lijf. Misschien staan ze al bijna op voor het gebed. Ik leg mijn hoofd tussen mijn knieën en sluit mijn ogen.

'Waarom duurt het zo lang?' vraagt een van de grote mensen op de rand.

'Geen idee,' zegt een ander.

Wat als er iemand wakker wordt in een van de slaapzalen en de lege matjes ziet? Misschien is een van de soldaten op dit moment de kampleiding aan het waarschuwen. Of zou het weer een list zijn? Misschien brengt Abdullah ons wel naar een vreselijke plek waar we in het geheim nog vreselijkere dingen moeten doen dan nu.

Er klinken voetstappen in het bos. Ik kan niets zien door de mensen die op de rand zitten. Iemand rent, doffe dreunen op de modderweg. De voetstappen komen dichterbij.

Wie is dat?

Ik houd mijn adem in. Er worden geen zaklampen in de laadbak geschenen, ik hoor geen kalasjnikov die ontgrendeld wordt.

'Opschieten!' sist Abdullah. De motor start. Ik bid dat ze het niet horen in het kamp.

Gaan, gaan, gaan!

De deur aan de passagierskant wordt geopend. Iemand stapt in en slaat de deur dicht.

We vertrekken.

41

Het begint te schemeren. We zijn blauwe schimmen in het ochtendlicht. Niemand praat, ik denk dat iedereen bang is. In het kamp moeten ze nu wakker zijn en de lege matjes hebben aangetroffen. Misschien zelfs de truck die ontbreekt of onze sporen in de natte aarde. Zouden ze al aan het zoeken zijn? Hoe ver zouden ze achter ons zitten? Ik probeer te luisteren of ik een andere auto kan horen, maar de dieselmotor maakt zo'n kabaal dat ik niets anders hoor. Hoelang moeten we rijden voordat ze ons niet meer zullen vinden? Hoelang moeten we rijden tot we in het grondgebied van de SPLA komen?

Ik hoop dat het gaat regenen en dat de regen onze sporen zal uitwissen.

Abdullah rijdt heel langzaam, nog geen drie kilometer per uur schat ik in. De toppen van de bomen in de lucht gaan maar traag aan ons voorbij. Ik denk dat ze bang zijn voor mijnen. Soms rijdt hij per ongeluk een kuil in en dan krijg ik een knie of elleboog in mijn gezicht. Maar dat maakt me niet uit, als we maar geen lekke band krijgen of zoiets.

Het wordt langzaamaan lichter. Ik wil niet dat het licht wordt, ik wil dat het nacht blijft, zodat wij onzichtbaar blijven. De gezichten van de anderen in de auto worden duidelijker. Ik zoek Ahmed tussen alle schouders, knieën, ruggen, oksels en buiken. Een paar plekken verderop zie ik iemand die met zijn gezicht tussen zijn knieën verscholen zit. Lange glimmende krullen hangen over zijn knieën heen.

Is dat hem?

'Hé Ahmed,' fluister ik. De man naast me kijkt verbaasd naar mij, maar degene wiens aandacht ik probeer te trekken blijft roerloos zitten.

'Ahmed, ben jij dat?' fluister ik nog eens. Ik kijk indringend zijn kant op.

Iemand tikt de jongen op zijn schouder. Een mager gezicht kijkt op. Er lopen donkere lijnen van vermoeidheid vanuit zijn ooghoeken tot zijn wangen.

Het is hem.

Ik steek mijn hand op. Hij glimlacht naar me. Abdullah heeft hem meegenomen. Ons allemaal.

Het is licht. De zon staat hoog aan de hemel. De warmte zorgt ervoor dat we zweten. Mijn shirt plakt aan mijn rug en buik. Angstzweet hangt om ons heen, de zure geur van oude uien.

De auto mindert vaart en stopt aan de kant. Waarom stoppen we? De deur van de passagiersstoel gaat open. Ik hoor voetstappen.

'De tank is leeg,' zegt hij gehaast. De voetstappen lopen naar achteren. 'Kan iemand een jerrycan aangeven?'

Ik herken zijn stem, maar ik kan hem niet plaatsen.

De jerrycan wordt gepakt en doorgegeven naar achteren. En dan zie ik zijn gezicht: het is de mijnenman! Ik ben stomverbaasd. Niet één maar twee mensen van het leger helpen ons met gevaar voor eigen leven ontsnappen.

Hij vult de tank vliegensvlug en we vertrekken weer.

We rijden eindeloos rechtdoor. De jerrycans met water zijn

al vlug leeg. Er is nog maar een klein bodempje water. Voor noodgevallen, zegt iemand. Mijn mond is droog. Ik droom van koude glazen flesjes Cola en Pasgianos. Ik zie bomen langs de weg oprijzen. Hoge bomen, lage bomen, grote struiken, verder kan ik niets zien. De blaadjes glimmen en ze worden wit door het zonlicht. Ik tel de mensen in de wagen, en ik kom uit op zo'n dertig man. Hoe kan Abdullah dat geregeld hebben? Hoe kan hij zoveel mensen hebben laten ontsnappen? Ik herken niet iedereen, sterker nog, ik ken bijna niemand. Dafaa Allah en Aljzoly uit onze groep zitten er niet tussen, maar dat verbaast me niet.

De auto stopt. De deur van de mijnenman gaat open.

'Er zijn geen sporen meer, we moeten kijken of er mijnen zijn,' zegt hij. We staan op en strekken even onze benen. Mijn benen zijn stijf. Ik kijk om, maar ik zie gelukkig geen auto's in de verte achter ons. We zijn de enigen op deze weg.

De mijnenman en Abdullah lopen over de roodoranje zandweg en controleren de grond. Wij moeten hen volgen. Een man wordt aangewezen, hij moet met de truck achter ons rijden. Hij wil eigenlijk niet, dat zie ik aan zijn gezicht, maar hij stapt toch in.

'Pas heel goed op,' zegt de mijnenman steeds. En: 'Niet daar lopen!'

De man in de truck rijdt heel langzaam. De zon brandt op onze huiden.

Na een paar kilometer zegt de mijnenman dat we weer kunnen instappen. 'Hier zijn antilopen geweest,' zegt hij. Hij wijst naar kleine spoortjes in de modder.

Abdullah rijdt heel langzaam, de mijnenman houdt alle sporen in de gaten. Ik ben bang dat dit ons te veel tijd kost. De anderen kunnen onze verse bandensporen volgen en dus veel harder doorrijden.

We moeten nog een paar keer stoppen, terwijl de mijnenman en Abdullah voor ons uit lopen om de weg te controleren. Ineens denk ik aan de SPLA. Zitten we al op hun grondgebied? Waar eindigt dat van het Noord-Sudanese leger en waar begint dat van hen? Wat als we hen nu tegenkomen? We lopen van de ene vijand in de handen van de andere. Ik weet zeker dat als ze ons vinden, dat ze ons direct zullen doden. We zijn nogal opvallend met onze legerwagen, en de meesten dragen legerbroeken. Ons leven ligt in handen van deze weg.

We mogen weer instappen en rijden een tijd door. Mijn been slaapt, hij tintelt, maar ik kan hem niet verplaatsen. Het tintelen wordt sterker, net of hij zweeft. Na een tijdje voel ik hem niet meer, alsof ik geen been meer heb.

De auto rijdt een stukje het bos in en stopt. 'We gaan even rust houden,' zegt Abdullah. 'Als je moet poepen of plassen moet je dat nu doen.'

Er springen direct en aantal mannen uit de laadbak die een stukje het bos in lopen. Ik hoor het gekletter van plas. Ik moet ook, maar ik wacht even tot het rustiger is, en dan loop ik het bos in. Niet veel later gaan we weer. Een tijd hobbelen we in slakkengang rechtdoor, tot we alweer stoppen. Ik heb een hekel aan al die slechte wegen hier.

Iemand die op de rand zit, zegt: 'Er is een wegblokkade, maar ik denk dat we eromheen kunnen.' De mijnenman stapt weer uit. Ik ben blij dat hij is meegekomen en ons zo goed helpt. Ik hoor zijn voetstappen.

'Veilig!' roept de mijnenman van een afstandje. Ik hoop dat hij goed gekeken heeft. Abdullah zet de motor aan en draait aan het stuur naar rechts.

'Goed vasthouden,' zegt een van de mannen op de rand.

De auto wiebelt en we schuiven van links naar rechts. Hij hangt zo schuin dat ik bang ben dat we omkantelen. De mannen aan de zijkant moeten zich goed vasthouden. Hun knokkels worden wit. De auto rijdt door, nu wiebelt hij naar links, en moeten de anderen zich goed vasthouden. Ik hoor water spetteren, we rijden door een grote regenplas. Abdullah draait het stuur naar links en weer naar rechts.

En dan rijden we weer rechtdoor.

42

'De tank is leeg,' zegt Abdullah. Zijn stem komt van naast de truck. Ik kijk naar de zon, die hoog aan de hemel staat. We moeten al uren onderweg zijn.

'We laten de wagen hier achter.' Hij opent de klep van de laadbak. We springen eruit. Voor ons is een weg die zo ver ik kan kijken rechtdoor gaat. In de verte zie ik de lucht trillen van de warmte. Aan de zijkanten zijn bossen.

'Wat gaan we doen?' vraagt een man.

'We gaan lopen tot we iemand vinden die ons met een voertuig verder kan brengen,' zegt Abdullah.

'Over ongeveer twaalf kilometer is er een dorp,' zegt de mijnenman. Hij steekt een kaart in zijn achterzak.

We lopen aan de zijkant van de weg onder de schaduw van de bomen. Met iedere stap die we zetten verschuift het einde van de weg een beetje naar achter. Er loopt zweet langs mijn slapen. Het prikt in mijn ogen. Mijn veter schiet los. Ik ren er een stukje mee rechtdoor, maar mijn schoen begint te zwikken. Ik buk om mijn veter vast te maken.

'Schiet op,' sist iemand tegen me. Ik knoop ze zo vlug als ik kan en ren achter de groep aan.

We lopen meer dan een uur voor we bij een kleine nederzetting aankomen. De zon wordt oranje. Er staan wat rieten hutten en een open vrachtwagen. Ik ben buiten adem.

Een oudere Zuid-Sudanese man loopt uit een van de hutten. Hij roept iets, maar ik kan hem niet verstaan. De mijnenman en Abdullah lopen naar hem toe en praten met hem in Dinka. Ze bewegen met hun armen en verheffen hun stemmen, maar ik heb geen idee wat ze zeggen.

Een paar minuten later zeggen ze: 'Deze man brengt ons naar het zuiden, naar Bojo-Ajut. Hij gaat daar zijn vis halen.'

De oude man glimlacht en ik begrijp niet waarom hij ons wil helpen. Hij zegt iets tegen de mijnenman.

'Hij zegt dat hij daar iemand kent die ons waarschijnlijk verder kan brengen.'

De oude man schuifelt naar zijn vrachtwagen en opent de klep. Hij wenkt dat we erin moeten gaan. Op de bodem liggen geweven zakken van kunststof die naar vis ruiken. We gaan op de zakken zitten. De man loopt weg, en komt even later terug met een jerrycan. Hij tilt hem op naar zijn mond, om te gebaren dat we eruit kunnen drinken. We glimlachen dankbaar naar hem en laten de kan rondgaan. Ik kan maar een klein slokje nemen. Het smaakt een beetje naar oude diesel.

De oude man start de motor. De geweven zakken kriebelen een beetje door de dunne stof van mijn broek. Ahmed zit schuin tegenover me. Hij zoekt oogcontact met me en glimlacht opnieuw naar me. Ik glimlach terug.

Het ritje naar Bojo-Ajut duurt niet lang. De oude man laat ons uitstappen en ik kijk om me heen. Het is een klein dorpje met huisjes van stalen platen aan het water. Er loopt een smal paadje naar het water waar houten boten aan de kade liggen. Voor het paadje staan een aantal Toyota's Hillux geparkeerd met visnetten erin.

De oude man loopt weg en komt niet veel later terug met een andere man met een rieten hoed. De man steekt wat toombak tussen zijn gebit en zijn lip.

De mijnenman vertelt dat hij ons naar Jelli zal brengen als we hem helpen zijn wagen in te laden. We lopen achter de nieuwe man aan. Er liggen stapels met vis op groene zeilen op de grond. Ik hoor vogels fluiten. Dat heb ik al lang niet gehoord. Een groep witte vogels vliegt op uit het hoge gras aan de waterkant.

Bij een kraampje staan dezelfde geweven zakken klaar. Ze zitten vol vis. We pakken de zakken op en leggen ze in de vrachtwagen van de man met de rieten hoed. Als de bodem vol ligt, heft hij zijn hand op. Zo is het goed, wil hij zeggen. Abdullah en de mijnenman stappen voorin. Wij mogen op de zakken vis zitten, ze voelen als zachte kussens.

We rijden een tijdje, een uurtje of zo, en dan stopt de wagen ineens. Ik kan me niet voorstellen dat we er al zijn. Anderen kijken ook vragend naar elkaar. Na een paar minuten doet Abdullah de laadbak open. De mijnenman staat naast hem.

'Hij wil ons niet verder brengen, we gaan te voet verder,' zegt Abdullah.

'Dat is toch niet veilig!' roept iemand uit.

'We moeten erop vertrouwen,' zegt Abdullah rustig.

We kruipen over de zakken vis naar de opening van de laadbak. Ik kijk om me heen of de kust veilig is. Geen soldaten.

De man met de vrachtwagen rijdt voor ons uit. Hij gaat steeds verder, tot we hem niet meer kunnen zien. De zon staat al lager, maar het is nog steeds warm. Mijn zweet en de zon schroeien brandblaasjes op mijn gezicht. Ik ben moe.

We lopen achter Abdullah en de mijnenman aan. Abdullah

zingt een nasheed om ons op te peppen. De weg blijft maar langer worden. Ik loop naast Ahmed.

Mijn voeten steken bij iedere stap die ik zet.

'Ik kan echt niet meer,' zeg ik tegen Ahmed.

'Ik ben ook moe, maar we moeten doorgaan,' zegt hij.

'Ik heb zo'n dorst.'

'Er komt vast wel weer water.'

Naast de weg graast een grote kudde runderen. Een gezin met een klein kind loopt ertussendoor. Ze hebben doeken met grote bloemen erop om hun lichaam geboden. Het kind is naakt, maar draagt een kralenketting. Hun gezichten zijn ingesmeerd met witte as. Ze stoken vuurtjes en de vrouw heeft een pan in haar handen. Ze zijn te druk bezig om ons op te merken.

De lage zon verandert de bomen, de koeien en de rook in goud. Er zwermen vliegen om ons heen, dat komt door de koeien. De koeien schudden geïrriteerd hun koppen met hun enorme hoorns en zwiepen met hun staarten. We stappen door en laten de vliegen achter ons.

Ik weet niet hoelang we nog rechtdoor lopen. Het voelt eindeloos.

'We gaan het nooit redden,' zegt iemand.

'Het is hopeloos, waar moeten we heen?' zegt een ander.

'Ik kan niet meer,' zegt weer een ander.

'Waar gaan we heen?'

Ik kijk naar Ahmed. Hij blijft doorlopen, maar ik zie aan hoe hij zijn voeten neerzet dat iedere stap pijn doet.

'Als ons eigen volk ons niet gaat pakken, dan zullen de Zuid-Sudanezen ons wel doden.'

'Kom op, jullie zijn soldaten. Jullie moeten ervoor gaan,' zegt Abdullah. Hij begint weer te zingen en wij zingen mee.

Mijn gedachten leiden me weer naar mijn dorst. Ik vraag

me af wanneer we eindelijk wat kunnen drinken. Hoelang kan een mens zonder drinken in deze warmte? Ik zweet en dat maakt me bang. Ik wil geen vocht verliezen.

Ik raak er zo diep door in gedachten, dat ik de auto achter ons niet eens hoor aankomen.

43

We zijn omsingeld door legerwagens van de SPLA. Abdullah trekt een witte doek uit zijn broekzak en zwaait die in de lucht. Anderen die witte shirts dragen pakken de onderkant vast en strekken het uit. Ik doe ze na.

De soldaten in de laadbak klikken hun kalasjnikovs om ze klaar te maken om te schieten. Ze richten hun loop op ons. Nog niet eerder heb ik ze gezien. De mensen, onze vijand, waar het al die tijd om ging.

Is dit het dan?

'Op de grond!' roept een zwarte man met sterren op zijn schouder in gebrekkig Arabisch. Hij is enorm lang. We laten ons door onze knieën zakken.

De man roept nog iets, nu in het Engels. Abdullah legt zijn handen op zijn hoofd, wij volgen.

De mijnenman zegt iets in het Dinka. Abdullah valt hem in de rede en zegt ook wat.

Ik ben bang voor wat ze zeggen, bang dat hun woorden verdraaid worden en we hier gedood worden. De soldaten met hun geweren blijven bewegingsloos in positie, net als standbeelden.

De lange zwarte man, Abdullah en de mijnenman praten verhit tegen elkaar.

Ik begrijp er niets van, tot Abdullah 'Juba' zegt. Dat is de hoofdstad van Zuid-Sudan. Ik vraag me af of we daar onderweg naartoe zijn.

De lange zwarte man zegt weer iets, maar nu klinkt zijn stem zachter.

Hij merkt mij op, vlug wend ik mijn blik naar de grond. Ik voel zijn blik een tijd op mij rusten. Mijn hart bonkt. Hij zegt weer wat tegen Abdullah en de mijnenman. Hij praat heel snel en lijkt verontwaardigd over iets. Hij beweegt zijn handen driftig in de lucht en wijst naar Ahmed en mij.

De lange zwarte man denkt na. En dan heft hij zijn hand op. De soldaten laten hun kalasjnikovs zakken.

'Wat gaat er gebeuren?' vraagt iemand.

'We moeten mee naar hun kamp,' zegt de mijnenman.

De soldaten fouilleren ons een voor een. Ik moet mijn shirt over mijn hoofd doen en ze voelen langs mijn buik en benen, maar er is niks. Ze constateren dat we niets bij ons hebben. Iedereen is opgelucht.

We wachten een tijd tot er een lege truck komt. De zon gaat onder, het koelt eindelijk af. De truck neemt ons mee naar het kamp. Er zitten soldaten met geweren bij ons in de laadbak, die ons in de gaten houden. Twee andere trucks rijden met ons mee naar het kamp.

In het kamp zeggen ze dat we in het gras onder een boom moeten gaan zitten. Twee soldaten houden de wacht. Ze geven ons een jerrycan gevuld met water. We drinken hem vlug leeg en ze halen er nog een. Abdullah en de mijnenman worden meegenomen door de lange zwarte man. Ik weet niet wat ze aan het doen zijn.

Ik kruip over de grond naar Ahmed toe. Mijn witte broek zit onder de bruine en groene vlekken. Mijn huid is ruw van de verbranding en het opgedroogde zweet.

'Wat denk je dat er aan de hand is?' vraag ik aan Ahmed.

'Ik denk dat ze vertellen dat we onschuldig zijn, dat we allemaal ontvoerd zijn. En dat ze misschien informatie geven over het Noord-Sudanese leger.'

'Denk je dat we veilig zijn?'

'Geen idee,' fluistert Ahmed.

Ik ben uitgeput en hoop dat Abdullah en de mijnenman duidelijk kunnen maken dat we onschuldig zijn. Ook al zijn zij dat niet. Ik bid dat niemand daarachter komt.

Soldaten met geweren lopen langs ons. Ze kijken wantrouwend naar ons.

'Waarom leven die *mundukuru* nog?' vragen sommige soldaten aan onze bewakers. Ik weet niet wat dat woord betekent, maar ze gebruiken het de hele tijd als ze langs ons lopen.

Ik weet niet hoelang het duurt voordat Abdullah, de mijnenman en de lange zwarte man terugkeren. De lange zwarte man komt voor ons staan.

'Mijn naam is commandant Deng Paul,' zegt hij in het Engels. Er lopen horizontale littekens over zijn voorhoofd, ik tel er zes. De strepen lopen van zijn ene oor tot zijn andere. Waar zijn haren beginnen, groeit geen haar op de littekens. Net lange wormen.

Hij komt voor Ahmed en mij staan. Ik begin weer te zweten. Ik pak wat gras vast en trek het uit de bodem.

'Kunnen jullie twee eens opstaan?' vraagt hij, terwijl hij naar ons twee wijst, zijn stem is nu rustig. Ahmed en ik staan op en lopen naar hem toe. Ik begrijp niet wat er aan de hand is.

'Hoe kunnen ze dit doen...' zegt hij, terwijl hij ons aandachtig bekijkt. Hij pakt mijn pols vast en ik schrik van zijn grote handen. Ik ben bang dat hij voelt hoe snel mijn hart klopt.

‘Het zijn nog maar kleine jongens, kínderen!’ zegt hij verontwaardigd. Hij laat mijn pols los. Ik pak hem vlug vast met mijn andere hand.

Hij gaat een beetje door zijn knieën en probeert ons in onze ogen aan te kijken.

‘Hoe oud zijn jullie?’ vraagt hij, hij lacht zoals volwassen mensen thuis dat doen als ze me op mijn gemak willen stellen. Er zit een spleetje tussen zijn tanden.

Ik moet even nadenken wat mijn leeftijd in het Engels is. Mijn Engels is niet goed. *‘Fifteen,’* zeg ik, maar ik besef nu dat ik in Nasir zestien ben geworden zonder dat ik het doorhad.

‘Seventeen,’ zegt Ahmed.

Deng Paul schudt met zijn hoofd. *‘This is a war crime.’*

44

Drie dagen later vertrekken we naar een ander kamp in Gori. Ze zeggen dat we daar moeten wachten tot ze ons naar Juba brengen. Ze wijzen ons daar stapelbedden in een slaapzaal toe, waar we de meeste tijd onder bewaking doorbrengen.

Deng Paul heeft tegen de commandant van dat kamp gezegd dat ze ons geen kwaad mogen doen. Hij had het erover dat John Garang dat niet zou willen. Ook zegt hij dat Ahmed en ik in Juba mogen blijven wonen als we dat willen en daar naar school mogen gaan, maar ik wil daar niet wonen en naar school, dat is veel te ver van huis. Wel meer dan zestienhonderd kilometer! Ahmed en ik willen zo snel mogelijk naar huis toe, maar Deng Paul trekt een twijfelachtig gezicht als we dat zeggen. Ik probeer het te negeren, want ik wil niet weten wat hij daarmee bedoelt.

Ze geven ons veel eten en ze koken met kruiden. Ik kan niet stoppen met eten. Ik was zo gewend geraakt aan het hongergevoel in mijn maag, dat het normaal voor me was geworden, maar het eten dat we hier krijgen is zo lekker dat ik alleen nog maar aan eten kan denken. Abdullah en de mijnenman moeten steeds meekomen voor geheime besprekingen. Ik denk dat Ahmed gelijk had en dat ze informatie moeten geven over het Noord-Sudanese leger.

Na een paar dagen brengen de soldaten van het kamp van Gori ons naar Juba. We rijden ongeveer één uur langs groene en droge landschappen en kleine dorpjes. Hoe dichter we bij de stad komen, hoe dichter de huisjes opeengepakt zijn.

In Juba zijn veel bomen en lage gebouwen in vrolijke kleuren. Er zijn ook veel kerken, veel meer dan moskeeën. Om de paar honderd meter zien we zo'n mooi gebouw met een groot kruis erop. Het is de drukste plek waar we tot nu toe zijn geweest in Zuid-Sudan, maar niet zo druk als Omdurman en Khartoem. Om de stad heen liggen mooie groene heuvels. Af en toe rijden we langs grote gebouwen met hoge muren eromheen waar puntige palen uitsteken en waar prikkeldraad omheen is gewikkeld. We rijden ook langs markten, waar honden naast de kraampjes liggen en vrouwen op blauwe plastic stoelen fruit, groenten en cola verkopen die de gele kleur van diesel heeft. Naast hun kraampjes staan gele jerrycans, waar ze water uit drinken. Er zijn veel huisjes gebouwd van stalen platen, en een soldaat noemt ze zinkie-huizen.

We stoppen voor een licht beige gebouw dat lijkt op een school. Voor het hek verkopen mannen en vrouwen zonnebloempitten. Op het gebouw hangt een blauwe vlag met in het wit UNITED NATIONS erop. We worden opgewacht door een paar mensen. Ze schudden onze handen en vragen of we mee naar binnen willen gaan en even willen wachten. Op hun borsten dragen ze kettingen met grote glimmende gouden kruizen, net zoals de vrienden van mijn broers Yasser en Ahmed.

Ik ben aan de beurt.

Er zit een man achter een groot bureau met veel vellen papier. Hij spreekt goed Arabisch en stelt me vragen over mijn naam, geboorteplek, enzovoorts. Hij schrijft alles op. En dan vraagt hij: 'Kun je me vertellen wat er allemaal gebeurd is?'

Ik vertel hem in één adem over mijn ontvoering, dat ik naar een trainingskamp moest, dat ik nieuwe vrienden maakte van wie ik niet weet waar ze zijn, dat ik lijken moest ruimen, dat ik moest schieten op onzichtbare mensen, dat mijn vriend zichzelf heeft opgehangen, en dat we zijn ontsnapt. Soms heft hij zijn hand op en gebaart hij dat ik even moet stoppen met praten, omdat het hem te veel wordt. Hij schudt zijn hoofd dan op precies dezelfde manier als Deng Paul deed.

'En nu wil ik zo snel mogelijk terug naar huis,' zeg ik.

De man zegt even niets. 'Dat begrijp ik, maar ik weet niet of dat kan,' zegt hij uiteindelijk.

'Hoezo niet?' vraag ik.

'Je bent nu op een tijdelijke locatie, maar we kunnen ervoor zorgen dat je hier naar school kan.'

Ik vind het vervelend dat hij om mijn vraag heen praat. 'Dat wil ik niet, ik wil naar mijn familie toe.'

'Ik ben bang dat dat niet gaat. Je bent ontsnapt uit het nationale leger. Voor hen ben je een deserteur. De kans is groot dat als ze je in Omdurman vinden, ze je zullen executeren.'

Executeren. Zijn woorden galmen in slow motion door mijn hoofd. Ex-e-cu-te-ren.

Ik weet niet wat ik moet zeggen. Ik vind het oneerlijk. *Ik heb hier niet voor gekozen!* wil ik tegen de man schreeuwen. Ik ben ontvoerd! Als ze dat niet hadden gedaan, als dat verdomde leger me gewoon met rust had gelaten, dan had ik ook niet hoeven ontsnappen. Dan was ik nooit een deserteur geworden!

'Maar ik wil naar huis toe, ik mis mijn familie heel erg.'

'Dat begrijp ik. Maar dat is levensgevaarlijk. En niet alleen voor jou.'

'Wanneer kan ik ze dan weer zien?' vraag ik.

'Dat weet ik niet. Er is een organisatie, het Rode Kruis, die bij zulke dingen helpt. Wij zijn maar een tijdelijke opvanglocatie. Als je niet in Juba wil blijven ga je waarschijnlijk naar Kenia toe, waar het veiliger is. Daar kan het Rode Kruis je helpen om je familie terug te vinden.'

'Dus als ik mijn familie ooit nog wil terugvinden moet ik naar Kenia?'

'Dat lijkt me dan het beste.'

De man kan me niet vertellen hoelang het duurt voor we naar Kenia gaan. Hij vraagt me om mijn vingerafdruk, dus ik druk mijn vingers in een ijzeren blikje met zwarte verf. Hij steekt de vellen papier met al mijn informatie in een rode map, klapt hem dicht en schrijft mijn naam op een label op de voorkant. Hij legt hem op een grote stapel met precies dezelfde rode mappen.

45

Ahmed en ik staan voor de poort van onze opvanglocatie. Het onderste gedeelte tot net boven mijn ogen is van beton, maar daarboven zitten spijlen waar we ons aan op kunnen trekken. Als we dat doen, kunnen we de school zien die aan de overkant van de weg is. Elke ochtend net voor de school begint, wil Ahmed gaan kijken. We zijn nu iets meer dan een week in Juba.

De kinderen worden dan met kleine busjes gebracht en lopen door hun poort naar binnen. Ze dragen limoengroene hemden en hemelsblauwe broeken en rokken. We horen ze achter hun hek zingen. Voor het hek staat een bewaker.

We zijn de enigen van onze groep die naar Kenia gaan. De rest wil in Juba blijven wonen. Ik snap hen wel, ik zou ook liever in Sudan blijven. Maar ik denk dat ik naar Kenia moet om mijn familie terug te vinden, dat ze me daar beter kunnen helpen omdat het daar rustiger is en er geen oorlog is tussen Kenia en onze regering. En Ahmed denkt dat de scholen daar beter zijn.

Ahmed bekijkt de kinderen met open mond. We lopen naar een medewerker van de Verenigde Naties toe, een Ethiopische man, en vragen hem of hij ons morgenochtend mee wil nemen om de school van dichterbij te bekijken.

'Tuurlijk,' zegt hij. Ahmeds ogen glimmen.

In een van de klaslokalen staat ons stapelbed. Toen we onze kamer toegewezen kregen, wilden we allebei beneden slapen. De andere bedden zagen er al beslapen uit. Daar slapen jongens uit Somalië.

'Je hebt geen respect voor ouderen!' zei Ahmed toen ik zei dat ik beneden wilde slapen.

Ik vind het fijn dat hij weer grapjes maakt, en denk voor het eerst sinds lange tijd aan ummi's ogen-en-wenkbrauwregel, en dus laat ik hem onder slapen. Ik ben blij dat Ahmed en ik weer vrienden zijn. Het is alsof we altijd door een onzichtbare draad aan elkaar verbonden waren. Hij was een tijd flink uitgerekt, misschien bijna geknapt zelfs, maar nu is hij weer geheeld.

'Binnenkort mogen we eindelijk zelf weer naar school,' zegt hij. Ahmed raakt niet uitgepraat over de school tegenover ons.

'Ik weet niet of dat wel slim is,' zeg ik zacht.

'Hoezo niet?' Hij trekt zijn wenkbrauw op.

'Nou ja, door wat er allemaal gebeurd is. Dat moeten we ook verwerken.'

'Dat doe ik wel op school,' zegt Ahmed.

Ik kan me niet voorstellen dat we ooit weer naar school gaan. Ik weet niet of ik nog in staat ben om me te concentreren op verhalen van leraren of schoolboeken. Naar school gaan kinderen die nog een toekomst voor zich hebben.

Niet kinderen zoals wij.

Ik haal mijn schouders op. Ahmed zegt iets, maar ik hoor hem niet. Hij knijpt me in mijn schouder.

'Hé, het komt wel goed,' zegt Ahmed.

Kah! Kah! Kah!

We schrikken. De mijnenman. Hij loopt met open mond kraaiend langs onze kamer en kijkt ons niet eens aan.

Soms glipt hij 's nachts onze kamer binnen om zulke geluiden te maken. Hij blijft daarna een paar tellen stil, als een vogel in de nacht die wacht tot zijn partner reageert. We reageren er nooit op en wachten tot hij vertrekt. Overdag praat hij verder niet. Zijn blik is vreemd, leeg en angstig. Ik vraag me af wat hij ziet als hij zit te staren. Nu hij veilig is, is hij doorgedraaid.

De volgende ochtend staan we al vroeg met zijn drieën klaar voor het schoolgebouw. De bewaker staat weer voor het hek en begroet de kinderen. We kijken tussen de spijlen van het hek door naar de kinderen die verzamelen op de speelplaats. De school ziet er netjes uit, beter dan bij ons in Omdurman. De verf op het gebouw is spierwit en lijkt gisteren aangebracht. De kinderen praten vloeiend Engels met elkaar. Een van hen mag een gedicht opdragen, en ook al begrijp ik niet alle woorden, ik vind dat het mooi klinkt. De beste leerlingen mogen dat meestal doen. Ik kijk even naar Ahmed, die ook vaak dingen mocht opdragen voor de dag begon. Hij zal daar nu vast heel erg heimwee naar hebben.

In de middagen gaan Ahmed en ik soms met Abdullah naar de markt. We bedanken hem dan elke keer voor wat hij voor ons gedaan heeft, en dan lacht hij verlegen en krijgt hij kleine kuiltjes in zijn wangen. Ik wist helemaal niet dat hij dat had. Het is net of de Abdullah die we hier zien een andere man is dan in het leger. Ik denk dat hij al die tijd nooit echt gelachen heeft.

Omdat hij al in de dertig is, mag hij zonder begeleiding de locatie verlaten. Hij wil elke dag naar één specifiek winkeltje. Het is piepklein en staat zo vol met spullen, dat we er amper met zijn drieën in passen. Aan de ene zijkant verkoopt de eigenaar nagellak in alle kleuren, schriften, kleding, sokken, waaiers, shampoo, crèmes, zonnebloempitjes, en aan de andere kant heeft hij grote plastic bakken met gedroogde pepers, kruiden, wasmiddel, scheerschuim, zeep en koffie. Voor zijn toonbank staan grote gele kartonnen dozen met olifanten erop. Ik denk dat het bier is, dat mogen ze hier verkopen. Achter zijn toonbank heeft hij de hele muur met allerlei doosjes volgestapeld.

De verkoper komt oorspronkelijk uit Khartoem en heet Idris. Hij geeft ons altijd gratis dadels of koekjes, want hij weet dat we geen geld hebben. Soms komt zijn vrouw binnen met nieuwe spullen. Het is een mooie Zuid-Sudanese vrouw en Abdullah kijkt altijd naar haar. Als zij er is, wil Abdullah bezoekjes zo lang mogelijk oprekken. Als zijn vrouw wegloopt, vraagt Abdullah aan Idris: 'Hoe is het om met een Zuid-Sudanese vrouw te trouwen?'

Ik denk dat Abdullah wil dat Idris hem aan een Zuid-Sudanese vrouw voorstelt. En daardoor begrijp ik waarom Abdullah niet met ons mee wil naar Kenia. Hij wil hier blijven en trouwen. Als het ons te lang duurt, trekken we Abdullah aan zijn mouw de winkel uit, en dan lachen we met zijn drieën. Ik ben blij dat we weer lachen, ook al voelt het anders dan vroeger.

46

De bus staat al klaar voor ons. Op de zijkant staat het logo van de Verenigde Naties gedrukt. Ik heb een rugzak naast me op de grond staan met wat kleren die we op de opvanglocatie mochten uitzoeken. Ik draag een nieuwe spijkerbroek en een T-shirt. We reizen vandaag samen met een aantal vluchtelingen uit Uganda naar een andere opvanglocatie in Kenia. Ze dragen net als de mensen van de opvanglocatie gouden kruizen.

Abdullah en de mijnenman staan klaar om afscheid van Ahmed en mij te nemen.

'Het komt allemaal goed,' zegt Abdullah. Hij pakt ons vast bij onze schouders. Ik voel me weemoedig dat we afscheid moeten nemen en ik ben er misselijk van.

'Misschien kunnen jullie daar over een tijdje wel naar school. Nairobi is een mooie stad, heb ik gehoord,' zegt hij.

De mijnenman staat erbij, maar zegt niks. Zijn gezicht beweegt een beetje, alsof zijn spieren zich onbewust her en der aanspannen en weer loslaten.

Ahmed knikt, maar ik wil het niet. De mannen uit Uganda stappen in de bus. De medewerker van de Verenigde Naties zegt tegen ons dat het tijd is om te gaan. Ik geef de mijnenman een knuffel en bedank hem nog eens voor zijn hulp. Hij pakt mijn rug heel losjes vast.

'Ik zal nooit vergeten dat jullie ons gered hebben,' zeg ik tegen hem en Abdullah.

Abdullahs ogen worden rood. Ik krijg een brok in mijn keel als ik hem aankijk. Hij omhelst me heel stevig. Het voelt als de knuffel van abbi, ik wil niet dat hij me loslaat. Ik wil niet weer afscheid moeten nemen. We blijven een tijdje zo staan en dan laat hij me los.

'Wat ben je warm,' zegt hij.

'Ik voel me niet zo goed,' beken ik. Er glijdt een druppel zweet over mijn rug en het voelt alsof er duizend spelden in mijn gewrichten prikken.

'Komt goed. Het is vast de spanning,' zegt hij nog eens, 'stap maar gauw in.'

Ik knik en pak mijn rugzak van de grond. Ik loop de bus in. Er zitten nog wat mensen in de bus die ik nog niet eerder gezien heb. Ik kies een plek waar nog twee stoelen naast elkaar vrij zijn en kijk door het raam hoe de mijnenman en Abdullah Ahmed voor de laatste keer omhelzen. Ze laten los en zoeken mij in de bus. Ik knik, druk mijn lippen op elkaar en steek mijn hand op. Ahmed loopt de bus in en komt naast me zitten. De bus vertrekt. Abdullah en de mijnenman blijven staan en zwaaien tot we de hoek om zijn.

De eerste twee uur zeggen Ahmed en ik niet veel. Ik voel me misselijk en ik ben bang dat ik ga overgeven. Ahmed zegt iets tegen me, maar het komt niet binnen. Mijn kaakspieren spannen aan en er loopt speeksel in mijn mond. Ik voel dat alle kleur uit mijn gezicht wegtrekt. Ahmed ziet het.

'Word je ziek?' vraagt hij.

Ik knik vlug. Hij staat op en loopt naar de buschauffeur. Niet veel later komt hij terug met een plastic zakje in zijn hand. Mijn maag trekt zich samen. Het moet er nú uit.

Ik trek het uit zijn hand en geef erin over. Iemand van de Verenigde Naties komt me nog een zakje brengen. Ik spuug er ook meteen in.

De buschauffeur stopt de wagen en zegt dat ik naar buiten moet gaan. Ik neem de zakjes mee naar buiten en gooi ze op de grond. Ik zak door mijn hurken. Mijn maagwand perst zich samen en ik geef nog eens over. Een tijd blijf ik gehurkt zitten en tuf ik het laatste gal uit en veeg de glibberige speekseldraden van mijn wangen. De begeleider van de Verenigde Naties geeft me een flesje water.

Voorzichtig neem ik een slokje, maar het water smaakt me heel bitter. Ik geef nog een keer over. Ik krijg een aspirine die ik met een klein beetje water doorslik. De pil smaakt bitter. Ik wacht nog een paar minuten, tot ik zeker weet dat er niks meer komt, en dan ga ik de bus weer in. Vlak daarna val ik in slaap.

Uren later word ik pas wakker. Mijn nek is stijf.

'We zijn al in Kenia,' zegt Ahmed. Ik kijk uit het raam. Het landschap is een stuk droger dan in Zuid-Sudan, maar er groeien veel dunne boompjes door het zand heen. De blaadjes zijn verbleekt, net als de posters langs de weg in Omdurman. In de verte zie ik groene bergen. Het is druk langs de weg, met vrouwen en kinderen die aan de zijkant lopen en groepjes mannen die gehurkt zitten te praten. Ik heb een stekende pijn achter mijn ogen, en het doet pijn om naar buiten te kijken. Ik sluit mijn ogen weer en algauw word ik weer in slaap gezogen tot we op onze nieuwe locatie aankomen.

Onze nieuwe verblijfplek ziet er anders uit dan ik had verwacht. Zo ver als ik kan kijken staan er lange reeksen met witte koepeltenten met het logo van de Verenigde Naties erop. Er ligt veel platgetrapt afval op de grond en oude gele jerrycans en tonnen. Kleine kinderen trappen tegen de tonnen aan zodat ze over de grond rollen. Ik dacht dat we naar Nairobi zouden gaan en daar ook weer in een gebouw zouden verblijven.

Iemand heet ons welkom en neemt ons mee naar een grote witte tent. Ik ril en wil het liefste in een bed liggen. Ik ben bang dat ik weer moet overgeven. De begeleider van de Verenigde Naties die met ons mee reisde praat met degene van het kamp hier. Hij haalt mijn dossier uit zijn tas en loopt ermee in de hand naar mij toe.

'Jij mag eerst, omdat je je niet goed voelt,' zegt hij. We lopen de hoge tent in waar iemand achter een grote computer zit. Hij tikt op toetsen die een hard lawaai maken. Mijn hoofd steekt elke keer als hij een toets indrukt. De man vertelt dat we hier tijdelijk verblijven, tot we naar Nairobi kunnen.

Als ik me heb aangemeld, moet ik mijn tas aan Ahmed geven die hem naar de tent zal brengen waar we de komende periode zullen gaan slapen. Iemand van de Verenigde Naties brengt me naar de ziekentent.

'Ga maar liggen,' zegt hij, terwijl hij naar een vrij veldbedje wijst. Ik ril en vraag om een deken.

Een arts komt langs die mijn temperatuur opmeet en bloed prikt. Na een kwartiertje zegt hij dat ik wel koorts, maar geen malaria heb. Ze weten niet wat ik wel heb. Misschien voedselvergiftiging, suggereert hij. Ik blijf er een paar dagen, waarvan ik de meeste tijd met mijn ogen dicht lig zonder te slapen.

Soms als ik mijn ogen open, zie ik dat Ahmed er is.

'Gaat het al beter?' vraagt hij elke dag.

En dan zeg ik steeds: 'Nog niet.'

Het is een grote roes. Het enige fijne is dat ik me zo ziek voel dat ik niet kan denken aan wat er allemaal gebeurd is.

Mijn lichaam is te hard aan het vechten. De dokters zijn bang dat ik uitdroog, dus ze brengen een infuus aan en ze zetten steeds flesjes water naast mijn bed.

Na vijf dagen is de stekende pijn in mijn lichaam ineens weg en stop ik met overgeven, alsof er niets gebeurd is.

47

Het is middag.

Ahmed en ik zitten op ons matje in de witte tent. De zon staat erop, waardoor het heel licht binnen is. De tent zorgt ervoor dat de warmte erin blijft hangen net zoals in de jerrycans waarin het water altijd kokend heet werd. De mensen buiten zien er ongelukkig uit. Niemand vindt het fijn hier. Niemand wil door afval en vuil naar de wc's of waterpunten lopen en zich zorgen hoeven maken of ze wel genoeg water hebben. Het water wordt aangeleverd in grote tankwagens, dus iedereen moet er zuinig mee doen.

Daarom breng ik liever tijd door in onze tent, ook al ruikt het er muf. Het is er rustig en dan hoef ik al die verdrietige gezichten niet te zien. 's Nachts is er bijna geen licht en daarom durf ik niet alleen naar buiten als de zon onder is. Vaak liggen we wakker omdat onze tent vol muggen zit. Ze zoemen de hele nacht bij onze oren. Maar slapen wil ik toch niet, dus stiekem ben ik blij dat de muggen Ahmed ook wakker houden.

De begeleiding vertelt ons niet veel, alleen dat we hier tijdelijk zitten voor we naar Nairobi mogen. We hebben geen idee hoelang het gaat duren.

Het klittenband van de tent scheurt open. Er komen drie jongens binnen, onze tentgenoten die uit Zuid-Sudan komen.

'Chipak, mundukuri,' zeggen ze.

'Chipak,' zeggen Ahmed en ik terug.

Ze noemen ons elke keer 'mundukuri', wat volgens hen 'Arabisch kind' betekent, maar ze lachen er op een bepaalde manier bij, waardoor ik denk dat het een scheldwoord is. De Zuid-Sudanese soldaten zeiden het ook steeds.

De jongens gaan op hun matje liggen. De tent ruikt ook naar zweetvoeten, maar dat kunnen ook onze eigen voeten zijn. Ik krab mijn armen. Ze zitten onder de muggenbulten.

'Wat doen Noord-Sudanezen eigenlijk hier?' vraagt een van hen. Hij praat een mix van Arabisch en Engels.

Ik word een beetje zenuwachtig. Ahmed en ik hebben besproken dat als iemand hier ons erover vraagt, dat we gaan liegen omdat we anders in de problemen kunnen komen. We hebben ons verhaal geoefend tijdens een wandeling over het kamp. Onze ouders wonen in Juba en hebben daar een winkel. Ik stel me dan voor dat abbi in de winkel van Idris aan het werk is. Ik schaam me voor alles wat er gebeurd is. Ik vind het lastig om Zuid-Sudanezen in de ogen te kijken.

'We komen uit Juba, maar willen in Nairobi naar school gaan, daar zijn betere kansen,' zegt Ahmed in het Engels. Ik knik overtuigd. Ahmed wil ook in Nairobi naar school gaan, dus het is geen complete leugen.

De jongen knikt. 'Dan hoop ik voor jullie dat je niet wordt teruggestuurd.'

'We zullen zien,' zegt Ahmed.

'Wel gek dat jullie Engels zo gebrekkig is, terwijl jullie uit Juba komen,' zegt de jongen plots. Ik voel me betrapt. Wat moeten we nu zeggen?

'We zaten op een Arabische school en onze ouders spreken eigenlijk alleen maar Arabisch met ons,' zegt Ahmed vlug.

De jongen klakt met zijn tong. 'Misschien kunnen jullie dan beter in Khartoem gaan wonen, dat vinden jullie Arabieren toch altijd zo'n geweldige stad?'

Mijn wangen beginnen te gloeien, ik hoop dat de jongen het niet kan zien.

'Ja, misschien ooit...' zegt Ahmed.

De jongen zegt iets in zijn taal tegen de anderen. Ze praten vlug met elkaar met veel handgebaren, ik weet niet waarover.

'Kom, we gaan even wandelen,' zegt Ahmed tegen mij. We staan op, zwaaien naar de jongens en trekken voor de tent onze schoenen aan. We lopen over het terrein. In de verte horen we auto's en motoren langsrazen.

'Ik hoop echt dat we in Nairobi naar school mogen,' zegt Ahmed.

Ik zeg niks en staar naar de grond.

'Jij niet?' vraagt hij.

'Nee, ik wil gewoon naar huis,' zeg ik.

'Dat kan voorlopig niet, je kunt beter de tijd daar goed besteden.'

Ik voel me elke keer teleurgesteld als we hierover praten. Hoe kan ik bezig zijn met school, als mijn ouders zullen denken dat ik dood ben?

'Laten we naar het kantoor gaan, dan vragen we ze of ze ons kunnen helpen.'

We lopen door naar de tent waar we ons hebben aangemeld. Dezelfde man bij wie we ons moesten aanmelden zit weer achter het bureau. Zijn leesbril zit op het puntje van zijn neus geklemd. Hij zit over een document gebogen en heeft niet direct door dat we voor hem staan. We wachten even af tot hij ons opmerkt.

'O, sorry, ik zag jullie niet,' zegt hij. Hij zet zijn leesbril op zijn hoofd.

'We willen graag onze families vinden,' zegt Ahmed.

'Oké,' zegt de man. Hij knikt begripvol, leunt achterover op zijn stoel en vouwt zijn handen in elkaar. 'Het Rode Kruis kan jullie daar misschien bij helpen. Ze komen een paar keer per maand langs. Als ze hier zijn, zal ik ze naar jullie toe sturen.'

Ongeveer een week later wordt het klittenband van ons tentzeil opengescheurd en steekt de man zijn hoofd door de opening.

'Ze zijn er,' zegt hij met een glimlach.

Opgewonden springen Ahmed en ik op van ons matje en lopen achter hem aan naar de tent. Er kolken zenuwen door mijn buik. Er zitten twee mannen van het Rode Kruis in de tent achter een bureau. Een van hen zegt dat hij een tolk is en ook Arabisch spreekt.

'We willen dat jullie zo veel mogelijk informatie geven. Alles kan helpen om jullie ouders op te sporen.'

Ahmed en ik knikken ijverig op en neer.

Hij klikt zijn balpen uit. 'Wat zijn manieren hoe we contact kunnen opnemen? Hebben jullie ouders een telefoon of computer thuis?'

De tolk vertaalt zijn vraag naar het Arabisch.

'Nee,' zeggen Ahmed en ik.

Hij klikt de pen weer in. 'En weten jullie waar jullie ouders werken en of ze daar een telefoon hebben?' Hij klikt de pen weer uit en zet de punt op het papier, klaar om te schrijven. De tolk vertaalt de vraag weer. Ahmed vertelt dat zijn vader als docent en accountant werkt, maar hij heeft geen telefoonnummer.

'Mijn vader is veehandelaar, maar er is geen kantoor of een telefoon,' zeg ik. De man luistert en kijkt afwachtend naar de tolk. Nadat de tolk de vraag vertaald heeft, klikt de man de pen weer in. Ik word met elke klik moedelozer.

'Is er een manier hoe we zijn bedrijf kunnen vinden?'

Ik schud mijn hoofd. 'Geen idee, ik geloof niet dat het een naam heeft.'

'Oké...' De man lijkt even na te denken. 'En waar zitten jullie op school? Zouden we iemand daar kunnen bereiken?'

'Onze school heet Paleis van Jeugd en Vrede, maar ik heb er nog nooit een telefoon of computer gezien,' zegt Ahmed.

Ik tik Ahmed vlug op zijn schouder. 'Mijn oom heeft een telefoon op kantoor!' roep ik uit.

De man klikt zijn pen weer uit. 'Oké, dat is goed nieuws. Vertel me meer over je oom.' Eindelijk schrijft de man iets op, ik lees *'uncle has phone'* op zijn papier.

'Hij heet Hassan Aburfas Mohammed Magboul en hij werkt voor de overheid, de afdeling Medische benodigdheden.' Ik kijk vol afwachting naar de man, die hopelijk gaat zeggen dat ik iets heel slims heb gezegd.

De man zucht. 'De overheid wil eigenlijk nooit met ons werken, dus dat wordt lastig.'

Hij stelt nog een aantal vragen die we gelukkig wel goed kunnen beantwoorden (zoals hoe ver onze huizen van Khartoem liggen, wat onze complete familienamen zijn, de namen van onze broers en zussen, enzovoort, enzovoort). Tot slot schuift hij twee vellen papier naar ons toe. 'Hierop kunnen jullie een brief schrijven, dan gaan we ons best doen dat deze bij jullie families terechtkomt.'

Ik schrijf mijn brief aan oom Hassan. Ik denk dat de kans het grootst is dat ze hem kunnen vinden.

Salaam aleikum, mijn lieve oom Hassan,

Ik ben het, Bakri, ik schrijf deze brief omdat ik wil laten weten dat ik nog leef. Het leger heeft me ontvoerd toen ik onderweg naar school was. Ze hebben me naar een trainingskamp gebracht en daarna zijn we naar Zuid-Sudan gevlogen. Daar moesten we met het leger steeds dieper het land in trekken. Samen met een groepje anderen zijn we ontsnapt en naar Juba gevlucht. Ik ben nu in Kenia in een vluchtelingenkamp en ik ben veilig. De mensen zijn heel aardig voor me. Zou u alstublieft aan mijn ouders willen laten weten dat ik nog leef? Ik hoop dat het goed gaat met iedereen en dat iedereen gezond is!

Heel veel liefs, Bakri

Onderaan de brief schrijft de man van het Rode Kruis een telefoonnummer op en dan vouwt hij het papier op en steekt het in een envelop.

'We gaan echt ons best doen,' zegt hij.

48

Nairobi, anderhalve maand later

Ik sta met mijn blote voeten op de rode korrelige tegelrand van het zwembad. Mijn zwemleraar staat naast me, een jonge Keniaan met een zwarte zwembroek met witte strepen. Er spetteren waterdruppels op me van mensen die baantjes trekken en kinderen die in het water springen. De geluiden – het geschreeuw, gespetter, klotsend water en gepraat – galmen enorm.

Het gonst in mijn hoofd.

Twee kinderen houden zich vast aan een ijzeren leuning terwijl een leraar ze laat trappelen in het water. Met mijn ogen volg ik de donkerblauwe lijnen onder water. Aan het einde van de zwembaantjes lopen de blauwe lijnen omhoog. Ze eindigen in kruizen.

Onze nieuwe opvanglocatie gaf ons de mogelijkheid om verschillende soorten lessen te nemen. Ik heb me aangemeld voor zwemles, omdat ik het in Zuid-Sudan vervelend vond dat ik niet mee kon zwemmen. Ahmed heeft muziekles gekozen. Onze locatie hier is gelukkig weer in een echt gebouw zoals in Juba. Ahmed en ik delen onze slaapkamer nu met drie jongens uit Somalië, een van hen heet Abdi.

Ahmed vertelde hem dat we hier in Nairobi naar school willen gaan. Abdi is aardig en spreekt goed Arabisch. Hij zegt dat ze ons naar een nieuw ver land gaan sturen. Hij heeft het over Amerika, Canada, Australië of Europa. Ik weet niet of het waar is, ik hoop het niet. Het klinkt als een vreselijk slecht plan, dan raak ik nog verder van huis. Hoe moet ik dan ooit mijn ouders terugvinden? Van het Rode Kruis hebben we ook niets meer gehoord. Ik heb geen idee of mijn brief bij oom Hassan is aangekomen.

Ahmeds ogen werden groot toen Abdi over Amerika begon. Ik denk dat hij hoopt dat hij naar Hollywood mag.

Het klotsende, spetterende water, het geschreeuw, alle geluiden worden steeds luider in mijn hoofd. De leraar loopt naar het trappetje toe.

'Zijn jullie er klaar voor om het water in te gaan?' vraagt hij. Het zonlicht is fel, ik kan de leraar bijna niet zien. Hij wordt opgeslokt door het witte licht.

Kinderen lachen, het geluid blijft in mijn hoofd kaatsen. Iemand plonst in het water, mijn linkervoet wordt nat. Een tiener roept een vriend. Een meisje rent langs ons met een gifgroene handdoek. Ze neemt een windvlaag mee. Moeders praten met elkaar in de schaduw van het gebouw in hun vreemde taal. Ze zwaaien met hun armen. Ik begrijp ze niet.

Ik wil mijn handen op mijn oren drukken en mijn ogen sluiten.

Wie van jullie kan er een beetje zwemmen?

Vraagt de leraar dat?

Vingers schieten in de lucht.

Ik. Ik. Ik niet. Ik.

We moeten het water in. De leraar loopt het trappetje af het water in. Hij staat naast het trappetje om ons te helpen.

Een kind huilt. Water spettert. Mijn voeten bewegen naar het trappetje toe. Voor de leuning blijf ik stilstaan.

Het water van de Sobat. Mijn voeten zakken weg in de natte, zachte aarde aan de waterkant.

Kom maar. Een hand wenkt me.

Het kind huilt harder. Waarom helpt niemand hem?

Kom maar, niks aan de hand.

Mijn voet raakt de eerste trede van het trappetje. Mijn hand omklemt de aluminium reling. Het kind krijst alsof hij verdrinkt.

Stap maar naar beneden. Een onbekende hand op mijn rug. Mijn knieën knikken. Mijn voet gaat bevend omlaag. Mijn enkel is onder water. *Niet te diep gaan*, zegt abbi.

Nog een trede omlaag. Het water is transparant, de kleine golfjes schitteren in de zon als witte sterren. *In de Sobat was het water bruin, maar de schittering ook wit.*

Nog een...

Mijn tenen raken de tegels op de bodem, en dan mijn voorvoet en dan sta ik met een voet. De tweede volgt. Het water klotst tegen de kant, tegen mijn borst, mijn oksels.

Ayman zwemt in het water. Hij drijft op zijn rug in de Sobat met zijn armen uit elkaar. Hij lacht. De zon schijnt op het water. Ontelbaar veel witte sterren fonkelen om hem heen. Het licht is zo fel, ik kan hem bijna niet zien. Het wier op de bodem van het water zwiert tegen mijn enkels. Het kriebelt een beetje. Ayman zwemt weg, dieper het water in.

Ayman! Niet te ver weg, er zijn hier krokodillen. Hij zwemt nog verder.

Het wier krult om mijn enkels, het vormt tentakels en wikkelt zich om mijn benen. Ik raak erin verstrikt, de tentakels trekken me naar de bodem, de aarde in. *Laat me gaan! Laat me alsjeblieft vrij!*

Ik schreeuw, ik sla op het water, ik gil als een beest. *Waarom heb je me niet meegenomen?* Het wier zit om mijn nek. Het sluit zich als een strop om mijn keel. Het wordt strakker en strakker. Ik kan geen adem meer halen.

En dan wordt alles zwart.

49

Een donkere kamer. Een man in een doktersjas met een klembord. Waar ben ik?

'Wat is er gebeurd?' vraag ik.

'O, je bent wakker,' zegt de doktersjas. Hij loopt vlug naar me toe.

Ik heb een kloppend gevoel op mijn borst en een scherpe hoofdpijn.

'Wat is er gebeurd?' vraag ik nog eens. Mijn woorden komen er moeizaam uit, als vliegen die vastzitten in honing.

'Je bent flauwgevallen,' zegt hij. 'Ga nog maar even rusten.'

Een paar dagen later moet ik van de begeleiding naar een dokter. Ik lig veel op bed, maar slapen lukt me bijna niet. Ik staar naar de hemelsblauwe muren in onze slaapkamer tot er vlekken voor mijn ogen verschijnen. De andere jongens zijn meestal aan het tafeltennissen of gaan naar Engelse les, maar ik wil dat niet.

Het is een speciale dokter, zegt mijn begeleider Chuki als we erheen lopen. We lopen over een geasfalteerd pad door de grote tuin. Het gras is strak en kort gemaaid. Ik mag Chuki wel. Hij studeert nog en draagt altijd nette kleren. Zijn voorhoofd loopt een beetje uiteen, alsof het vol met ideeën zit.

Hij heeft Ahmed het boek *Jane Eyre* gegeven. Sindsdien leest Ahmed weer. Hij neemt het boek overal mee naartoe en kent sommige passages al uit zijn hoofd.

De speciale dokter heeft een kantoor op hetzelfde terrein als waar we slapen in een losstaand gebouwtje. Hij glimlacht naar me als ik zijn kamer binnenkom. Hij draagt geen doktersjas zoals de andere dokters. Chuki geeft me een bemoedigend kneepje in mijn schouder, wenst me succes en sluit de deur achter me.

'Ga maar zitten,' zegt de speciale dokter. Hij wijst naar een vrije zwarte stoel voor zijn bureau. Ik ga erop zitten en leg mijn handen op de leuningen.

'Hoe voel je je?' vraagt hij.

'Goed hoor.'

'Ik zou graag gewoon even met je willen kletsen. Je wat beter leren kennen.'

'Prima,' zeg ik.

Hij vraagt me wat ik leuk vond om thuis te doen. Ik vertel hem over mijn school, over de markten, over het thee drinken 's ochtends met mijn familie, over mijn favoriete tekenfilms en over het voetballen met mijn neven en andere jongens uit de buurt. Hij vraagt of ik het goed vind om hem vaker te zien. We mogen ook samen een stukje wandelen, als ik daar behoefte aan heb.

'Dat vind ik best,' zeg ik.

'En heb je een vriendin thuis?'

'Natuurlijk niet!' zeg ik geschrokken, maar ik moet er wel een beetje om lachen dat hij het vraagt alsof dat doodnormaal is. Ik schud mijn hoofd.

'Hoezo "natuurlijk niet"?' Hij vouwt zijn armen in elkaar en hij glimlacht geamuseerd.

'Dat is niet normaal bij ons. Als je met een meisje loopt,

gaan mensen in de buurt roddelen. Toen mijn broer en zus een keer samen liepen, heeft de gedragspolitie gevraagd of ze wel getrouwd waren met elkaar. Het is verboden om een relatie te hebben als je niet getrouwd bent, en bovendien gaat de hele buurt dan praten.'

'Aha, dat is hier wel anders,' zegt de speciale dokter.

'Ja, dat is prima, maar ik ben niet bezig met meisjes.'

'En hoe is je kamer? Heb je leuke kamergenoten of moet ik kijken of je naar een andere kamer kunt?'

'Nee, nee!' roep ik vlug uit.

Ik moet er niet aan denken om naar een andere kamer te gaan, weg te gaan van Ahmed. Ik ben juist zo blij dat we elkaar eindelijk weer hebben teruggevonden.

'Dus je hebt goede vrienden hier?'

Ik denk aan Ahmed, hoe hij *Jane Eyre* steeds bij zich houdt alsof het zijn baby is. Als hij een fragment leuk vindt, dan trekt hij zijn laken van zijn bed. Hij slaat het over zijn hoofd en klemt het met zijn vingers onder zijn kin, met zijn andere hand houdt hij het boek in de lucht. '*My father had been a poor clergymen!*' draagt hij dan voor.

Ik moet me inhouden om niet ontzettend te glimlachen.

'Zeker weten, ik heb een heel goede vriend hier,' zeg ik.

50

De man van de VN die me binnenlaat stelt zich voor, maar ik onthoud zijn naam niet. Het is een van de eerste khawaja, buitenlanders, die ik ooit in het echt heb gezien. Ik kijk naar zijn bleke roze vingers om mijn hand. Hij is lang, mager en draagt een ronde bril. Ik probeer hem niet te veel aan te staren.

In het kantoor zit ook al iemand anders.

'Salaam aleikum,' zegt hij tegen me. Hij schudt mijn hand en zegt me in het Arabisch dat hij mijn tolk is vandaag. De witte man gaat zitten. Zijn hand rust op mijn dossier dat is meegereisd vanuit Juba.

De khawaja begint in het Engels te praten. Doordat iedereen steeds Engels praat en we ook eens een Engelse les hebben gehad, gaat het me al iets beter af, maar ik vind het toch lastig om het te verstaan. Ik kijk naar de tolk.

'Ze hebben nieuws voor je. Je gaat naar een ander land voor een betere toekomst,' zegt de tolk.

Dus toch. Abdi had wel gelijk, schiet er door mijn hoofd.

'Maar kan ik niet gewoon naar mijn ouders toe?' vraag ik.

De tolk vertaalt mijn vraag, en de khawaja schudt zijn hoofd. Hij zegt wat. 'Dat is niet veilig. De kans is groot dat ze je zullen opsporen en zullen doden. En het is ook niet veilig voor je familie als je terug naar huis gaat. We weten niet wat ze hun zullen aandoen.'

Ik heb er toch niet voor gekozen! wil ik uitroepen. Maar ik bijt mijn lippen op elkaar, want ik weet hoe zinloos het is.

'Kan ik dan niet hier blijven?' vraag ik.

De tolk kijkt naar de khawaja, die me dringend aankijkt terwijl hij praat. 'Hij zegt dat Kenia een tussenland is. Ken je het Verdrag van Genève?' Nu schud ik mijn hoofd. 'Dat is een verdrag dat verschillende veilige landen hebben ondertekend waarin ze beloven jongens als jij op te vangen en te helpen een mooie toekomst op te bouwen.'

'Oké,' zeg ik, terwijl ik wacht tot hij verdergaat met zijn verhaal.

De khawaja praat weer en steekt zijn twee duimen op om zijn enthousiasme uit te beelden. Ik kijk weer naar de tolk.

'Ze hebben heel goed nieuws, zegt hij, je gaat naar Nederland toe.'

Ik knipper met mijn ogen. 'Wat is dat?' Ik ben in de war.

'A very, very good country,' zegt de khawaja met zijn duimen weer omhoog.

'En daar moet ik gaan wónen?' Mijn ademhaling versnelt. 'Hoe dan? Dat kan toch helemaal niet!'

De khawaja zegt weer wat, hij is nog steeds even enthousiast. Ook al versta ik hem bijna niet, de opwinding in zijn stem kan ik er zo uit halen.

'Je krijgt daar heel goede hulp en de scholen zijn er goed,' zegt de tolk.

'Maar... ik kan toch beter terug naar Omdurman, naar mijn ouders? Dat is toch voor iedereen makkelijker?'

De tolk vertaalt mijn woorden, hij praat snel en beweegt met zijn handen. Ik hoop dat hij het goed zegt, dat hij echt kan duidelijk maken dat ik naar huis wil.

De khawaja schudt vlug zijn hoofd. *'It's not safe. We need to protect you,'* zegt hij met een ernstig gezicht.

'En mijn ouders dan? Hoe kan ik hen ooit weer terugzien?' Ik kijk bang naar de tolk.

'Het Rode Kruis is er nog steeds mee bezig, als je in Nederland bent, kun je je familie spreken. En we zullen regelen dat jouw ouders naar jou toe kunnen komen in Nederland,' zegt de tolk.

Ik stap naar mijn kamer. Mijn hoofd duizelt van het nieuws. Waar ken ik dat land van? Ik kan niet meer helder nadenken. Ahmed ligt op bed te lezen. Hij gaat rechtop zitten als ik de kamer in kom en slaat zijn boek dicht.

'Wat zie je bleek,' zegt hij.

'Ik moet naar Nederland.'

'Nederland? Wanneer?'

'Ja en geen idee.'

'Is dat niet dat melkland?'

'Melkland?'

'Ja, volgens mij drinken ze daar heel veel melk. Die mensen zijn daarom ook heel groot en wit.'

Misschien dat die man van de VN ook wel een Nederlander was, denk ik bij mezelf.

'O, en er is een heel beroemde kunstenaar die er volgens mij vandaan komt. Van Gogh.' Hij spreekt het uit als 'van djog'. 'En Patrick Kluivert en Ronald Koeman!' zegt Ahmed enthousiast.

'O, dat zijn echt helden,' zeg ik voorzichtig. Ik heb hen weleens op het sportnieuws gezien, dat keek ik vaak met Yasser. 'Maar toch wil ik niet gaan.'

'Volgens mij is het zo slecht nog niet.'

In de dagen die volgen blijf ik het grootste deel van de tijd op mijn slaapkamer. Ik ga niet mee naar Engelse les met de andere jongens, tafeltennissen in de tuin of wandelen in de buurt. Soms komt Chuki me halen. Hij probeert me over te halen om toch mee te gaan met de rest.

Maar ik wil niet. Ik wil alleen maar terug naar mijn ouders, maar als ik hem dat zeg dan zegt hij keer op keer: 'Dat kan niet. In de ogen van jouw overheid heb je het leger verraden en daarmee het land verraden. Het is niet veilig voor jou en ook niet voor je familie. De kans is groot dat ze jullie allemaal zullen vinden en doden. Ze hebben immers jouw adres. Maar het Rode Kruis in Nederland gaat er alles aan doen om je familie terug te vinden.'

Ik denk dat ze me alleen willen helpen als ik meewerk, als ik vertrek naar Nederland, voor hoelang dat dan ook gaat duren. Het enige wat ik nu kan doen, is hopen dat ze Ahmed ook naar Nederland zullen sturen, dat ze ons niet uit elkaar zullen halen.

Drie dagen na mijn afspraak moet Ahmed op gesprek komen. Ik vraag me af wat ik moet doen als Ahmed ergens anders naartoe gestuurd wordt.

Zouden ze dat doen?

Ik wacht tijdens Ahmeds afspraak op bed en staar naar de hemelsblauwe muren. Ze zullen ons niet scheiden, dat kan niet, denk ik de hele tijd. Niet na wat er allemaal gebeurd is.

Na een gesprek dat voor mijn gevoel uren duurde, komt hij de slaapkamer binnen.

'En?' vraag ik deze keer.

'Ik ga naar Canada.'

51

Ahmed en ik zitten op Ahmeds bed. Hij aan het hoofdeind, ik aan het voeteneind. Het is midden in de nacht. Abdi en de andere Somalische jongens slapen. Ik hoor ze rustig ademhalen. Via het raam komt er wat licht van de maan naar binnen.

Morgen is de grote dag, de dag dat ik naar Nederland vertrek. Op 4 april 1999, zo'n tien maanden nadat ze me ontvoerd hebben en ik mijn ouders voor het laatst heb gezien.

Een paar dagen terug is er iemand langsgekomen die me naar Nederland zal brengen. Henk heet hij, dat vond ik een grappige naam. Hij is een stuk minder licht dan de khawaja van de VN.

Ahmed en ik willen allebei niet in slaap vallen, want als we slapen is het morgen.

'Ik ben bang,' fluister ik tegen Ahmed.

'Dat snap ik, ik ook,' fluistert hij terug. Hij haalt zijn neus op, ik denk dat hij huilt maar het niet wil laten merken.

'Hoe denk je dat het daar is?' vraag ik.

'Volgens mij is het lente in Nederland. Ik geloof dat ze daar allemaal velden vol gekleurde bloemen hebben.'

'Dat klinkt wel mooi,' zeg ik.

'Ja, het zal ook wel lekker ruiken,' zegt Ahmed.

'Ja,' zeg ik. We praten een tijdje niet.

Op de grond, naast ons stapelbed, staat mijn bagage. Een kleine sporttas met twee lange broeken, twee T-shirts, een paar onderbroeken, sokken, een tandenborstel en tandpasta. Erbovenop ligt een stapeltje met de kleren die ik morgen aandoe: een net overhemd, een zwarte broek, een mooi glanzend sportvest, en een heel dikke jas. Die mochten we op de opvanglocatie uitzoeken.

'Denk je dat ze telefoons hebben in Nederland en Canada?' vraag ik.

'Ik hoop het. Ze zeggen dat het rijke landen zijn. Als dat zo is, dan gaan we elkaar bellen.'

'Beloof je dat?'

'Ja, beloofd.'

'Je bent mijn beste vriend, dat weet je, hè,' zeg ik, ik pak zijn hand vast en knijp erin.

Hij knijpt terug. 'Dat blijven we voor altijd. Wat er ook gebeurt.'

'Wanneer we kunnen, zoeken we elkaar op.' Ik krijg tranen in mijn ogen.

'Zeker weten.'

'Ahmed?'

'Ja?'

'Wil je een stukje voorlezen uit *Jane Eyre*?'

'Ja... dat is goed.' Hij pakt het boek van de grond en legt het in het maanlicht. Hij slaat de bladzijden vlug om. 'O ja, dit is mooi,' fluistert hij.

Ik weet dat hij glimlacht, ook al is zijn gezicht alleen een vage schim in de donkere kamer.

Ik sluit mijn ogen en stel me voor dat we thuis op het schoolplein zitten.

Hij schraapt zachtjes zijn keel en begint iets in het Engels voor te dragen. Zelfs als hij fluistert, is zijn stem zangerig. Ik vind de Engelse woorden mooi klinken.

'Wat betekent het?' vraag ik.

'Iemand noemt Jane een wilde vogel, die in haar gekte haar veren verliest. Jane zegt dat ze geen vogel is, en dat geen net haar kan vangen.'

We fluisteren en speculeren nog een tijd over de levens die ons te wachten staan. Of we naar school zullen gaan, hoe de scholen eruit zullen zien, hoe de kinderen tegen ons zullen doen. De toekomst voelt als een duistere grot, waarin we alles op de tast moeten gaan ontdekken.

We vallen allebei ongemerkt in slaap, ik weet niet wie eerst, maar als ik wakker word, ligt Ahmed nog te slapen. Mijn voeten liggen bij zijn hoofd, en die van hem bij het mijne. Het schemert. Abdi is nog niet op voor het ochtendgebed. Hij vraagt ons elke ochtend om mee te doen, maar Ahmed en ik bidden de laatste tijd wat minder. Ik staar naar boven, naar de lattenbodem van het bovenste bed. Ik ben onrustig.

Rond een uur of acht klopt Chuki op de deur. Ik heb me gewassen en de nette kleren aangetrokken. Ik heb wel tien keer in de spiegel gekeken of ik er wel netjes genoeg uitzag. Mijn gezicht was rood en opgezwollen van het huilen. Onder mijn ogen zitten dikke wallen. Het sportvest en de dikke jas liggen nog op de tas, daar is het veel te warm voor.

'Ben je er klaar voor?' vraagt hij met zijn hoofd door de deur.

'Ja,' zeg ik maar.

'Het is tijd om te gaan.'

Ik knik en draai me direct om naar Ahmed, die naast me staat. We huilen allebei weer. Ahmed omhelst me stevig, zijn handen drukken tegen mijn rug. De kraag van mijn overhemd wordt vochtig. Het is niet eerlijk. Ik weet niet hoelang we zo staan, maar dan zegt Chuki dat we moeten gaan. Daarna geef ik Abdi nog een knuffel.

'Ik zal voor je bidden,' zegt Abdi.

Ik stap achteruit en pak mijn tas op. We lopen naar buiten, Ahmed, Chuki, Abdi en ik. Het metalen hek kraakt als Chuki hem opendoet. De bus met het VN-logo staat al klaar. De buschauffeur staat ervoor en rookt een sigaret. Als hij me ziet aan komen lopen, schiet hij de peuk weg in de richel naast de weg. Hij heeft een net lichtblauw overhemd en een zwarte broek aan. Ik ben net de buschauffeur met mijn kleren. Is dat goed of slecht?

We staan even langs de weg. Het verkeer is lawaaierig. Ze wensen me allemaal veel geluk en succes.

Ik durf Ahmed niet meer aan te kijken, ik ben bang dat ik in duizend stukjes breek als ik hem nog eens zie. Ik haal diep adem, slik de brok in mijn keel weg, veeg mijn tranen van mijn gezicht en stap de bus in. In de bus zitten al wat andere jongens. De buschauffeur sluit de schuifdeur met een harde klap.

Het is ineens heel stil. Hij stapt in en start de bus.

Ik druk mijn wang op het raam. We rijden. Ahmed steekt zijn hand op. Ik zwaai terug. Ze worden steeds kleiner. Ik draai mijn hoofd, en bekijk ze vanuit het achterraam. Hij wordt kleiner en kleiner. Een vage schim. En dan slaan we de hoek om en zie ik hem niet meer. We gaan verder en verder. We rijden de stad uit.

We rijden zo ver dat de onzichtbare draad die ons altijd aan elkaar verbonden heeft, knapt.

52

Op de luchthaven van Nairobi staat Henk klaar met de reisdocumenten. Er staan al best wat jongens om hem heen. De meeste gezichten ken ik niet, een paar van hen heb ik op onze opvanglocatie zien rondlopen. Henk vertelt ons dat de reis uit twee delen zal bestaan: eerst vliegen we naar Caïro, waar we moeten overstappen op een vlucht naar Amsterdam. Hij checkt ons in bij de balie. Niemand van ons heeft bagage om in te checken. Alles verloopt best soepel, iedereen luistert goed. We moeten een paar uur wachten op zwarte kunststof stoelen, waarvan ik pijn krijg aan mijn billen.

Ik voel me leeg, en toch rust er een zwaarte op me. De nieuwe nette kleren drukken op me.

In het vliegtuig zit ik naast een andere jongen uit onze groep. Ik vraag hem hoe hij heet. Hij vertelt me dat zijn naam Amadu is, maar hij vraagt me niet om mijn naam.

'Waar kom je vandaan?' vraag ik.

'Sierra Leone,' zegt hij.

'En hoe oud ben je?'

'Zestien.'

'Ik ook,' zeg ik.

Hij heeft een gedrongen gezicht. Zijn wenkbrauwen hangen bij de bovenkant van zijn neus een beetje naar beneden waardoor hij boos kijkt. Op zijn voorhoofd zitten diepe, rimpelige groeven. Hij ziet er ouder uit dan hij is. Amadu trekt zijn capuchon over zijn hoofd en leunt met zijn hoofd tegen het raam. Het vliegtuig begint langzaam te rijden. Amadu sluit zijn ogen. Ik begrijp niet hoe dat mogelijk is, hoe iemand kan gaan slapen als een vliegtuig gaat vertrekken. Het vliegtuig versnelt. Ik probeer langs zijn hoofd uit het raam te kijken. We gaan zo hard, dat het grasveld naast ons in langgerekte strepen verandert. De motoren maken een enorm kabaal. Ik ben bang dat er ineens iets knapt, dat ze zullen ontploffen of juist stilvallen.

We gaan harder en harder.

Mijn rug wordt in mijn stoel gedrukt. Ik grijp mijn leuningen vast en kijk naar voren. Mijn handen zijn vochtig.

En ineens gaan we de lucht in. Het voelt gek in mijn buik. Ik kijk weer naar rechts, en zie Nairobi onder ons kleiner worden. Ik twijfel of ik Amadu wakker moet maken, dat hij het misschien jammer vindt om dit te missen, maar ik durf het niet.

Het lawaai wordt minder, alsof er minder weerstand is.

De hele reis houdt Amadu zijn ogen dicht. Ik weet niet of hij echt slaapt. Hij negeert de mensen die komen vragen of hij wat te eten wil.

Na drie uur gebeurt er iets geks. We beginnen te landen, terwijl de vlucht vijf uur zou duren. Ik kijk uit het raam en het landschap en de kleuren van de gebouwen komen me bekend voor.

Het lijkt hier net op thuis.

Het vliegtuig daalt, we komen steeds dichter bij de grond. Ik krijg weer het gekke gevoel in mijn buik en mijn benen zweven van de zenuwen. Amadu opent zijn ogen niet.

Nog een paar tellen. Eén... twee... drie... Het vliegtuig stuitert een beetje. We rollen over de landingsbaan. In een flits denk ik op een bordje 'Khartoem' te lezen, maar we gaan zo hard dat ik het niet goed zie. We rollen een flink stuk uit, rijden een stukje en komen na een tijd tot stilstand. Mensen klikken hun stoelriem los en pakken hun bagage uit de luiken boven ons.

'*Ladies and gentlemen, we have now arrived at Khartoum Airport. If Khartoum is your final destination, please make sure to disembark at this stop.*'

Dus toch! We zijn in Khartoem, denk ik met een kloppend hart. Ga ik dan toch naar huis? Vlug klik ik mijn riem los en pak ik mijn tas uit het bagagevak.

'Volgens mij moet ik er hier uit,' zeg ik tegen Amadu. Hij knikt. Ik stap op het gangpad en wacht tot ik naar voren kan lopen. Henk zit een paar stoelen voor ons.

'Ik moet er hier uit,' zeg ik tegen hem als ik bij zijn stoel ben aangekomen. Ik houd met mijn hand de rugleuning van zijn stoel vast.

Hij trekt een wenkbrauw op. 'Dat lijkt me niet,' zegt hij.

'Jawel, we zijn in Khartoem. Daar kom ik vandaan! Mijn ouders wonen hier.'

'Sorry, maar je moet weer gaan zitten. Je gaat mee naar Amsterdam.'

Ik kijk hem vragend aan, en kijk dan naar buiten.

'Ik moet er echt uit,' zeg ik nog eens. Ik voel de wanhoop in mijn stem.

'Je kunt niet terug naar huis, dat is niet veilig.'

Luister nou eens, wil ik hem zeggen. *Daar, op minder dan tien kilometer afstand, zijn mijn ouders.* Ik zou zelfs lopend naar ze toe kunnen! Na al die maanden ben ik niet zo dicht bij ze geweest.

'Sorry, maar je gaat niet terug naar huis. Je komt met ons mee.'

Ik blijf staan.

Henk klikt zijn riem los en staat op. 'Kom, je moet terug naar je stoel.' Hij drukt zijn hand in mijn rug en loopt met me mee naar mijn plek.

Ik blijf zitten tot we in Caïro landen.

53

Het is midden in de nacht op de luchthaven van Caïro. Een stewardess roept om dat we in de rij moeten gaan staan om te boarden voor onze vlucht naar Amsterdam. Henk verzamelt ons bij zich en telt of iedereen van onze groep er is.

Er staan allemaal mensen op die eruitzien als de man van de VN. Ze zijn lichtroze, bijna doorzichtig, zoals de gekko's in de avond op onze muren. Of zoals het woestijnzand in de ochtendzon. Ze hebben lichte wenkbrauwen, lichte haren, lichte vingers en zijn enorm lang. Ik weet niet goed waarom, maar ik schrik ervan. Ik vind het eng dat er zoveel van hen zijn.

In het vliegtuig zit ik tussen twee van hen in. De ene zit aan het raam en de andere aan het gangpad. Ze praten in een taal die ik niet begrijp, met vreemde klanken alsof ze aan het gorgelen zijn. Ik probeer hun woorden te volgen zonder al te veel op te vallen. Soms werp ik een steelse blik op hun monden en kelen, om te zien hoe ze dat schrapende geluid veroorzaken.

Na een tijdje besluit ik in mijn beste Engels te vragen waar ze vandaan komen.

'Nederland,' zegt de ene.

'België,' zegt de andere.

Van België heb ik nog nooit gehoord, beken ik. En daarna vraag ik: 'Spreken mensen in Nederland geen Engels?'

De mannen lachen. 'In Nederland spreken we Nederlands, maar veel mensen spreken wel een woordje Engels, hoor,' zegt de Nederlander.

'Ga je op vakantie in Nederland?' vraagt de man uit België.

Ik schrik van de vraag. Ik wil geen echt gesprek voeren, daarvoor is mijn Engels niet goed genoeg en ik wil er sowieso niet over praten.

'Nee, studeren,' zeg ik ineens kortaf.

De vragen die ze erna stellen, beantwoord ik met *'I don't understand'*, en na een paar pogingen geven ze het op. Na een tijdje komen ze het eten brengen, pasta. De mannen naast me eten het met het bestek dat ze krijgen, ik met mijn handen. Ik zie ze soms kijken, maar ze zeggen er niets van.

'Mag ik water?' vraag ik steeds aan de stewardess als ze langskomt. Ik heb de hele tijd ontzettende dorst en mijn mond is droog, maar hoeveel ik ook drink, de dorst gaat niet weg.

Als de stewardessen ons afval hebben opgehaald, probeer ik te slapen, maar dat lukt niet. Bij iedere trilling word ik bang en schieten mijn ogen open, dus staar ik naar de leuning van de stoel voor me.

Vroeg in de ochtend zet de piloot de landing in. Het is al een beetje licht, dus ik kan als we door de wolken zijn, naar het land onder me kijken. De lucht is grijs en wit. Het gras is groen, maar tegelijkertijd ook grijs. Ik zie de bloemen en kleuren waar Ahmed het over had niet.

De grond komt dichterbij. Het raam zit vol kleine regendruppeltjes die naar beneden glijden. Ik volg de druppels met mijn ogen. Ze rekken uit, versmelten met andere druppels en veranderen in nieuwe druppels.

En dan dendert het vliegtuig op de grond.

We zijn in Nederland.

54

Onze chauffeur rijdt ontzettend snel, maar de auto's naast ons gaan nog harder. Ze schieten links aan ons voorbij. In Afrika rijdt niemand zo hard. De weg hier is heel glad. Ik voel geen hobbels, geen kuilen, geen losse stenen of zand onder me.

Ik heb geen idee hoe laat het is of welke kant we op gaan. De lucht is zo grijs, dat de zon verscholen blijft achter het wolkendek. Ik druk mijn wang op het raam om hem te vinden, maar de zon laat zich niet zien. Het is een eindeloze grijze deken die ook het gras, de wegen, de auto's en de gebouwen een grauwe gloed geeft. Mijn armen rusten op mijn sporttas. Toen we net het gebouw van de luchthaven uit stapten, had ik het ontzettend koud. Als ik ademhaalde kwamen er witte wolkjes uit mijn mond. Ik weet niet of de kleren die ik heb gekregen warm genoeg zijn. We zijn met zijn vieren in deze auto gestapt, één jongen uit Liberia, één uit Guinea, Amadu uit Sierra Leone en ik. Bij de luchthaven hebben we afscheid van Henk genomen.

Het duurt niet heel lang voor we er zijn. Er staat een wit bord op stalen paaltjes. OC LEIDEN, lees ik, maar ik heb geen idee wat het betekent. De chauffeur begint langzamer te rijden en rijdt onder een slagboom door een parkeerplaats op waar verschillende auto's geparkeerd staan. De auto's zien er allemaal nieuw uit, en geen een heeft zandstof of modder erop zitten. Ik zie twee verdiepingen witte containers in een lange reeks aan elkaar. Er zitten grijze rolluiken voor. Sommige zijn open, andere dicht. Tegen de muur zitten wat Afrikaanse jongens op hun hurken. Ze volgen onze bus met hun ogen.

Er komen twee mensen uit de containers gelopen, een khawaja en een Afrikaanse man. Ze zwaaien en glimlachen naar ons. De chauffeur zegt dat we mogen uitstappen en onze spullen niet moeten vergeten. Als ik uit de bus wil lopen, blaast er een gure wind tegen mijn wangen. Ik begin ervan te rillen en steek mijn neus in de kraag van mijn jas. De lucht voelt vochtig, maar niet zoals in Zuid-Sudan, niet zo benauwd en drukkend als het daar was. Ik zoek mijn schaduw op de grond, maar ik vind hem niet.

Er zijn hier geen schaduwen!

Nu wij stilstaan, lijken de auto's om ons heen nog sneller voorbij te zoeven. Ze maken een enorme herrie met hun motoren, maar niemand toetert. De chauffeur steekt zijn hand naar ons op en rijdt weg. De twee mannen op de parkeerplaats nemen ons mee naar binnen. Ze melden ons aan bij een receptie. De vrouw achter de receptie vertelt ons dat we elke negen uur meldplicht hebben.

'Jullie zullen een kamer delen,' zegt de Afrikaanse man.

Wij knikken, het kan ons volgens mij allemaal niet schelen of we met elkaar zitten. We zijn vreemden van elkaar. Het enige wat we delen, is dat we met hetzelfde vliegtuig zijn gekomen. Hij laat ons eerst de douche- en wc-ruimtes zien en loopt dan door. Het gebouw is anders dan de huizen in Sudan. Het ziet eruit alsof het uit elkaar gehaald kan worden en naar een andere plaats gebracht kan worden. We lopen door een witte smalle, lange gang met dichte deuren. Op de vloer ligt een donkerblauw tapijt dat om de zoveel meter bobbelt. De khawaja loopt achter ons.

'Hier is het,' zegt de Afrikaanse man. Hij steekt een sleutel in het slot en opent de deur. Uit de deur tegenover onze kamer komen drie jongens gelopen. Ze zijn smal en donker en lijken uit Oost-Afrika te komen. Somalië, Ethiopië of Eritrea, denk ik, heel misschien wel Sudan. Ze kijken ons onderzoekend aan, net als de jongens op de parkeerplaats. Ik wend mijn blik naar de grond en loop snel de man achterna de kamer in.

In de kamer staan twee stapelbedden, een tafeltje met vier stoelen, vier hoge stalen kasten die lijken op schoolkluisjes, een koelkast en een klein aanrecht met een waterkoker erop. Hij legt uit dat we het apparaat kunnen vullen met water en alleen op een knopje hoeven te drukken. Ik vind het een handig ding. Thuis moesten we altijd eerst kolen aansteken en dan een ketel op het vuur zetten. Aan de muur hangt een televisie, op tafel liggen de afstandsbediening en vier sleutels. Hij opent een van de kasten.

'In elke kast liggen vier handdoeken, drie lakens, een kussen en twee dekens,' zegt hij.

De jongens uit Guinea en Liberia lopen naar een van de twee bedden toe, ze zeggen iets tegen elkaar in het Frans.

'Kies maar een bed uit,' zegt de Afrikaanse man. Ze lijken met elkaar te overleggen. De jongen uit Liberia wijst naar boven, de jongen uit Guinea knikt.

Amadu en ik nemen het andere stapelbed.

'Ga jij maar onder,' zeg ik tegen hem, want hij is groter dan ik. Amadu knikt en legt zijn tas neer.

We mogen even rusten. Ze komen ons halen voor het avondeten, zegt de khawaja. Ik heb geen idee wanneer dat is. Nog steeds weet ik niet hoe laat het is en bovendien weet ik ook niet op welke tijd mensen hier avondeten. De mannen sluiten onze deur en dan zijn we alleen. Niemand van ons heeft zin om met elkaar te praten.

Ik klim op het bed en staar naar de witte vierkante platen in het plafond. Alles zit in een perfect raster. Ik begin de vierkanten te tellen, maar voor ik het weet val ik in een droomloze slaap.

Een paar uur later staan we in de rij om ons eten te halen. De eetzaal is enorm, ik denk dat hier wel twee keer zoveel mensen rondlopen als op de basiskampen. Ik heb een plastic dienblad in mijn handen met een leeg bord erop. Voor mij staan mijn kamergenoten, en achter mij een boel anderen. Er zijn alleen jongens en mannen hier. Geen vrouwen en kinderen. En geen gezinnen.

Iemand schept rijst op en een ander schept saus op. Als ze het op mijn bord hebben geschept, loop ik weg, achter de jongens aan die aan een vrije tafel gaan zitten. De man die de saus opschepte, roept iets naar me, maar ik versta niet wat. Het is druk met gepraat, vorken, messen en lepels die de borden raken, stoelen die verschoven worden. Mensen lopen naar tafels en weer terug naar de plek waar hun dienblad staat. Er wordt wat over en weer geroepen, anderen lachen. Ik word licht in mijn hoofd door de drukte.

De man van de saus roept nog iets, hij wijst naar de bestekbak. Ik kijk naar mijn dienblad en zie dat ik geen bestek heb gepakt en dat dat hier blijkbaar hoort. Thuis eten we altijd met onze handen, alleen heel af en toe gebruiken we een theelepel. Ik lach een beetje onnozel, en pak vlug het bestek uit de bak en ga naast de jongens uit mijn kamer zitten. Iedereen is stil. We zijn de enige tafel waar niet gepraat wordt. Ik tuur naar het raam. Het wordt langzaamaan donker. Ik wil niet dat het donker wordt. De nachten zijn het ergste.

Een paar tafels verderop zitten de Oost-Afrikaanse jongens die tegenover ons wonen. Een van hen zit onze tafel te observeren. Als ik hem per ongeluk aankijk, steekt hij zijn hand op en glimlacht hij naar me. Ik steek mijn hand ook op, maar nog voor ik mijn vingers volledig heb uitgestrekt laat ik hem alweer zakken, dus misschien heeft hij het niet eens gezien.

Ik probeer de rijst met mijn handen te eten, maar de korrels zijn niet plakkerig genoeg. Ze glippen tussen mijn vingers door en vallen op mijn nette witte overhemd, mijn broek en op de grond. Ik pluk ze gauw van mijn kleren en leg ze op het dienblad. Ze laten witte, vettige vlekken achter op mijn broek. De anderen schuiven met hun vork de rijst en de saus op hun lepel en steken de lepel in hun mond. Ik probeer na te doen hoe ze hun vingers om hun bestek klemmen, maar het voelt heel onnatuurlijk. Ik heb geen controle over de vork in mijn linkerhand. Na een paar pogingen geef ik het op en gebruik ik alleen de lepel in mijn rechterhand. De rijst en de saus hebben weinig smaak, ik proef vooral het staal van de lepel. Ik mis het eten van ummi en haar mysterieuze kruiden die ik al aan het begin van de straat kon ruiken.

Als mijn kamergenoten en ik onze borden leeg hebben, knikken we naar elkaar en staan we op.

'*Kab eretera dika?*' zegt iemand achter ons, een vinger tikt op mijn schouder. Het is de lange Oost-Afrikaanse jongen die net naar me zwaaide. Hij heeft ingevlochten haren en draagt een overhemd met zwart-witte ruitjes dat hij niet heeft dichtgeknoopt, met een wit hemd eronder. Om zijn nek hangt een gouden ketting met een kruis.

'Wat?' vraag ik.

De jongen herhaalt het nog eens.

Ik schud met mijn hoofd. 'I don't understand,' zeg ik.

‘O, kom je niet uit Eritrea? Ik zou zweren dat je uit Eritrea komt!’ gaat hij verder in het Engels.

‘Nee, Sudan,’ zeg ik.

‘Echt? Je lijkt echt op een Eritreeër.’

‘Ik ben Sudanees.’

‘Er was hier laatst een Sudanees, maar hij is net vertrokken, je hebt hem net gemist.’

‘Dat is jammer,’ zeg ik maar, ook al kan het me op dit moment niet zoveel schelen dat er hier ooit een andere Sudanees was.

De zon is onder. De lucht is zwart.

‘Er zijn hier ook Zuid-Sudanezen, als je wil kan ik ze aan je voorstellen.’

Dat wil ik niet, maar ik durf het niet te zeggen.

Hij wacht even af tot ik iets ga zeggen, maar ziet dan in dat ik niks zeg. Hij steekt zijn hand uit, ik pak hem aan. ‘Nou, welkom in Nederland, ik ben Sami,’ zegt hij met een lach. Zijn tanden zijn recht en wit, net als de vierkanten op het plafond.

55

Het geluid van de voetstappen wordt gedempt door het tapijt. Ze sluipen haast geruisloos langs onze kamer. Ik denk dat niemand anders ze hoort, behalve ik, want iedereen slaapt. Het zijn de voetstappen van de beveiliger, die in de nachten het gebouw bewaakt. Ik heb hem al een paar keer langs horen lopen. Onder de spleet van de deur komt een klein strookje licht naar binnen. Het licht beweegt, het is zijn zaklamp.

De lucht in het raam is nog zwart, ik tel de minuten af tot het eindelijk weer licht wordt. Ik denk aan abbi en stel me voor dat de voetstappen van de bewaker die van hem zijn. Ik hoor hem door de gang sluipen om zich klaar te maken voor het ochtendgebed.

Hoe ga ik de dagen hier doorbrengen?

En wat als dagen jaren worden?

Ik heb geen idee hoelang ik hier moet blijven. Ik knijp mijn ogen dicht.

Bloed kleeft aan mijn handen. Het druipt ervanaf zoals de rode jam van ummi.

Vlug open ik mijn ogen. Ik strek mijn vingers uit. Er zit geen bloed aan. In de duisternis worden mijn herinneringen extra scherp, alsof ik ze met een diaprojector in een donkere kamer bekijk. Achter mijn oogleden keren alle beelden weer terug, ze nemen de duisternis over, en ze houden me wakker. Dromen over Ayman die langzaam samensmelten met mijn familie, met het lijken rapen, het gevecht en het geluid van de kogels. En dan zie ik mijn handen, mijn handen die onder het bloed zitten, het bloed van anderen. Ik wil mezelf ervoor verschuilen, maar waar moet ik heen als al het kwaad, alles waar ik bang voor ben, in mijzelf zit?

Liever slaap ik overdag, als het licht is.

De bewaker loopt langzaam.

Loop eens door. Ik wil weg hier.

Zijn voetstappen verstommen. Hij is bijna aan het einde van de gang, schat ik in.

Nog even.

De deur aan het einde van de gang piept zachtjes. Hij zwaait dicht en valt in het slot. De bewaker is weg. Zo stil als ik kan kruip ik uit het stapelbed.

Zou het al bijna tijd zijn om te bidden? Ik heb geen idee hoe laat het is, en ik weet ook niet waar het oosten is. Ik pak een schone handdoek, die ik wil gebruiken als gebedskleed, en loop ermee over mijn arm door de gang.

Welke richting zou Mekka zijn? Ik weet het niet.

De gang wordt alleen verlicht door het groene lampje van de nooduitgang. EXIT. Ik loop op mijn tenen naar het licht toe, als een vlieg die ernaartoe gezogen wordt. Onder het licht, voor de deur, blijf ik even stilstaan. Ik blijf naar het groene licht staren.

Plots schijnt een wit licht in mijn gezicht. Een gestalte torent boven me uit. Ik schrik en knijp mijn ogen dicht, mijn hart bonst. Hij staat buiten op de stalen trap, en kijkt me van bovenaf door het raam in de deur aan. Ik kijk omhoog. Het is de bewaker. Hij opent de deur en komt weer naar binnen.

'Wat doe jij hier?' fluistert hij. Hij klinkt gepikeerd, ik denk dat hij het vervelend vindt dat ik zijn werk verstoor.

'Ik kan niet slapen.'

'Het is midden in de nacht, je moet terug naar bed.'

'Hoe laat is het?' vraag ik.

De bewaker schuift zijn mouw een beetje omhoog en kijkt op zijn horloge. 'Bijna twee uur, nog lang geen tijd om op te staan.'

'Ik kan echt niet meer slapen,' zeg ik.

'Dan zet je een kopje thee of zo, je moet terug je kamer in.'

Ik wil niet terug, de kamer geeft me een benauwd gevoel.

'Kom,' zegt hij, nu iets vriendelijker.

Ik loop voor hem uit naar het einde van de gang. Voor de deur blijf ik stilstaan.

'Ga maar, drink een kopje thee, en ga weer slapen.'

Ik open de deur. Mijn kamergenoten slapen nog. De beveiliger knikt naar me, en dan sluit ik de deur heel zachtjes. Ik wacht tot ik zijn voetstappen weer hoor, maar hij loopt niet weg. Hij staat voor de deur te wachten. Ik loop op mijn tenen naar het aanrecht en vul de waterkoker met water. De kraan maakt een hoog geluid. Ik hoop dat ik de anderen niet wakker maak. Ik klik de waterkoker aan. Het water begint te borrelen. *Wees zachtjes*, praat ik in gedachten tegen het apparaat. De jongen uit Guinea draait zich om en kreunt eventjes in zijn slaap. De waterkoker wordt luider. *Schiet op.*

Ik pak een kopje, hang er een zakje zwarte thee in en strooi er melkpoeder en suiker in. Het water kookt, en nog voor het apparaat klikt als hij klaar is, schenk ik het water in. Voorzichtig open ik de deur en steek ik mijn hoofd door de opening.

De bewaker is weg.

Ik pak mijn kopje thee en ga in de gang op de grond zitten.

Terwijl ik naar het groene licht aan het einde van de gang staar, ruik ik aan de dampende thee. Ik wil de damp opsnuiven, me erdoor naar huis laten meevoeren, me de smaak van de thee van thuis voorstellen, met de verse melk uit de aluminium kannen van de melkboer op zijn ezel.

Tik, tik, tik, doet hij met zijn stok.

Maar het ruikt niet naar thuis.

56

Iemand klopt op onze voordeur. Amadu zit aan tafel en kijkt naar een Nederlandse zender op televisie waar ze muziekvideo's afspelen. Ik lig weer in bed en probeer te slapen nu het licht is. Onze andere twee kamergenoten zijn de deur uit. Amadu blijft zitten.

'Wie is dat?' vraag ik.

Hij haalt zijn schouders op. 'Geen idee,' zegt hij, terwijl zijn blik op de televisie gericht blijft.

Weer wordt er geklopt. Ik klim uit het stapelbed, en als ik opendoe zie ik dat het Sami is, de lange jongen uit Eritrea.

'Hoi,' zeg ik een beetje verward.

'Lag je nu nog te slapen?'

'Ja.'

'Heb je zin om een stukje te wandelen?'

Om zijn nek heeft hij een koptelefoon zitten en in zijn hand draagt hij een rechthoekig apparaatje dat lijkt op een kleine radio.

'Oké, dan moet ik even mijn jas pakken,' zeg ik. 'Wil je ook mee?' vraag ik aan Amadu. Hij schudt zijn hoofd van nee.

We lopen het gebouw uit en volgen een geasfalteerd pad. Er staat een houten schommel, waar een andere bewoner op schommelt. Om ons heen liggen veldjes gras dat overal precies dezelfde hoogte heeft. Waar het pad begint, stopt het gras direct, alsof iemand met een heel kleine schaar de randjes heeft geknipt.

'Heb je al een begeleider gekregen?' vraagt Sami.

Ik denk aan vanmorgen, toen een meisje me meenam voor een gesprek samen met een tolk. Ze vroeg me hoe ik me voelde, of ik medische klachten heb, of ik de Nederlandse taal wil leren en of ik naar school wil gaan, en of ik mee wil doen met de activiteiten die ze organiseren. Ik had gezegd dat ik graag wilde meedoen, en gevraagd of anderen ook meedoen. Ja, had ze gezegd.

'Ja, zo'n meisje met zwart haar,' zeg ik, want ik ben haar naam vergeten.

'O, Marijke,' zegt Sami.

'Maraike,' probeer ik.

'Bijna,' zegt Sami en hij lacht. 'Zij is aardig.'

Ik kijk naar de hemel, die net als gisteren nog steeds witgrijs als as is, en ik zoek de zon. Ook Sami heeft geen schaduw, we zijn net geesten. Hoe weten mensen hier waar ze heen gaan en hoe laat het is zonder zon?

'Wil je wat muziek luisteren?' Sami haalt de koptelefoon van zijn nek, en geeft hem aan mij. Ik zeg niks, maar ik doe de koptelefoon over mijn oren. Hij drukt het apparaatje aan en geeft dat vervolgens ook aan mij. De intro van het lied herken ik van een videoclip van de televisie die Amadu steeds aan heeft staan. Ik geloof dat hij over liefdesverdriet zingt. We lopen een tijdje door terwijl ik naar Sami's muziek luister. Als het lied voorbij is geef ik de koptelefoon weer terug.

'Luister je weleens zulke muziek?' vraagt Sami.

'Niet echt.' Ik moet denken aan Ahmed, en dat we bij hem thuis Engelse muziek luisterden. 'Ik heb eens naar Celine

Dion geluisterd, van die film *Titanic*, ken je die?'

'Ja, zeker,' zegt Sami.

'In Sudan kent iedereen die film, maar niemand heeft hem gezien.'

Sami lacht weer. We lopen langs een soort klein bos en wat groene heuveltjes. De meeste bomen hebben geen bladeren. Het is een geraamte van takken en vertakkingen. Er liggen plassen met water. Terloops bekijk ik mezelf in de spiegeling, ik zie er ook grijs uit. Ik probeer weer mijn schaduw te vinden, maar hij is er echt niet. Er is hier geen diepte, alles is vlak. De bomen bewegen niet, ze zijn roerloos, alsof ze getekend zijn.

We praten wat, ik vertel hem over de theaterschool en dat ik ooit regisseur wilde worden.

'Dat kan nog steeds,' zegt Sami.

Zo voelt het niet. Ik ben nu een ander geworden.

'En hoe ben jij hier terechtgekomen?' vraagt Sami plots. Ik schrik van zijn vraag. Direct voel ik hoofdpijn opkomen, en keren mijn nare gedachten van vannacht weer terug. Mijn handen onder het bloed, de lijken, Ayman. Ze achtervolgen me continu in stilte, zoals onze onzichtbare schaduwen.

'Vanwege de oorlog,' zeg ik maar.

Volgens mij voelt hij aan dat ik er niet meer over kwijt wil. Hij begint uit zichzelf te vertellen dat hij is gevlucht met mensensmokkelaars vanwege de oorlog in Eritrea, en dat hij via Griekenland naar Nederland is gekomen. Zijn vader was actief in de politiek en naar Italië gevlucht voor de dictator. Mijn gedachten dwalen af, ze leiden me terug naar Zuid-Sudan. Ik zie Sami's mond bewegen, maar zijn woorden komen niet binnen. Ze dringen naar de achtergrond, of ben ik het juist die naar binnen getrokken wordt?

Het gras op de heuvels begint te ademen, te golven net alsof er allemaal beesten onder kruipen die het gras op verschillende plekken omhoogduwen. Ik staar ernaar, een paar tellen, en kijk dan naar het pad dat ook beweegt. De witte stipjes keren weer terug. Ik word duizelig, ik ben bang dat ik mijn evenwicht verlies en val.

Volgens mij zegt Sami iets tegen me, maar ik hoor het niet. Hij is heel ver weg. Ik ben weer gegijzeld. Sami komt voor me staan, maar hij is wazig.

Kom, we gaan terug.

Ik volg hem, volg precies zijn pas, marcherend achter hem als een marionet. Hij loopt rustig. Ik weet niet hoelang we lopen, maar ineens staan we voor een tafeltje en twee stoelen die vast aan de grond zitten.

Ga maar even zitten.

Zat ik maar vast aan de grond met schroeven, dan kon ik niet vallen. Dan kon niemand me meenemen. Ik ga zitten.

'Gaat het?' hoor ik Sami nu vragen. Het klinkt weer een stuk helderder.

Ik knik. *Het gaat.* Ik weet niet of ik de woorden daadwerkelijk uitspreek.

Plots voel ik de zon op mijn wangen. De lucht is nog steeds grijs, maar door het wolkendek licht een witte bol op.

En ineens verschijnen onze schaduwen weer, alsof ze er al die tijd geweest zijn.

57

Amadu zit met zijn gezicht tegen het raam gedrukt. We zitten in een taxi samen met zijn begeleider Erik. Hij zei dat we vandaag naar een dokter zouden gaan. Ik denk dat het zo'n speciale dokter is als in Nairobi. We zijn nu twee weken in Leiden, niemand vertelt me waar ik hierna heen moet. Ik probeer steeds overdag te slapen, omdat het me 's nachts niet lukt. Mijn eigen begeleider Marijke en Sami maken me vaak wakker. Soms gaan we dan naar een aparte ruimte waar een radio staat, precies zo een die abbi had, en dan luisteren we naar Miriam Makeba. Sami heeft me ook leren schaken. De kleine pionnetjes lijken net op soldaten, zei ik tegen hem. Hij zei dat het klopte, maar dat het vriendelijke soldaten waren. Ik wilde liever de soldaten dan de koning beschermen. Alleen, zonder koning verlies je het spel. Zolang de koning leeft, maakt het verlies van de pionnen niet uit.

Erik kijkt naar voren, ik zie de bovenkant van zijn kale hoofd boven de neksteun uitkomen. Het is stil in de taxi. Eigenlijk praten Amadu en ik nooit. Zijn gezicht staat altijd op spanning, alsof het op een bepaald moment op slot is geraakt. Ik vraag me af wat er met hem gebeurd is. Ik herken zijn naar binnen getrokken blik, ik voel de onrust die binnen in hem woelt, en ik weet dat hij ooit ook moet hebben gedacht dat de wereld een mooie plek was. Dat hij ook ooit nog op het podium stond van een zorgvuldig gedecoreerd theater. Maar dat is wat het was, een theater, een façade. Daarachter, achter de coulissen, hebben wij het vuil van de echte wereld gezien.

De dokter is een man van in de vijftig. Naast hem staat een tolk die me vertelt dat hij uit Egypte komt. De dokter heeft een mooi kantoor, alles ziet er nieuw en schoon uit. Er staat een bureau, een kast vol met boeken, een grote stoel en een bankje. Hij vraagt me via de tolk of ik op het bankje wil gaan zitten, hij gaat op de stoel zitten.

De dokter begint te praten. 'Fijn dat je er bent,' vertaalt de tolk voor hem. Ik pers mijn lippen op elkaar en glimlach voorzichtig naar de twee volwassenen zonder ze echt aan te kijken.

'Ik weet dat je heel veel hebt meegemaakt, en ik ga je helpen om je trauma te verwerken. We gaan ervoor zorgen dat je die vreselijke tijd een plek kunt geven en dat je een mooie toekomst tegemoet gaat.'

Ik knik.

De dokter stelt me, net als de speciale dokter in Nairobi, vragen over thuis. Hij wil van me weten wat ik leuk vind om te doen, wie mijn ouders zijn, hoe ik het op school vond, enzovoort, enzovoort. Ik ben opgelucht dat hij geen vragen stelt over de dingen die gebeurd zijn. Als ik daarover moet praten, weet ik zeker dat ik vannacht niet slaap.

'Ik wil je eerst leren kennen,' zegt hij, 'en jij moet mij ook leren kennen natuurlijk.' Hij zegt me dat als ik vragen heb, dat ik die ook mag stellen. Maar het lukt me niet om vragen te verzinnen die ik aan deze vreemde man kan stellen, dus ik schud mijn hoofd.

Het gesprek duurt niet heel lang en niet veel later zitten

Erik, Amadu en ik weer in de taxi naar de opvanglocatie. We hebben allebei een eigen dokter gekregen.

'Hadden jullie een fijn gesprek?' vraagt Erik, terwijl hij zijn nek draait en ons probeert aan te kijken.

'Ja,' zeg ik.

Amadu zegt niks. Alles kaatst van hem af, hij is van klei.

Ik kijk uit het raam en volg de nette gebouwen met roodbruine bakstenen die langs schieten. Alle gebouwen en huizen hier hebben een duidelijk begin en een einde. Niet zoals Sudan, waar gebouwen met de jaren steeds meer uitbreiden, er wordt steeds iets bij gebouwd, waardoor je niet meer weet waar het ene begint en het andere eindigt. In Nederland is alles van elkaar gescheiden door een hek, een nette muur of een andere steensoort. Ik zou willen dat het met mijn herinneringen zo was. Dat ik ze afgesloten van elkaar kan bewaren en wegstoppen, dat ik mijn herinneringen aan vroeger kan beschermen en ze schoon kan houden van alles wat erna gebeurd is. Niet dat ze door elkaar heen gaan lopen zoals in mijn dromen. Dat ik niet als ik aan ummi denk, ook bloederige handen heb en lijken versleep. Of als ik aan abbi denk, niet ook midden in de nacht vlucht van het legerkamp.

Alles raakt besmet door wat er gebeurd is.

Erik zet ons af bij onze kamer en stelt voor dat we even gaan rusten. De jongens uit Liberia en Guinea zijn er niet, ik weet niet waar ze zijn. Ze praten altijd in het Frans met elkaar, dus ik heb geen idee waar ze het met elkaar over hebben. Amadu gaat aan tafel zitten en zet de televisie aan. Hij zapt naar CNN. Ik wil een pak koekjes pakken dat ik van mijn weekgeld bij de Aldi heb gekocht, maar als ik de koelkast opentrek, zie ik dat het pak weg is. Ik weet zeker dat het er nog was voor we weggingen. Ik kijk in de prullenbak en zie dat de verpakking erin gepropt is. Dat is sowieso die jongen uit Guinea, Tovilio, die is de hele dag aan het eten. Soms kookt hij zelfs eieren in de waterkoker en dan laat hij de schillen overal slingeren! Maar hij is heel groot, veel groter dan ik, dus zeg ik niks.

Ik ga naast Amadu aan tafel zitten en kijk even naar zijn gezicht. Hij kijkt haast gehypnotiseerd naar de televisie.

'Hoe was het bij jou thuis eigenlijk? Heb je broers of zussen?' vraag ik ineens. Ik weet niet goed waarom ik het vraag, het floept er ineens uit.

Zijn ogen blijven op de televisie gericht, maar zijn blik verandert. Het lijkt alsof hij een gruwelijk monster ziet, haast alsof het uit hem kruipt. Hij begint sneller te ademen, te hijgen zelfs.

'Sorry, ik wilde niet...' probeer ik. Dit had ik niet moeten doen!

Hij begint nog sneller te ademen en schreeuwt. Zwaait zijn armen voor zijn ogen, alsof hij het beest dat uit hem probeert te komen, probeert te verjagen. Hij drukt zijn palmen op zijn oogkassen en wiegt heen en weer.

Heen en weer.

Heen en weer.

Sorry! wil ik roepen. *Sorry!* Maar mijn lippen zijn verstijfd. De woorden blijven in mijn keel hangen. Ik weet niet wat ik moet doen.

Hij blijft wiegen en jammert. Ik sta op en loop naar hem toe, maar voor ik hem kan bereiken maakt hij een slaande beweging. Hij springt op van de stoel en loopt naar zijn bed. Daar gaat hij in een foetushouding liggen en blijft met ingetrokken knieën heen en weer wiegen.

Zijn handpalmen heeft hij nog steeds op zijn gezicht gedrukt, alsof hij alle gruwelijkheden die naar buiten proberen te dringen, weer terug naar binnen wil drukken.

58

Ik durf niet mee te doen.

Sami staat met zijn kamergenoten en andere jongens op de dansvloer. Iets verderop staan hun Ethiopische buren. Op de muren dansen rode, blauwe, groene en gele lichtcirkels. Ze draaien rond door de recreatiezaal en de stralen van een kleine lamp die op tafel staat. Mijn begeleider Marijke staat samen met Erik bij een grote stereo. Ernaast staat de kleine radio van abbi. Ze hebben de tafels en stoelen tegen de muren geschoven. Op het schoolbord zitten half uitgeveegde overblijfselen van een Nederlandse les. Ik ben er nog niet naartoe geweest. Aan de muren hangen tekeningen van landschappen, portretten en vlaggen. Ze zien eruit als kindertekeningen, maar hier wonen geen kinderen.

Amadu en ik zitten op een stoel aan de zijkant van de zaal. Ze spelen Engelse muziek, Backstreet Boys, die ik herken van de televisiezender die onze kamergenoot Tovilio vaak opzet. Hij is ook aan het dansen. Tovilio gaat ook vaak 's nachts stiekem naar de discotheek in Leiden, ook al moeten we om negen uur binnen zijn. Dan glipt hij uit bed en keert hij pas aan het begin van de ochtend terug. Hij is op zoek naar een vriendin, zegt hij. Hij kleedt zich als de rappers van televisie, omdat hij denkt dat de meisjes hier dat leuk vinden.

De jongens dansen met hun armen in de lucht, bewegen hun schouders, voeten en heupen heen en weer. Marijke en Erik doen hetzelfde. Ik heb mensen nog nooit zo zien dansen, in Sudan dansen de mensen heel anders. Daar zakken ze heel diep door hun knieën terwijl ze over de grond bewegen. Ze gaan op en neer en maken heel kleine pasjes vooruit en bewegen met hun schouders en nek.

Sami springt in de lucht. Hij wenkt Amadu en mij met zijn hand.

Kom, kom, lijkt hij te zeggen, maar de muziek overstemt zijn geluid.

Ik schud vlug mijn hoofd en voel mijn wangen gloeien. Ik kan echt niet dansen zoals zij het doen. En zelfs in Sudan stond ik altijd aan de zijkant mee te kijken. Sami komt naar Amadu en mij toe gelopen.

'Kom nou mee dansen!' roept hij.

'Nee, nee, echt niet!' roep ik, terwijl ik een wegwerpgebaar maak.

Marijke heft haar armen bemoedigend op. 'Jawel, kom!'

'Ik kan dat niet, ik kan helemaal niet dansen.'

'Iedereen kan dansen.' Sami loopt terug naar de groep en gooit zijn armen in de lucht. Hij kijkt ons weer aan, en knikt met zijn hoofd dat we moeten komen. Ik kijk naar Amadu, die heel snel met zijn hoofd schudt, en weer naar Sami die maar blijft wenken. Ik sta op en loop naar Sami toe, waar ik wat onbeholpen tussen de jongens in sta. Ik beweeg heel voorzichtig met mijn armen terwijl ik probeer af te kijken hoe zij het doen. Het ziet er bij de anderen moeiteloos uit, alsof ze de muziek voelen, terwijl ik elke keer een misstap maak.

Maar ze lachen, en ik ook. En als ik naar Amadu kijk, die nog steeds op de stoel zit, valt me iets op.

Voor het eerst sinds ik hem ken glimlacht hij. Bijna onzichtbaar. Aan zijn mond is nauwelijks iets te zien. Zelfs zijn wenkbrauwen drukken nog naar beneden, maar zijn ogen glanzen.

Rond een uur of tien zet Erik de muziek uit en moeten we naar bed gaan. We stromen de recreatiezaal uit. Mijn ogen moeten even wennen aan de felle verlichting op de gang en ik voel me een beetje wazig. Sami danst nog over de gang, alsof er nog steeds muziek aanstaat. Hij zweet een beetje.

'Mijn voeten doen er gewoon pijn van!' zegt hij.

We wensen elkaar een fijne nachtrust en trekken de deur achter ons dicht.

Als ik een paar uur op bed lig, klinkt er ineens hevig geschreeuw op de gang. Ik schrik van de boze stemmen in de duisternis.

Wie zijn dat?

Ik luister.

Ik kan niet verstaan wat ze zeggen, maar ik herken de stemmen van de kamergenoten van Sami en hun Ethiopische buren. Sami heeft me verteld dat ze elkaar haten omdat hun landen in oorlog met elkaar zijn. Ik klim uit mijn stapelbed, loop zacht naar de deur en open hem heel stil.

De bewaker is er al, hij trekt een Ethiopische jongen weg van de Eritrese jongens. De jongen kijkt woest uit zijn ogen, ook al hangen zijn oogleden een beetje.

'Fuck you!' roept de Ethiopische jongen, terwijl hij zijn vuist in de lucht probeert te steken. Hij probeert zich los te rukken, en Sami's kamergenoten proberen naar hem toe te komen. Ze willen vechten. Sami probeert ze bij hun schouders te pakken. Hij roept iets naar ze wat ik niet kan verstaan. Er hangt een vieze lucht om ze heen, ze ruiken naar de tuin van onze buurvrouw die aragi stookte. In de deuropening van

Sami's kamer zie ik ingedrukte bierblikjes staan.

Een andere bewaker komt aangesneld en neemt Sami en zijn kamergenoten mee naar buiten.

Een paar tellen later is het weer stil.

59

De tolk zit op een stoel tussen de dokter en mij in. De dokter gooit een balletje naar mij. Ik vang het balletje met twee handen.

'Wil je misschien vertellen wanneer je bang bent?'

Ik knijp in het balletje. 'Als ik heel harde geluiden hoor en als het donker is.'

Hij steekt zijn handen uit, als gebaar dat ik het balletje moet gooien. Ik gooi het balletje terug. De tolk vertaalt wat ik zeg.

'In Nederland hoef je niet bang te zijn. Het is hier niet zo donker en het is hier veilig,' zegt de dokter. 'Kun je misschien vertellen over een moment dat je heel bang bent geworden?'

Ik denk aan het lijken ruimen, maar ik wil er niet over praten. Zeker niet met de tolk erbij. Ik kijk naar de grond en houd mijn lippen stijf op elkaar. Even zit iedereen in stilte, de klok aan de wand tikt.

Tik, tak, tik, tak.

Ik tik met de tenen van mijn voeten heen en weer en blijf naar de grond staren, alles wordt weer wazig.

De dokter staat op. 'Kom, we gaan even een stukje wandelen,' zegt hij, 'met z'n tweeën.' De tolk knikt naar hem en blijft zitten.

De dokter en ik doen onze jassen aan en we lopen naar buiten.

'Je hoeft niet meteen alles te vertellen. Maar weet dat als je er klaar voor bent om erover te praten, dat ik er voor je ben,' zegt hij als we buiten staan. Hij praat Engels, maar hij doet zijn best om de woorden langzaam uit te spreken zodat ik ze kan begrijpen.

We lopen langs een gracht met huizen met grote ramen en verschillende steensoorten. De voordeuren zijn mooi, maar niet zo mooi als de poorten in Sudan. De huizen zien er duur uit, alsof er rijke handelaren wonen. Ik kijk naar een donkerblauwe deur waar uit hout gesneden ruiten, vierkante lijsten, en bloemen op zitten. De wereld wordt weer scherper. Het wandelen helpt me om adem te halen. In de gracht drijven groene, ronde bladeren. Ze hopen opeen, net voor een kleine brug.

'En hoe is het hier anders dan in Sudan?' vraagt de dokter.

Ik denk even na. 'We hebben thuis niet van die gladde wegen.'

Iemand achter ons rinkelt met een bel. Ik schrik van het geluid en spring opzij. Twee mensen fietsen langs. Ze trappen heel hard. Iedereen hier rijdt, loopt en fietst hard, alsof ze altijd haast hebben.

'Heb je al weleens gefietst?' vraagt de dokter.

'Ja, ik kan wel een beetje fietsen, maar niet zoals hier. Iedereen gaat zo snel. En er zijn zoveel fietsers!'

'Dat klopt,' zegt de dokter lachend, 'en ga je weleens de stad in?'

'Alleen als iemand anders gaat. In mijn eentje durf ik niet.'

'Waarom niet?'

'Ik ben bang dat ik de weg kwijtraak en de opvanglocatie nooit meer terug kan vinden.'

'Dat zal vast goedkomen. De mensen hier zijn heel aardig, en kunnen je vast helpen als je de weg kwijtraakt. Kom, we gaan even deze winkel in.'

We staan voor een zaak waar allemaal bloemen uitgestald zijn. De dokter loopt voor me uit de winkel in. De winkels in Nederland zijn heel anders dan thuis. Alles is netjes gesorteerd en schoon. Ik vind het handig dat in de Aldi alle koekjes bij elkaar liggen, net als de thee.

'Heb je bloemenwinkels in Sudan?'

'Nee, dat geloof ik niet.'

'Waar halen jullie dan bloemen?'

'In ziekenhuizen, maar dan kopen we ze alleen als iemand ziek is.'

'Hier in Nederland hebben mensen vaak thuis ook bloemen op tafel staan, gewoon omdat mensen het mooi vinden.'

De dokter blijft stilstaan voor een bosje puntige bloemen die ik nog niet eerder heb gezien.

'Deze bloemen zijn heel beroemd in Nederland. Ze heten tulpen.'

'Mooi.'

De winkel heeft ze in allerlei kleuren. De rode vind ik de mooiste. De dokter pakt een boeket en loopt ermee naar de kassa. Ik snap waar hij mee bezig is, waar ze allemaal mee bezig zijn. Erik, Marijke, Sami, de dokter. Ze proberen onze zorgen weg te nemen. Ze willen de kinderen die in ons diepste binnenste verscholen zitten, terug naar de oppervlakte brengen. Laten zien dat de kust weer veilig is en dat ze weer naar buiten kunnen komen. Maar het lukt me nog niet echt.

'Deze zijn mooi voor op mijn kantoor,' zegt hij, terwijl hij ze afrekent.

60

‘Waar zit je allemaal aan te denken?’ vraagt Sami.

We wandelen een stukje in de buurt van de opvanglocatie. De zon schijnt, we hebben onze schaduwen terug. Het wordt hier elke dag een beetje minder koud. Er groeien ook eindelijk witte en gele bloemetjes uit de grond, zoals Ahmed voorspeld had. Ik draag nog wel mijn dikke jas en heb mijn kin in mijn kraag gestoken.

‘Thuis,’ zeg ik.

‘Wat dan?’

‘Dat ik niks hoor van het Rode Kruis. Ik weet niet of mijn brieven aankomen.’

Ik heb twee nieuwe brieven geschreven. Eén voor oom Hassan en een aan mijn broer Ahmed. Dat hadden ze aangeraden, omdat ze Ahmed misschien wel kunnen vinden als hij werkelijk in Europa zit. Maar vooralsnog heb ik niets gehoord. Ze kunnen me ook niet vertellen hoelang ik nog in Leiden blijf, alleen dat het tijdelijk is en dat ik op een gegeven moment onder begeleiding ga wonen met andere jongeren.

‘Ze zijn vast hard aan het werk. Ooit zullen we weer samenkomen met onze families,’ zegt Sami.

'Ik heb de hele tijd het gevoel dat mijn lichaam hier is, maar mijn geest in Afrika is achtergebleven.'

Sami glimlacht. 'Ik denk dat we daar allemaal last van hebben.'

Ik denk aan een foto van mijn opa die in onze woonkamer hing. Het was een oude, vlekkerige zwart-witfoto. Ummi zei ooit: 'Wist je dat de eerste keer dat ik mijn vaders gezicht zag was toen hij dood was?' Ze vertelde me dat ze hem haar hele leven uit respect nooit heeft mogen aankijken, maar altijd naar beneden moest kijken. Als ze met hem praatte, keek ze naar zijn schoenen. Pas toen hij opgebaard lag, kon ze naar zijn gezicht kijken. Dat was het enige wat ze van hem heeft kunnen zien, een vlekkerige foto en een lijk met gesloten ogen. De gezichten van mijn familie worden ook steeds vager, een puzzel van duizenden glimpen die ik ooit onbewust heb opgevangen en in mijn geheugen heb opgeslagen. De gezichten uit mijn herinneringen. En hoe meer ik ze me probeer voor te stellen, hoe vager ze worden. Ze vervliegen, net alsof ik een geur gevangen probeer te houden in een doosje. Elke keer als ik het doosje open, verdwijnt er wat.

Ik weet niet hoe ze er nu uitzien. Ik weet niet hoe ze eruit zullen zien als ik ze ooit weer vind.

Wat zou ik allemaal gemist hebben?

Sami gaat binnenkort weg. Hij mag in Dordrecht gaan wonen. Er was ook een gezin hier dat hem wilde adopteren. Ze hadden hem per ongeluk aangereden toen hij op de fiets zat. Daarna nodigden ze Sami in het weekend uit om mee op pad te gaan. Hij wordt enorm door ze verwend en het zijn heel lieve mensen, maar Sami wil niet geadopteerd worden. Hij heeft al een familie, zegt hij.

Iemand trapt tegen een bal en er wordt gejuicht. We lopen richting het grasveldje waar het geluid vandaan komt. Twee mensen trappen een bal over naar elkaar.

Het zijn Amadu en zijn begeleider Erik.

'Goed zo!' roept Erik. Hij steunt met zijn handen op zijn knieën en hijgt. Zijn bolle wangen zijn rood.

Amadu hijgt ook, maar dat niet alleen, hij lacht! Voor het eerst zie ik zijn tanden. Niet een glimlach, maar een echte volwaardige, gewichtsloze lach.

Amadu dribbelt met de bal, rent behendig een stuk vooruit en schiet een strak schot naar Erik. Hij zweeft. Het lukt Erik niet om de bal te stoppen en hij rent erachteraan. Amadu klapt ongeduldig in zijn handen en steekt zijn voet in de lucht. Erik trapt de bal terug. Hij ziet ons staan en gebaart dat we ook moeten komen. Sami en ik rennen naar het veldje toe. Amadu begint de bal hoog te houden.

Sami strekt zijn been uit. 'Hier, hier!' roept hij.

Amadu schiet de bal. Sami neemt hem aan en schiet hem naar mij. Ik dribbel een stukje en trap de bal weer naar Amadu. Amadu tikt de bal twee keer in de lucht en gebaart met zijn armen dat we moeten uitspreiden. We lopen allemaal naar achteren. Hij schiet hem naar Erik.

Ik krijg de bal van Erik in mijn schoen gespeeld en ren er een klein stukje mee. Ik begin ook te hijgen, en eindelijk voelt het weer alsof ik echt kan ademhalen. Alsof de lucht die ik naar binnen zuig daadwerkelijk mijn longen bereikt. Het voelt alsof ik ook zweef. Ik adem diep in en uit. Het is de eerste keer dat ik volledig hier ben, hier in Nederland.

Die avond kijken Amadu en ik samen naar de televisie. Hij heeft CNN opgezet. Het gaat over een oorlog op een plek die ze Kosovo noemen. Ik zie beelden van verwoeste gebouwen en auto's die verbrand zijn. Ik vind het niet fijn om het nieuws te kijken. Al die ellende, ik kan het niet omvatten. Toch kijk ik mee, want het is donker buiten en ik wil niet naar bed toe.

Amadu zet plots midden in een nieuwsitem de televisie uit. Geen idee waarom. Ik zeg er niets van. Hij staart een tijdje naar voren, naar het zwarte scherm.

Ik wacht af.

Hij haalt diep adem, en dan zegt hij: 'Ik moest mijn ouders neerschieten. Wie zijn ouders kan doden, zeiden ze, die kan alles.'

61

Delft, 2005
Tweeëntwintig jaar

In mijn hand heb ik een brief van Vluchtelingenwerk. Hij is verkreukeld, omdat ik hem zo stevig vasthoud en hem vaak in en uit de envelop heb gehaald. Op de brief staat een grote klok getekend met de wijzers op elf uur, maar ik ben veel te vroeg en zit al klaar in de wachtruimte. In de brief staat dat het Rode Kruis ook bij de afspraak zal zijn. Dat betekent dat het over mijn familie gaat, want het Rode Kruis regelt familiezaken en Vluchtelingenwerk voornamelijk juridische dingen.

Ik ben bang dat ze vandaag met slecht nieuws zullen komen. Dat ze het na zes jaar zoeken hebben opgegeven, omdat het alsmaar niet lukt contact met hen op te nemen en het regime nog steeds aan de macht is. Dat de situatie in Sudan te instabiel is, te uitzichtloos, dat ze niets meer voor me kunnen betekenen en er zoveel anderen na mij zijn gekomen die ze wel nog hoop kunnen bieden.

Vandaag heb ik vrij genomen van school. Ik zit nu in mijn eerste jaar van de opleiding Sociaal Pedagogische Hulpverlening en woon in Delft. Mijn docente vond het geen probleem, ze kent mijn verhaal.

Mijn ooglid trilt, vannacht heb ik slecht geslapen. De brief in mijn hand raakt steeds meer verfrommeld.

De laatste keer dat ik zo'n brief kreeg, woonde ik in Beilen. Daar ging ik heen nadat ik drie maanden in Leiden op de opvanglocatie had gewoond. Sami was al weg naar Dordrecht, en Amadu ging naar Enschede. In Beilen woonde ik samen met twee Chinese jongens en een Rus in een rijtjeshuis. Onze begeleider was een vriendelijke man die een kantoortje bij ons op zolder had. Omdat we minderjarig waren was hij doordeweeks aanwezig. Maar ik miste Leiden direct. In Beilen zelf waren er maar weinig mensen die eruitzagen zoals ik. Na een tijdje ging ik naar school en zat ik in een speciale klas voor vluchtelingen. Behalve de vluchtelingenklassen was de rest van de school wit. Ze vonden ons raar en riepen ons na in de gangen met woorden die wij niet begrepen. Eén keer liep ik met een vriend uit de klas op straat, en begon een groep jongens boos tegen ons te schreeuwen. Toen ik vroeg aan die vriend wat ze zeiden, zei hij dat hij dacht dat ze ons slaven noemden.

Met de twee Chinese jongens met wie ik samenwoonde kon ik niet praten, zij spraken alleen Chinees en een paar woorden Nederlands, en ik alleen Arabisch en een paar woorden Engels. Soms, als we ons verveelden, gingen we tafeltennissen, alleen ze waren ontzettend goed, dus ik verloor altijd. Meestal lag ik op mijn kamer op bed of keek ik televisie. Onze andere huisgenoot, die uit Rusland, sprak wel Engels, maar hij was nogal mysterieus. Elke vrijdag als onze begeleider naar huis ging, trok hij dure kleren aan, spoot hij Hugo Boss-parfum op, en werd hij opgehaald door mannen in pak met dure auto's. Hij wilde me nooit vertellen wat hij dan deed of wie het waren. Aan het eind van het weekend kwam hij weer terug en als onze begeleider er was gedroeg hij zich weer als een normale jongen van zeventien. Maar als we naar school fietsten, zei hij elke keer tegen me dat school onzin was.

We hadden in ons huis een telefoon waar we alleen gebeld konden worden en niet zelf konden bellen. Maar de Rus had iets met de lijn gedaan, zodat hij zelf ook kon bellen, zelfs naar het buitenland. Toen wij, de twee Chinese jongens en ik, zagen dat hij met de telefoon aan het sjoemelen was, maakte hij een beweging dat hij onze keel zou doorhalen als we het zouden doorvertellen. De Chinese jongens waren nogal bang voor hem en maakten alles voor hem schoon.

Maar op die telefoon werd ik op een dag gebeld dat er binnenkort een brief op de mat zou vallen van Vluchtelingenwerk en het Rode Kruis voor een afspraak.

Degene aan de telefoon vertelde me dat er nieuws was over mijn familie.

Toen ik bij de afspraak aankwam zag ik een brief op het bureau liggen. Door het handschrift wist ik direct van wie het was. De gestileerde kalligrafische tekens herkende ik, die had ik als kind zo vaak geprobeerd na te doen.

Het was een brief van mijn broer Ahmed.

Hij schreef me dat hij mijn brief had ontvangen. Hij had geen idee wat mij was overkomen. Hij zat al die tijd, sinds 1992, in Zwitserland, in een asielzoekerscentrum zonder verblijfsvergunning. Die hele periode heeft hij mijn ouders ook niet kunnen spreken en hebben ze niets van hem gehoord. Hij schreef me dat ik naar hem toe moest komen in Zwitserland, dat we dan in ieder geval samen waren. Op de brief stond een telefoonnummer en niet veel later spraken we elkaar voor het eerst. Eindelijk hoorde ik weer de vertrouwde stem van een familielid! En eindelijk wist ik dat het goed met hem ging. En eindelijk was er iemand die wist dat ik nog leefde. Niet veel later bespraken we onze plannen dat ik naar Zwitserland zou gaan.

Maar zo eenvoudig ging dat niet.

Nederland was verplicht mij te beschermen en ik mocht daarom niet in een ander land wonen. En omdat Ahmed geen verblijfsvergunning had, mocht hij het land niet uit.

En dus konden we elkaar nog steeds niet zien. Dat was in 2000, vijf jaar geleden.

'Abu Hamdan?' vraagt een man. Ik schrik op uit mijn gedachten. Ze hebben hier mijn naam verkort, want in Nederland mag je niet zulke lange namen hebben zoals in Sudan.

Ik veer op.

'Kom maar mee,' zegt hij glimlachend. Waarom glimlacht hij?

We lopen een trap op, een kantoor binnen, waar nog een andere man zit. Beide mannen gaan zitten en wijzen naar een vrije stoel voor het bureau. De andere man glimlacht ook. Is het een slechtnieuwsglimlach? Zo voelt het niet.

'Hoe gaat het met je?' vraagt een van hen. Hij praat langzaam.

'Goed,' zeg ik.

'Je begrijpt Nederlands goed, toch?'

'Ja.'

'We hebben goed nieuws voor je,' zegt een van de twee mannen met een Arabisch accent. Tussen hen in, op het bureau, staat een telefoon. De hoorn ligt niet op het apparaat, maar op zijn zij op het bureaublad.

'We hebben iemand van het Rode Kruis aan de telefoon, hij luistert nu mee en gaat jou het nieuws vertellen.' De man drukt rechtsonder op een rode knop op het toestel.

'Hallo Abu, hoe gaat het met je?' klinkt er uit de telefoon.

'Goed,' zeg ik opnieuw.

'Ga je naar school? Mocht je vrij nemen vandaag?'

'Ja, ik ga naar de Mondriaanschool. Ik had verteld dat ik een afspraak met jullie had.'

'Goed, goed, ik ben blij dat je hier bezig bent met je toekomst. En je Nederlands is ook al goed.'

'Dank u.'

'Maar we hebben nog beter nieuws voor jou...'

'Oké, laat maar komen.'

'We hebben contact gekregen met jouw oom Hassan.'

Mijn hele lichaam begint te beven als ik zijn naam hoor. Oom Hassan. Ze hebben contact met mijn oom Hassan!

'Ik denk dat Abu even wat water moet drinken,' zegt een van de mannen van Vluchtelingenwerk. Hij springt op en gaat de kamer uit. Even later komt hij terug met water en een doos tissues. Mijn hele gezicht is nat.

'Het heeft een hele tijd geduurd zoals je weet. Onze collega's in Sudan hebben het meerdere malen geprobeerd, maar het lukte steeds niet. Ze zijn naar zijn kantoor gegaan, maar werden telkens door de beveiliging of de receptie geweigerd en weggestuurd. Af en toe is het iemand gelukt om een brief af te leveren, maar dan is de brief waarschijnlijk direct weggegooid. Je weet denk ik wel dat buitenlanders, en zeker blanke mensen van het Rode Kruis, niet echt welkom zijn in overheidsgebouwen.'

'Dat klopt,' zeg ik. Ik heb ook nog nooit gehoord dat iemand uit Sudan bij het Rode Kruis werkte, ik denk niet dat dat mogelijk is. Veilig is het in ieder geval niet.

'Maar goed, uiteindelijk hebben ze een lokale taxichauffeur gevonden, die voor hen de brief wilde afleveren. Die brief is uiteindelijk bij jouw oom terechtgekomen. Het is hem gelukt om contact met ons op te nemen en hij is heel erg blij om te horen dat jij nog leeft. Hij wil je heel graag spreken, dus we zijn bezig om een moment te regelen dat jullie elkaar kunnen spreken.'

Ik kan niet geloven dat het gelukt is. Na al die jaren, al die jaren vol vragen, onzekerheden en gemis zijn er eindelijk antwoorden.

Ze moeten nu weten dat ik nog leef.

62

De tram van Den Haag Hollands Spoor naar de Haagse Markt is een soort overgangszone. Oudere mannen met grijze baarden en wandelstokken praten in het Arabisch met elkaar. Ze spreken een ander dialect, maar toch voelt het vertrouwd. Een van hen draagt een gebedsmuts. Hij knikt vriendelijk naar me als ik de tram in stap. Ik ga achter de mannen zitten op een van de roodleren bankjes. Kinderen springen van de ene op de andere stoel, iemand speelt muziek af op zijn mobiele telefoon, er wordt gegeten en gedronken. Bij elke halte die we dichter bij de markt komen, wordt de tram voller en de mensen drukker. De nieuwe mensen die instappen, raken in gesprek met anderen die er al zitten. Het is net of iedereen elkaar kent.

Vanavond kook ik Sudanees voor mijn twee huisgenoten om het nieuws te vieren, en mijn boodschappen wil ik op de Haagse Markt halen. Daar hebben ze allerlei kruiden die ik nergens anders kan vinden.

'Den Haag Haagse Markt,' zegt de omroepstem na een paar haltes. De deuren piepen en puffen voor ze opengaan. Ik sta op en loop van het afstapje de tram uit. Vrijwel iedereen stapt hier uit. Er rijdt een scooter over de stoep vlak voor mijn voeten langs. Een auto rijdt door rood en iets verderop staat een andere auto met zijn deuren open en knipperlichten aan midden op de weg. Ik loop een stukje langs de hoge stenen muur waarachter de markt verscholen blijft. Overal staan fietsen geparkeerd. Achter de muren hoor ik de marktkooplui al schreeuwen. Ik loop door, sla de hoek om en loop de markt op.

Mensen lopen rustig langs de kraampjes. De eerste kraam verkoopt beddengoed met drukke prints. In een oogopslag zie ik er een met een leeuwenpaar, een adelaar in de bergen en een met grote bloemen. Ik haal een haring bij een viskraam, die ik in twee happen opeet.

Om me heen hoor ik allerlei talen die ik niet ken. Her en der vang ik vlagen Arabisch of Nederlands op. Marktkoopmannen spelen muziek af om klanten naar hun kraam te lokken. Ik loop langs een kraam waar alles van goud is. Gouden dierenbeeldjes, theesets, kandelaren. In een glazen vitrine zie ik gouden armbanden, kettingen en oorbellen. Een echtpaar buigt zich eroverheen en de man wijst naar een ketting met allerlei gouden muntjes. Ummi zou het prachtig vinden.

De groenteverkopers iets verderop hebben tomaten, komkommers, paprika's, peterselie en koriander in precies dezelfde plastic bakken als waarin wij in Omdurman op de markt foul kregen. Ervoor liggen kaartjes met prijzen erop. Ik pak plastic bakken met tomaten en uien.

'Deze graag,' zeg ik, terwijl ik het geld uit mijn zak haal.

'Hierzo, alstublieft,' zegt de verkoper als hij me de groenten in een plastic zakje en mijn wisselgeld aangeeft. Bij een andere kraam haal ik cassave.

Er zijn weinig plekken in Nederland die me zo erg aan thuis doen denken als deze. Het is net als in een droom, waarin verschillende plekken en herinneringen als een collage aan elkaar plakken. Er zit een logica in de onlogica.

Er lopen vrouwen rond die aan kledingstoffen voelen. Ze doen me denken aan ummi. Ik kan alleen nog maar aan thuis denken.

Zou er al nieuws zijn? Wanneer zou ik wat horen? Op school vinden mijn klasgenoten het ook heel spannend. Ze hopen voor me dat ik mijn familie gauw kan spreken. Het is nu zaterdag, maar als het maandag is ga ik Vluchtelingenwerk direct weer bellen.

Een zangeres op een buitenlandse radiozender zingt Arabisch. Het geluid komt van een kraam waar douchegel, zeep en shampoo wordt verkocht. De showmodellen van de zeep zijn een beetje vuil geworden. Een paar kramen verderop wordt Nederlandse muziek gespeeld.

In de verte zie ik de meeuwen al op de luifels zitten. Ze zitten op de luifel van de vleeskraam, waar ik moet zijn, en houden de viskraam aan de andere kant van het looppad in de gaten.

De slager van de vleeskraam is Marokkaans dus we praten Arabisch met elkaar. Ik bestel rundvlees, voor een stoofgerecht dat ik vanavond wil maken. Hij glimlacht naar me en overhandigt me het vlees.

Die avond kook ik rundvlees met rijst en foefoe met saus. Samen met mijn huisgenoten praat ik weer over het gesprek dat ik met de man van het Rode Kruis voerde. Ik heb het telefoongesprek dezelfde dag ook al tot in detail naverteld, en eigenlijk heb ik niks nieuws te vertellen, maar toch kan ik nergens anders over praten.

Een paar dagen later als een les uitvalt, ga ik de stad in en koop ik een nieuwe spijkerbroek en de parfum van Hugo Boss die de Rus altijd droeg. Wanneer ik weer naar het kantoor van Vluchtelingenwerk mag komen, wil ik goed voor de dag komen. Ik bel ze bijna elke dag op, maar het gesprek is telkens hetzelfde.

'Als er nieuws is, dan laten we het je horen,' zeggen ze steeds. Ik weet dat ze hun best doen, maar toch vind ik het veel te lang duren.

En dan, na twee weken, ligt er weer een brief op de mat met een grote klok erop getekend.

63

De man van het Rode Kruis zit tegenover me. Hij draagt een overhemd met rood-witte blokjes en schudt mijn hand. De twee mannen van Vluchtelingenwerk gaan op stoelen om het bureau heen zitten.

'Dag Abu, ga zitten,' zegt hij. Ik ga op dezelfde plek zitten als de vorige keer.

Ik zoek op het bureau naar een brief, een brief zoals mijn broer Ahmed had gestuurd, maar ik zie geen brief.

'Ik heb weer nieuws voor je. We gaan vandaag je oom bellen.'

'Echt?'

'Ja, we hebben hem gesproken en hij weet ervan.'

'Kan dat zomaar?' De telefoon van oom Hassan is op zijn kantoor, ik weet niet of dat veilig is.

'Hij heeft gezegd dat hij moet opletten, maar dat het mogelijk is.'

De man van Vluchtelingenwerk met het Arabische accent, ik denk dat hij uit Irak komt, schuift een glaasje water naar me toe.

'Zullen we het proberen?' vraagt de man van het Rode Kruis.

'Ja, graag.'

'Ik zal in het begin het woord doen, en dan kun jij met hem praten.'

Hij pakt er een briefje bij en toetst een nummer in op de telefoon. Hij drukt de speakerknop in. Het apparaat gaat over.

Mijn hart klopt zo vlug en hard, dat het voelt alsof mijn borstkas zo gaat opensplijten. Ik kan geen adem meer halen.

Túúút. Túúút.

Neem op, neem op.

Túúút. Túúút.

Iedereen kijkt naar het toestel. Waarom duurt het zo lang?

Túúút. Túúút.

De mannen schuiven wat op hun stoel, de Arabische man schraapt zijn keel. Hoe vaker het toestel overgaat, hoe meer mijn hoop vervliegt.

Túúút. Mijn hele lichaam tintelt van de zenuwen.

Tuut. Tuut. Tuut.

De verbinding is verbroken.

'Geen zorgen,' zegt de man van het Rode Kruis vlug, 'we proberen het zo gewoon nog eens.'

We wachten een paar minuten, waarin de mannen me proberen af te leiden door vragen over school te stellen. Ik beantwoord ze, maar mijn hoofd is bij de telefoon. Ik durf hem niet uit het oog te verliezen en blijf ernaar staren.

De man van het Rode Kruis toetst opnieuw het nummer in. We wachten weer tot het apparaat overgaat, maar niemand neemt op. Hoe vaak zullen ze het nog proberen? Ze hebben vast nog andere dingen te doen.

We wagen een derde poging. De telefoon gaat weer over.

En nog een keer.

Heeft hij wel het goede nummer gebruikt?

En nog eens.

En dan klinkt er een klik. We wachten allemaal af, in doodse stilte, alsof een enkel geluid van ons ervoor zal zorgen dat oom Hassan de telefoon direct weer op de haak gooit.

'Salaam aleikum?' hoor ik aan de andere kant van de lijn. Het klinkt als oom Hassan, alleen een stuk zachter. Normaal was hij altijd heel luid.

'Hallo, dit is een vriend uit Nederland,' zegt de man van het Rode Kruis. Het blijft even stil aan de lijn. 'Is dit Hassan?' vraagt de man.

'Ja, dat ben ik.' Hij klinkt gespannen.

'We probeerden u net al te bellen.'

'O, het spijt me... Het was tijd voor het middaggebed, en dat kan ik niet overslaan, snapt u.'

'Geen probleem, we zijn erg blij dat we u te pakken hebben gekregen. Hij zit hier naast me en hij kan u horen.' De man van het Rode Kruis knikt naar me, als teken dat ik mag praten.

'Salaam aleikum, oom Hassan' zeg ik. Mijn stem klinkt ineens weer als dat van een kind. Ik begin te huilen.

'Aleikum salaam, hoe gaat het met je?' Hij fluistert haast.

'Goed, en met u?'

'Ja, ja, alles gaat goed. Jouw familie is heel erg blij dat je nog leeft. Toen ze hoorden dat alles goed met je ging, heeft een neef van je direct twee schapen geslacht en hebben ze het vlees over de mensen in de buurt verdeeld. Het was een groot feest!' Hij doet alsof we geen familie van elkaar zijn. Ik vraag me af of er mensen bij hem op kantoor dit gesprek kunnen afluisteren.

'Gaat alles goed met ze?' vraag ik. Het klinkt als een veel te simpele vraag, na al die tijd, maar ik weet niet wat ik anders moet vragen. Alle woorden lijken de emoties die ik voel niet te dekken.

'Ja, zeker. Het gaat goed met ze.' Zijn stem wordt iets luider, hij klinkt iets vertrouwder, iets meer als oom Hassan. 'Je was in één keer verdwenen, zo van het ene op het andere moment. Je vader is naar allerlei politiebureaus gegaan, ze hebben zelfs je foto in de krant laten plaatsen! Maar we hoorden niks meer van je. Bij de politie dachten ze dat je dood was, en dat dachten wij ook. Het is ongelooflijk, ja dat is het. Ongelooflijk. Gods wegen zijn ondoorgrondelijk.'

'Ja...'

'Ik moet gaan, sorry, ik ben op kantoor. Begrijp je?'

'Ja, ja, dat begrijp ik.' Ik kijk naar de teller, hij staat op nog geen vier minuten.

'Ik heb sinds kort een mobiele telefoon. Ik geef je mijn nummer, dan kun je bellen en dan zorg ik dat je je ouders kunt spreken. Ik kan alleen niet naar het buitenland bellen.'

Oom Hassan noemt zijn nummer op, dat de man van het Rode Kruis vlug op een velletje papier schrijft.

'Tot gauw,' zeg ik.

'Tot gauw,' zegt oom Hassan. Hij hangt op. De stilte die uit het apparaat komt is overweldigend. Nog een tijd blijven we alle drie zwijgend naar het toestel kijken.

In de maanden erna probeer ik samen met de mensen van het Rode Kruis en Vluchtelingenwerk oom Hassan te bellen. Ik wil graag dat zij erbij zijn als we mijn familie te spreken krijgen. Als ik eraan denk de stemmen van ummi of abbi te horen te krijgen, dan voel ik me verlamd. Ik ben bang dat ik dan niets meer kan uitbrengen. Drie keer neem ik vrij van school, ga ik naar het kantoor en toetsen we oom Hassans mobiele telefoonnummer in. En alle drie de keren wachten we ademloos tot we zijn stem weer horen.

Maar alle drie de keren neemt er niemand op.

64

Zijn stem klinkt anders dan de vorige keer. Hij trilt, alsof hij net gehuild heeft. Op de achtergrond lopen mensen, ze praten, iemand roept oom Hassan. Ik ben aan de telefoon, roept hij terug. Ik stel me voor dat hij een wuifgebaar maakt.

De geluiden verstommen.

'Je oom Altieb is overleden. Er zijn nu mensen op bezoek om hun condoleances over te brengen,' zegt hij. Ik denk dat hij in een aparte kamer zit, waar geen anderen zijn. Ik condoleer hem met het verlies, maar ik heb weinig herinneringen aan deze oom. Het was een broer van abbi. En om hem gaat dit gesprek me.

'Hij is een tijd ziek geweest. Iedereen is heel verdrietig...'

'Ja, dat begrijp ik.'

'Maar je vader wil je heel graag spreken.'

Mijn hart begint te bonzen. Abbi.

'Salaam aleikum, mijn lieve Bakri,' hoor ik nu een andere stem. Hij komt uit een mond die mompelt, een mond die letters inslikt.

Abbi's stem! Daar is hij, hij voelt zo dichtbij.

'Aleikum salaam, abbi,' huil ik.

Abbi begint te snotteren. 'Bakri, mijn lieve Bakri, hoe gaat het met je?' zegt zijn zachte, bevende stem.

Het gaat goed, wil ik zeggen, maar van de zenuwen stotter ik.

'We dachten echt dat je dood was, we zijn zo blij met het nieuws dat je nog leeft. Hoe is het daar? Slaap je goed? Waar slaap je? We kunnen niet wachten tot we je weer kunnen zien. Kan dat? Kun je hierheen komen?' Hij praat zo zacht, een vreemde zou de helft niet verstaan.

'Ik hoop het, het Rode Kruis is ermee bezig,' zeg ik. De mensen van het Rode Kruis denken dat ik nu relatief veilig mijn ouders kan opzoeken. Op mijn verblijfsvergunning staat een andere naam dan die in Sudan geregistreerd was. Mijn naam zal dus niet overeenkomen met de naam die geregistreerd staat als landverrader.

Het is ook rustiger in Sudan op dit moment. Er is een vredesovereenkomst getekend op 9 januari tussen de SPLA en de regering. Daarin is onder andere besloten dat Zuid-Sudan zelfbeschikkingsrecht heeft en er in 2011 een referendum komt, waarin Zuid-Sudanezen gaan beslissen of ze een onafhankelijke staat zullen vormen of onderdeel blijven van Sudan. Ook zijn er afspraken gemaakt over de verdeling van de oliewinning en dat de sharia niet van toepassing is in Zuid-Sudan en op niet-moslims in het noorden.

In Darfur is er wel nog steeds oorlog gaande, waar de rebellengroepen tegen het leger van de regering en hun gewapende militie Janjaweed vechten, maar daar merk je in Khartoem en Omdurman weinig van.

Abbi zegt dat iedereen heel blij is dat ik nog leef.

'Is ummi daar ook?' vraag ik.

'Ze is in de keuken. Ze kan helaas niet weg want ze is alles aan het regelen, dus we kunnen haar daar niet weghalen nu. Het is hier zo druk, zelfs het huis van de buren is vol.'

Ik word er verdrietig van, en ik vind het oneerlijk dat sommige dingen zo bij ons thuis gaan zoals ze gaan. Zo graag had ik haar stem gehoord en ik weet zeker dat het andersom ook zo geldt.

Zou ze weten dat ik nu aan de telefoon ben?

'Ik probeer het gauw dan nog eens,' zeg ik maar.

'Ze wacht elke dag tot ze je kan spreken, ze vraagt elke dag naar je bij oom Hassan. We zijn zo blij! Eindelijk horen we wat van je.'

'Ik ben ook heel blij.'

Ik vertel abbi dat ik Ahmed ook gesproken heb. Dat het goed met hem gaat, maar dat hij nog steeds geen verblijfsvergunning heeft.

'Dertien jaar al hebben we niets van hem gehoord...' zegt abbi, hij huilt opnieuw.

'Met je broer Yasser gaat het goed, hij woont in Denemarken met een visum. Er is zoveel gebeurd, echt, er is zoveel gebeurd. Je zus Shaza... Ze is getrouwd met je neef Asida en ze hebben een kind, een hele lieve jongen. Maar... Asida is overleden, hij had kanker. Het is allemaal heel snel gegaan, na drie maanden was het klaar.'

Ik weet niet wat ik moet zeggen. Mijn hoofd duizelt van al het nieuws. Er lopen tranen over mijn wangen.

Al het gemis, alles wat ik gemist heb, alles wat ik verloren heb, wat verloren is, alles stroomt eruit.

65

De telefooncel blokkeert het geluid van buiten.

In mijn hand heb ik een prepaidkaart waarmee ik naar Afrika kan bellen. Mijn huisgenoten hadden me erover verteld, dat ik die kon halen tegenover station Den Haag Hollands Spoor en dat ik daarmee mijn ouders zou kunnen bellen. Het was een drukke zaak. Aan de toonbank vormde zich een lange rij met Afrikanen die het thuisfront wilden bellen. De meesten gebruikten de telefooncellen die in de zaak waren. Ze schreeuwden allemaal zo hard door elkaar heen, dat ik onmogelijk mijn ouders zou kunnen verstaan als ik ze zou bellen. Ik besloot in Delft een telefooncel te gebruiken, vlak bij mijn huis.

Ik kras de code open van de kaart en toets deze in op de toetsen van de telefoon in de cel, gevolgd door een '#' en oom Hassans nummer. Ik wacht en luister naar de telefoon die overgaat. Door de glazen wanden zie ik de buitenwereld bewegen, voetgangers die lopen, honden aan de lijn, auto's die voorbijrijden, maar ik sta in een stille cocon.

Niemand neemt op.

Ik wacht een paar minuten en probeer het dan nog eens.

Oom Hassan neemt op. Hij was aan het autorijden, zegt

hij, en hij is net bij mijn ouders aangekomen. Daar had ik op gerekend, want het is vrijdag en op vrijdagen kwam oom Hassan altijd op bezoek.

'Niet ophangen, hoor, ik geef je nu je moeder,' zegt oom Hassan.

'Bakri, ben jij dat echt? Meen je dat? Ik snap het niet, ik dacht dat we je in Khartoem zouden spreken,' zegt ummi.

'Ik ben het echt,' zeg ik. Ik weet niet wat ze bedoelt met Khartoem, misschien dacht ze dat ze mee moest naar oom Hassans kantoor om mij te kunnen spreken.

'Ik heb er zo lang op gewacht om je te spreken.' Ummi huilt. Ik stel me voor hoe haar tranen over de ingekerfde littekens in haar gezicht lopen. De tranen van een cheeta.

'Ik ook, ik ook! Ik wilde het zo graag, maar het kon steeds niet.'

'Hoe gaat het met je? Hoe zie je eruit? Je bent vast heel groot geworden. Kun je een foto sturen naar ons?'

Ik wil zeggen dat ik er inderdaad een stuk ouder uitzie, maar nog steeds klein ben, en al helemaal hier in Nederland. Maar haar stem verstomt, net alsof ze onder water zit.

'Bakri, Bakri,' blaft de buurvrouw door de telefoon heen, 'weet je nog toen je een kind was, zo jong met die bolle, ronde wangen? Iedereen wilde daarin knijpen! En elke keer als ik je optilde begon je te huilen! Je moeder mist je heel erg, hoor! Kom je gauw hierheen?'

'Ik mis iedereen ook heel erg.'

'Laat mij eens met hem praten,' hoor ik op de achtergrond.

'O, je broertje Osman wil je spreken.'

'Bakri, ben jij dat?' vraagt Osman. Zijn stem klinkt zwaar, schraperig, zoals dat van een jongvolwassene. Hij moet nu twintig zijn.

'Ja,' zeg ik.

‘Ik vond het heel erg dat je was weggegaan zonder iets te zeggen.’

‘Ik vond het ook heel erg.’

‘Stom, hè, dat ik zo dacht.’

‘Je was nog zo jong.’

‘Jij ook.’

‘Ik ga regelen dat ik zo snel mogelijk naar jullie toe kan,’ zeg ik. Al is het het laatste wat ik doe. Het maakt me niet meer uit.

Ik wil naar huis toe.

66

Khartoem, 2006

De airco's op de luchthaven kunnen de hitte niet buitenhouden. Ik vind het niet erg, de droge hitte hoort bij thuis. Ik heb hem gemist. Het is rustig op de luchthaven. Er liggen maar weinig koffers op de band en na een paar minuten rolt de mijne mijn kant op. Een grote rode koffer. Hij zit vol met cadeaus die ik voor mijn familie gekocht heb. Schoenen voor Ali en Osman, tubes tandpasta, handdoeken, paracetamol, chocolade voor de kinderen van mijn zussen, sloffen voor ummi en een nieuwe radio voor abbi.

Ze hebben me drie maanden vrijgegeven van school om mijn familie te bezoeken. Ik heb een flexibel ticket gekocht, dus ik heb nog geen datum dat ik terug hoef. Ik weet nog niet wat ik ga doen, of ik na dit bezoek besluit voorgoed terug naar Sudan te keren of in Nederland te blijven.

Mijn hand klemt om het hengsel van de koffer. Het kost me moeite om de koffer vast te houden, mijn vingers voelen slap door de zenuwen. De gezichten van mijn familie verschijnen steeds in mijn gedachten. Ze zijn daar nog even jong als toen ik ontvoerd werd. Hun jonge gezichten rijmen niet meer met hun stemmen die ouder geworden zijn.

Mijn begeleider van het Rode Kruis en ik lopen naar de douane. Er lopen mannen in legeruniform rond met een geweer om hun schouder. Anderen zitten in een hokje. Ze kijken boos, dreigend. Ik heb deze mannen nog nooit gezien, maar toch voelen ze als oude bekenden. Ik verstar. *Wees onzichtbaar*, schiet er door mijn hoofd. *Trek geen aandacht.*

Mijn begeleider loopt voor me uit met trefzekere passen. We gaan in de rij voor buitenlanders staan. In de rij naast ons staan Sudanezen. Ik hoor hun bekende Arabische klanken. Mijn reisdocument zit in mijn zak, er staat op dat ik uit Nederland kom. Dat moet me veiligheid geven. Het regime wil zijn imago voor het buitenland oppoetsen en zal dus niet gauw buitenlanders iets aandoen. Het voelt goed om in de rij voor buitenlanders te staan, dat ik geen onderdeel ben van het regime.

Er staan nog een paar mensen voor ons. Ik wil niet dat we aan de beurt zijn, maar ik wil wel dat het voorbij is. Wat als ze mijn identiteit toch op de een of andere manier herkennen?

'Tom? Tom?' vraagt iemand, terwijl hij onze rij af loopt. De man draagt een uniform van het Hilton Hotel.

'Ik ben Tom,' zegt mijn begeleider. Hij had me verteld dat hij in het Hilton Hotel zal verblijven.

De man snelt naar ons toe en schudt ons de hand. 'Welkom in Sudan! Ga zitten alstublieft, ik zal alles regelen met de douane.' We geven hem onze reisdocumenten en gaan zitten op een paar stoelen naast de rij. De man gaat voor ons in de rij staan. Ik wist niet dat dit mogelijk was, maar ik ben blij dat ik daar niet zelf hoef te staan.

Als hij aan de beurt is, praat hij even met de douanebeambte die onze documenten controleert. We mogen doorlopen. Als we voorbij de mannen in legeruniform lopen, kijk ik naar de grond. Ik durf ze niet in hun ogen te kijken, ik ben bang dat ze de waarheid kunnen lezen. We hoeven onze koffers alleen nog op een kleine controleband te leggen en daarna mogen we gaan.

In de aankomsthal zie ik ze direct. Abbi, Osman, Ali en oom Hassan. Hun ouder geworden gezichten.

Ze zijn er.

En eindelijk ben ik er.

En er is niets anders meer dan zij, dan wij. Ik ren naar ze toe en laat vlak voor hun voeten mijn koffers vallen. Ze slaan allemaal hun armen om me heen. Onze schouders schokken, vingers drukken op mijn armen en mijn rug. We houden elkaar stevig vast, alsof we er allemaal niet zeker van zijn dat het echt is. Het is precies zoals ik het al die jaren gewenst heb.

Oom Hassan legt mijn koffers in de achterbak. We rijden voor Tom en de man van het Hilton Hotel uit.

Ik zit achterin, links aan het raam. Ali zit in het midden en Osman zit rechts. Ze zijn groot geworden. Ze dragen kleren die volwassenen dragen. Hun gezichten zijn niet meer glad, er dringen kleine haarstoppeltjes naar buiten. Ergens voelt het als geluk, dat ik hun gezichten ouder mag zien worden. Dat hun kindergezichten niet bevroren zijn in de tijd.

De stad is anders, bekend en vreemd tegelijk. Het verkeer gaat sneller. Wegen die van zand waren zijn van asfalt en er zijn nieuwe, moderne gebouwen uit de zandvlaktes opgerukt.

'Het is veranderd hier,' zeg ik.

'Dat hebben ze van het oliegeld uit Zuid-Sudan betaald,' zegt oom Hassan.

'Maar voor ieder gebouw dat ze hier neerzetten, steken ze een groot deel in hun eigen zak,' zegt abbi.

Na ongeveer een halfuur rijden we onze straat in. Oom Hassan parkeert zijn oude witte Peugeot voor onze poort. De poort met zwart, blauw en witgeverfde stalen deuren.

Het laatste wat ik ooit van thuis gezien heb.

En daarachter, achter die stalen deuren, wacht de rest.

Epiloog

2025
Eenenveertig jaar

Ahmed waar ben je?

Mijn vriend is al een paar maanden onbereikbaar. Hij neemt zijn telefoon niet op en reageert niet op berichten. Ik bel mijn nicht, die bevriend is met zijn nicht.

'Hij is naar Egypte gegaan,' vertelt ze, 'zijn jongere broer moest met zijn gezin naar Egypte vluchten, maar ze hebben sinds de zomer niks meer van ze gehoord.'

In april 2023 is de oorlog opnieuw uitgebroken, deze keer begon het in Khartoem. Twee paramilitaire organisaties van de regering, de SAF (Sudanese Armed Forces) en de RSF (Rapid Support Forces), raakten met elkaar en het leger van Al-Bashir in conflict en sleuren de hele bevolking mee in hun agressie. Er zijn enorme voedsel- en watertekorten en veel mensen zijn dakloos geraakt, miljoenen zelfs. Maar ik wil wegblijven van cijfers, want mensen zijn geen nummers.

Via andere Sudanese kennissen hoor ik dat hij de grens is overgegaan naar Sudan en daar zijn familie aan het zoeken is. Levensgevaarlijk, natuurlijk, maar ik begrijp hem wel. Verder kan niemand me vertellen waar hij is of hoe het met hem gaat.

Ahmed en ik zagen elkaar voor het eerst weer in de zomer van 2014. Toevallig waren we allebei bij onze ouders op bezoek. Ik ging naar het huis van zijn ouders toe, dat deed ik iedere keer als ik in Sudan was.

En daar was hij.

Het ging goed met hem. Hij had samen met zijn vrouw een zoon en een dochter gekregen en woonde nog steeds in Canada. Ahmed is regisseur geworden voor de televisie, precies zoals hij altijd gedroomd had. De laatste keer dat ik hem sprak, dacht hij erover om naar de Verenigde Staten te emigreren. Misschien belandt hij alsnog in Hollywood.

In 2006, toen ik voor het eerst weer in Sudan was, bezocht ik ook zijn ouders. Ze wisten gelukkig dat hij nog leefde en veilig in Canada woonde. Zijn vader was hem zelfs al komen opzoeken.

Ahmed en ik hebben in die jaren erna niet veel contact gehouden. Ik denk dat we elkaar te veel aan die vreselijke periode herinnerden, alsof we in elkaar onze trauma's weerspiegeld zagen. Maar we zijn altijd goede vrienden gebleven, ook al woonden we ver weg.

Zelf realiseerde ik me al tijdens die eerste reis dat Sudan niet meer mijn thuis was. De mensen wel, zeker. Maar ik was er een vreemdeling. Ik zou niet meer kunnen aarden in het regime dat nog steeds aan de macht was. Als je meemaakt dat een mensenleven niets waard is, is het moeilijk die plek nog als thuis te zien.

Ik kon ook niet leven op een plek waar de staat zich met religie gaat mengen, ongeacht of het de religie is die je aanhangt. Want, wanneer die twee samengaan, ontstaat er een machtsveld waarin de staat bepaalt wat de religie goedkeurt en wat niet. De staat kan dan woorden uit de Heilige Schrift zo interpreteren dat het hun uitkomt, die woorden zo aan het volk opleggen, hele bevolkingsgroepen uitsluiten en dwingen hun leer aan te hangen, en moord en genocides rechtvaardigen. Kortom, de staat speelt dan voor God. En dat zou nooit moeten gebeuren.

Maar dat is wel wat er gebeurt.

In Nederland vond ik het tegenovergestelde. Eindelijk was ik veilig, ook al durfde ik daar lang niet op te vertrouwen. Zodra het donker werd, kwam de oorlog weer tot leven. Het duurde ongeveer zes maanden voor ik voor het eerst in het donker over straat durfde. Maar ik kon in Nederland studeren, mijn mening uitspreken, met jongens en meisjes omgaan, ik kon uitgaan als ik dat wilde. Ik mocht zelf mijn eigen grenzen bepalen.

Dat maakte me ook onzeker. Wie ben ik in deze wereld? Waar hoor ik thuis? Hoe ver wil ik gaan met mijn vrijheden? Maar vooral: wat wil en kan ik bereiken in dit leven? Want, alsnog, ik was in Nederland een vreemdeling die de taal niet goed sprak. Maar toch heb ik me er bijna altijd welkom gevoeld, op een paar incidenten na.

Soms heb ik zelfs een beetje heimwee als ik terugdenk aan mijn periode in Leiden. Daar zat ik met allemaal jongens zoals ik. Jongens die geen thuis meer hadden, maar voor wie het nieuwe land ook vreemd was. In de jaren erna heb ik nog veel mensen ontmoet die ontheemd waren en hier een nieuw bestaan probeerden op te bouwen. Zulke vriendschappen zorgden ervoor dat ik mij thuis ging voelen. Ik denk dat thuis voelen begint wanneer mensen elkaar begrijpen.

Zo ook met mijn vrouw, Moha. Zij is in dezelfde periode naar Nederland gevlucht uit Sudan met haar familie. Ik ontmoette haar op een bruiloft en was meteen onder de indruk van haar. Haar vader werkte als diplomaat en moest achter het regime staan of hij werd ontslagen. Hij weigerde, werd gearresteerd en kreeg verschillende doodsbedreigingen. Gelukkig kreeg hij met zijn familie politiek asiel in Nederland. Toen mijn vrouw en ik onze dochter kregen, zorgde dat er ook voor dat er iets in mij heelde. Ze groeit hier op, en voor haar is Nederland haar thuisland, en dus automatisch ook dat van mijn vrouw en mij.

Mijn familie sloeg in juni 2023 op de vlucht voor de oorlog. Oom Hassan bleef achter met zijn vrouw en twee zoons en twee dochters. Hij liep tegen de tachtig aan, en wilde de zware en risicovolle reis niet maken. Mijn ouders, die zelfs al dik in de tachtig waren, namen het risico wel. Ummi was al flink aan het dementeren. De laatste keer dat ik daar was, vroeg ze steeds 'wie is dat?' terwijl ze naar mij wees.

Ze namen alleen wat kleren en de huissleutel mee. Mijn broertje Osman begroef mijn moeders goud in een kluis in de tuin en mijn zus Shaza verstopte een telefoon diep onder haar kleren, zodat de mensensmokkelaars en de militairen hem niet konden vinden. Zo kregen wij, de familieleden die niet meer in Sudan wonen – mijn broers Yasser, Ahmed, Ali en ik – eens in de zoveel dagen te horen of ze veilig waren. De vrouw van Osman beviel tijdens hun vlucht op de plek Shendi.

Na een snikhete en levensgevaarlijke busrit van zestien uur eindigde hun reis in Egypte. Ze kregen daar een visum en waren eindelijk veilig, maar zowel abbi als ummi overleed niet lang daarna. Abbi kreeg een hersenbloeding en overleed in november 2024 en ummi overleed na een longontsteking in januari 2025. Dat was zwaar.

Maar ik weet dat ieder verdriet overwonnen kan worden. Ik heb het geluk gehad in de meest duistere periode van mijn leven, ook de goedheid van de mens te zien. Dat ik mensen vond met wie ik kon praten en lachen, zoals Ayman, Osman en Youssef. Ik weet niet waar Osman en Youssef naartoe genomen zijn, en ook niet of ze het overleefd hebben. Ik heb ze nooit meer gevonden. Ik kan alleen maar hopen dat het goed met ze gaat. Dat ze net als ik een Abdullah hadden die hen gered heeft.

Soms kan ik het nog steeds niet geloven wat er allemaal gebeurd is. Dat Abdullah en de mijnenman een geheime reddingsoperatie hebben opgezet en zo'n dertig jongens en mannen hun toekomst hebben teruggegeven. Hoe ze dat voor elkaar hebben gekregen, weet ik tot op de dag van vandaag nog steeds niet. Als iemand zoiets voor je doet, dan kun je niet anders dan iets maken van de rest van je leven. Hoe groot je verdriet om al het andere ook is.

En dat zie ik bij veel jongens die ik ontmoet heb. De laatste keer dat ik Amadu sprak, in 2003, woonde hij in Enschede en was hij druk bezig met de behandeling van zijn trauma's. Sami was begonnen met een hbo-opleiding en woonde in Dordrecht.

In 2020 werd er een massagraf ontdekt bij het dorp Al-Ailafoon. Het waren de lichamen van de mannen die vermoord werden toen ze probeerden te ontsnappen omdat ze Eid al-Adha met hun families wilden vieren. Het ging om de mannen waar soldaat Jamal Osman, Youssef en mij tijdens het trainingskamp over vertelde. Ze hadden zo'n tweeëntwintig jaar onder de aarde gelegen zonder dat hun families wisten waar ze waren.

Ik hoop dat er een tijd komt dat families niet meer hoeven te zoeken. Dat ze veilig zijn en niet hoeven te kiezen tussen een oorlog of een levensgevaarlijke vlucht, waarna velen in beide gevallen van de aardbodem verdwijnen. Ik hoop dat er eindelijk een toekomst komt voor de mensen in Sudan en al die andere plekken waar mensen in oorlog leven. Dat er een einde komt aan de corruptie. Dat er een einde komt aan de dictatuur. Dat er een einde komt aan het racisme. Dat mensen niet hoeven te kiezen tussen hun leven of de natuurlijke bronnen waar de overheid op aast. Dat mensen vrij mogen zijn in hun eigen culturele en religieuze achtergrond. Want in die onderlinge verschillen zit niet direct het gevaar.

Het gevaar begint als mensen niet in democratie en gelijkheid geloven.

Misschien klinkt het allemaal naïef. Maar hoop is het enige wat overblijft als er verder niets meer is. En wie hoop heeft, heeft wilskracht en weerbaarheid.

En ik heb gezien dat hoop wonderen kan verrichten.

Dus Ahmed, *fardati*, mijn vriend. Ik hoop echt dat je veilig bent.

Dankwoord

Mijn verhaal kan alleen maar verteld worden dankzij de hulp van anderen – velen van wie ik zeker ben dat mijn verhaal hen nooit zal bereiken.

Allereerst wil ik de vluchtelingen over de wereld bedanken voor hun kracht en weerbaarheid. Ik zie elke dag hoe sterk jullie zijn.

Mijn familie, jullie zijn mijn grootste steun geweest. Zelfs toen ik niet verder van jullie verwijderd kon zijn, bleven mijn herinneringen aan jullie me vooruitduwen.

Commandant Deng Paul van het Zuid-Sudanese leger, die gekozen heeft voor een vreedzame behandeling en ervoor gezorgd heeft dat we veilig in Juba aankwamen.

Mijn beste vriend Ayman, die mij wijzer heeft gemaakt aan het front. Moge Allah zijn ziel accepteren en hem het paradijs gunnen. En mijn vrienden Osman en Youssef, ik hoop dat jullie veilig zijn.

Mijn lieve vrouw en dochter. Die me de beste reden hebben gegeven om een leven op te bouwen in Nederland. Jullie zijn mijn nieuwe thuis geworden.

Uiteraard wil ik mijn vriend Ahmed bedanken voor zijn vriendschap. Toen mijn trauma's het ergst werden, bleef hij me altijd aan de toekomst herinneren. En, inderdaad, een mooie toekomst is altijd nog mogelijk.

Ik wil graag al mijn begeleiders bedanken, van in Juba en Kenia tot in Nederland, in het bijzonder de moedige en hardwerkende mensen van het Rode Kruis, Vluchtelingenwerk en het AMA-team van COA Leiden in 1999. Mijn traumabehandelaars en mijn begeleiders Dick, Francisca en Noud verdienen ook mijn dank.

En zeker ben ik Nederland dankbaar, voor de veiligheid, de kansen, de lieve mensen.

De mensen van uitgeverij Luitingh-Sijthoff, die het vertrouwen erin hadden om mijn verhaal uit te brengen en zo een gezicht achter de vluchtelingen in Nederland te laten zien. Met speciale dank aan redacteuren Noa Maas en Josephine van Bennekom, die me tijdens dit proces begeleid hebben.

Maar mijn grootste dank gaat uit naar Abdullah en de mijnenman, zonder hen zou dit verhaal er niet zijn. Zou ik er niet zijn.